Anmerkungen der Autorin zum Buch

Das Buch ist gleichzeitig Roman und Pilgerbericht. Im Frühjahr 2016 bin ich als Rucksackreisende den achthundertfünfunddreißig Kilometer langen Jakobsweg entlang der spanischen Atlantikküste von Donostia-San Sebastián bis Santiago de Compostela gepilgert. Die Etappen meiner Wanderung sind genau beschrieben und zum Pilgerweg der beiden Schwestern Sophie und Manu geworden.

Sophie trauert um ihren verstorbenen Mann und findet rätselhafte Unterlagen in seinem Nachlass. Enttäuschung und Zweifel quälen sie. Wie gut kannte sie eigentlich den Mann, den sie liebte? Sie will diese Frage hinter sich lassen und macht sich mit ihrer Schwester auf die Wanderschaft. In beiden Rucksäcken schlummert eine Menge Unausgesprochenes. Jedoch fordern das Unterwegssein, das ständige Bergauf und Bergab, die sengende Sonne und die kalten Regengüsse, genauso wie die atemberaubenden Landschaften, erst einmal ihre ganze Aufmerksamkeit.

Dann macht Manu ihrer Schwester ein Geständnis. Ihre Wege trennen sich. Ab Gijón pilgert Sophie allein weiter. Eine Herausforderung, die sie am Ende mit der Erkenntnis belohnt, dass nichts so ist, wie es zu sein scheint.

Monika Beer, verheiratet und Mutter von drei erwachsenen Kindern war Standesbeamtin und lebt in der Nähe von Mainz. Als Rucksackpilgerin ist sie immer wieder auf den Jakobswegen in Deutschland und Spanien unterwegs.

Ihr erstes Buch "Eine Socke voller Liebe" ist ebenfalls bei Books on Demand erschienen.

Monika Beer

Die Schwestern, der Weg und das Meer

Roman und Pilgerbericht über den spanischen Küstenweg von Donostia-San Sebastián nach Santiago de Compostela

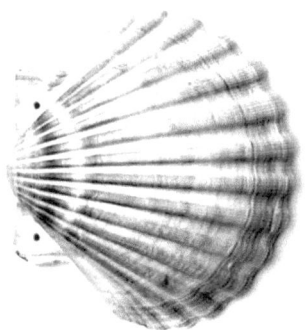

Bibliografische Information der Deutschen Nationalbibliothek:
Die Deutsche Nationalbibliothek verzeichnet diese Publikation
in der Deutschen Nationalbibliografie; detaillierte bibliografische Daten sind im Internet über http://dnb.dnb.de abrufbar.

Herstellung und Verlag:
BoD – Books on Demand, Norderstedt

ISBN: 978-3-7528-4242-5

Immer wenn wir uns
am Ende glauben, stehen wir
in Wahrheit vor einem neuen Anfang.

Thomas Romanus

Für Silvia

Reiseverlauf

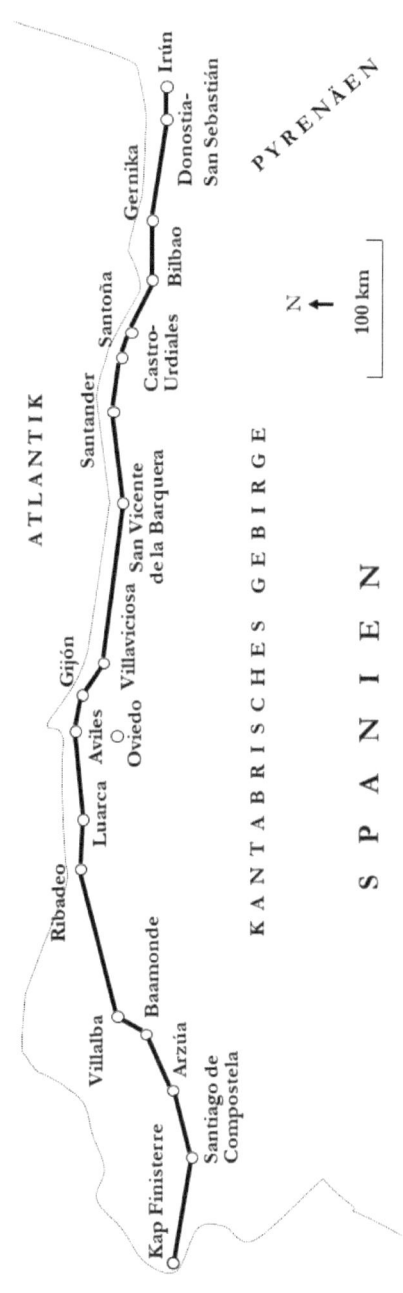

Inhalt

Das Unglück

Hier gehörte sie nicht hin. Grelle Lichtblitze brannten in ihren Augen. Unförmige Konturen verschwammen im feuchten Dunst.

In ihrem Kopf dröhnte das schrille Kreischen einer Säge. Zerberstendes Metall. Unerträglich laut. Sie wollte sich die Ohren zuhalten. Unmöglich. Das kalte Blech an ihrer Seite ließ keine Bewegung zu. Überall Glassplitter. Bruchstücke.

Der Lärm verebbte.

„Sophie?"

Ganz leise, wie von weit her, hörte sie seine Stimme.

„Sophie?"

„Martin?"

Sie wollte sich zu ihm drehen. Aussichtslos. Angstvolle Stille breitete sich aus.

„Martin!"

Sie lauschte angestrengt.

Ein Röcheln.

Dann zwei Silben. Leise und schwerfällig: „So – phie."

Ein langer Atemzug. „Du!"

Stille. Nur das Prasseln des Regens auf dem Autodach.

Plötzlich spürte sie die Nässe, alles durchdringend. Ihr war kalt.

Sie nahm Schatten wahr. Dunkle Gestalten, die sich eilig hin und her bewegten. Rettende Engel? Das Auto vibrierte.

„Martin?"

Keine Antwort. Sie zitterte.

Die Erinnerung kam in Fetzen: Eine Kolonne von Lastwagen und ein Transporter, der ausscherte. Er hatte ihr Auto abgedrängt und sie ins Dunkle geschickt.

Sie schrie seinen Namen in die Düsternis: „Martin! - Martin?"

Stille.

Sie wollte die Autotür öffnen. Erfolglos.

Ihr Kopf sank auf das Lenkrad.

Drei Monate waren seitdem vergangen. Die düsteren Bilder aber waren geblieben. Es war das letzte Mal, dass sie ihren Mann gehört hatte. Gesehen hat sie ihn nicht mehr.

Wegen seiner schweren Kopfverletzungen sei es besser so, hatte der Arzt gemeint.

Martin war aus ihrem Leben verschwunden. Einfach so. Ohne Vorwarnung. Ohne Abschied. Er hatte sie verlassen. Für immer! Diese traurige Gewissheit traf sie wieder und wieder mit schmerzhafter Wucht.

Wenn sie mit ihm reden wollte, ging sie in den Friedwald. Allein. Die Buche, die sie für seine Asche ausgesucht hatte, gedieh prächtig. Er hatte Buchen sehr gemocht. Sie lauschte dem Gesang der Vögel. Ihr Gezwitscher stimmte sie friedlich. Manchmal.

Feuerwehr, Polizei, Krankenwagen, Krankenhaus für sie selbst: Damit war sie klar gekommen. Ihre Prellungen und Schnittwunden waren schmerzhaft gewesen, verheilten aber innerhalb weniger Wochen.

Feuerwehr, Polizei, Leichenwagen für Martin: Damit kam sie nicht klar.

Die Schuldgefühle redeten ihr ein, sie hätte den Unfall verhindern können, wäre sie nicht ständig auf der linken Fahrspur gefahren. Und wenn es nicht so stark geregnet hätte, dann... Hätte, wäre, wenn, dann! - Martin war tot!

Manchmal träumte sie, sie könnte alles ungeschehen machen. Sie war die gute Fee, die den Wolkenbruch stoppte und das Lenkrad des Transporters steuerte, so dass er nicht zum Überholen ansetzte. Sie konnte die Zeit vor dem Unfall anhalten und fuhr mit Martin zum Flughafen. Sie flogen nach Bilbao. So, wie sie es geplant hatten.

Sie stellte sich vor, wie sie mit Martin von Irún nach Santiago de Compostela pilgerte. Mit Rucksäcken bepackt wanderten sie auf steinigen Pfaden an Steilküsten entlang, stiegen hinunter zu verträumten Sandbuchten, legten sich in weißen, warmen Sand und schwammen ins Meer hinaus. Gemeinsam genossen sie die Landschaft zwischen Bergen und Meer, das Grün der Wälder und das Blau des Wassers, die Sonne und den Regen, die

Dörfer und Städte, die Einsamkeit und das gemeinsame Unterwegssein.

Sie blieb im Bett liegen und träumte sich in eine andere Wirklichkeit. Im Halbdunkel ertastete sie das Kopfkissen auf der leeren Matratze neben sich und zog es an die Nase. Es roch immer noch nach Martin. Sie würde es niemals waschen.

„Guten Morgen, Sophie. Gut geschlafen?" Seit Ewigkeiten hatte sie niemand mehr danach gefragt. Jetzt tat sie es selbst. Immer öfter ertappte sie sich bei Selbstgesprächen.

„Sophie, jetzt reiß dich zusammen und steh auf!"

Das Gefühl des Verlassenseins war nach solchen Wunschträumen stärker als vorher. Am schlimmsten war es an einem verregneten Wochenende wie diesem, an dem auch der Himmel Trübsal blies. Paare konnten gemeinsam kochen und es sich zu Hause gemütlich machen. Aber allein? In ihrem Freundeskreis fühlte sie sich wie das fünfte Rad am Wagen. Alle bestätigten ihr, dass das nicht so sei, aber…

Lustlos schlurfte sie in die Küche, betätigte den Kaffeeautomaten und den Toaster. Am Frühstückstisch wartete die Einsamkeit auf sie. Sonntags hatte Martin meistens das Frühstück gemacht, während sie die Brötchen holte. Er hatte Obst geschnitten und Apfelsinen ausgepresst. Sie hatten lange und ausgiebig gefrühstückt und sich dabei die Wochenendausgabe der Zeitung geteilt.

Sophie setzte sich an den Tisch und bestrich das Brot mit Marmelade. Der Stuhl gegenüber blieb leer. Sie schluckte ihre Tränen mit dem Kaffee hinunter.

Vielleicht konnte sie ja wieder mit den Enkelkindern in die Trampolinhalle gehen. Charlotte und Fabian hatten am vergangenen Sonntag so viel Spaß beim Trampolinspringen gehabt.

Sie holte das Telefon und wählte die Nummer ihres Sohnes. Heiko meldete sich. Nein, sie seien gerade im Aufbruch, träfen sich mit Freunden im Rebstockbad in Frankfurt. „Du weißt doch, Fabian will bald sein Seepferdchen machen."

Ja, sie wusste, und sie kannte die Freunde. Es waren die Eltern von Charlottes Freundin. Die beiden Mädchen waren vor zwei Monaten in die Schule gekommen. Sie saßen nebeneinander in der Schulbank und waren unzertrennlich. Freundinnen waren wichtiger als Omas.

„Wir sehen uns doch am Dienstag, oder?" Heikos Stimme klang ungeduldig.

„Ja, ja. Ich dachte nur…."

„Okay. Es reicht, wenn du um sechs Uhr kommst."

„Ich könnte auch schon eine Stunde früher kommen und mit Fabian spielen, damit er die Mädchen nicht..."

„Fabian ist doch bis um fünf bei der Musikalischen Früherziehung!", unterbrach Heiko sie genervt.

„Ach ja, daran hab ich gar nicht mehr gedacht."

„Also gut! Schönen Sonntag noch, und mach es dir gemütlich bei dem scheußlichen Wetter. Tschüss Mama!"

„Mach es dir gemütlich, Mama", ahmte sie die Stimme ihres Sohnes nach und goss sich noch einen Kaffee ein. Geht doch alles ganz einfach! Du darfst dich nicht so hängen lassen! Trauern ist ja gut und wichtig, aber das Leben geht doch weiter! Und denk dran, deine Ehe war nicht nur glücklich!

All die schlauen Ratschläge! Nein, ihre Ehe war nicht nur glücklich! Wirklich nicht! Aber wir haben uns geliebt. Verdammt noch mal! Es war gut, so wie es war! Einunddreißig Jahre mit Martin! Glückliche und schwere Jahre! Wir haben unsere Krisen gemeistert! Gemeinsam waren wir stark! Versteht das denn niemand? - Er fehlt mir!

Sie leerte ihre Kaffeetasse und räumte sie in die Spülmaschine. Dann ging sie ins Bad. Martins Rasierwasser stand noch im Schrank neben dem Rasierapparat. Sie schraubte den Deckel ab und inhalierte den Duft.

Dann stellte sie sich unter die Dusche und hielt ihr Gesicht in den warmen Wasserstrahl. Das heulende Elend vermischte sich mit dem Duschwasser. Aber ihre tiefe Traurigkeit ließ sich nicht wegspülen.

„Was mache ich jetzt mit meinem Leben? Ohne ihn?"

„Du musst lernen, deine Traurigkeit zu akzeptieren und mit ihr zu leben", hatte die Therapeutin gesagt. „Der Kampf gegen den Schmerz mag dir manchmal wie ein Kampf gegen Windmühlen erscheinen. Aber du musst dich ihm stellen. Denk an Martin, an das Schöne, an das, was dich glücklich gemacht hat. Würdest du das alles missen wollen?"

Nein, niemals würde sie all die Jahre mit Martin missen wollen. Sie hüllte sich in ein großes Badelaken und stellte sich ans Fenster. Der Wind wirbelte welke Blätter über die Straße.

Sophie schloss die Augen. Sie wünschte, er würde hinter sie treten und sie umarmen. So, wie er es oft getan hatte. Sie wollte seinen Körper spüren und seine Hände auf ihrer Haut. Sie wollte ihn bei sich haben! Jetzt und sofort! Die Erinnerung reichte ihr nicht!

Sie verfluchte ihre Sehnsucht.

Hinter den Nachbarhäusern leuchteten herbstlich noch bunt gefärbte Weinberge in der Sonne. Bald schon würde die farbige Pracht aus dem Rheinhessischen Hügelland verschwinden. Der Winter war nicht mehr weit.

Sie fröstelte.

Wiedersehen

So konnte es nicht weitergehen! Irgendwie musste sie sich aus dieser Lähmung befreien. Wahrscheinlich brauchte sie mehr Ablenkung. Dann würde es ihr schon gelingen. Sie musste sich einfach dazu zwingen!

Und das tat sie. Ab sofort joggte sie jeden Morgen eine halbe Stunde durch die Weinberge. Das Duschen danach ging schnell, und das Marmeladenbrot aß sie während des Anziehens. Mit dem Fahrrad fuhr sie in den kleinen Buchladen ihrer Freundin Karin, den sie seit mehr als zehn Jahren gemeinsam betrieben.

Wie in jedem Jahr kamen im Oktober, pünktlich zur Frankfurter Buchmesse, die Neuerscheinungen kistenweise. Sie war froh, wenn sie nach Feierabend allein im Laden sitzen und die Bücher etikettieren und einsortieren konnte. Allein im Buchladen war etwas anderes als allein zu Hause.

Sie klapperte die Grundschulen der Verbandsgemeinde ab und organisierte eine wöchentliche Vorlesestunde für die neuen Erstklässler. Sie ließ sich viel Zeit beim Auswählen der Bücher. Es war ihr wichtig, wenigstens einige der Kinder für das Lesen zu begeistern.

Karin staunte nicht schlecht und freute sich, dass Sophie an diesen Nachmittagen aufblühte.

Ihren freien Dienstagnachmittag verbrachte sie mit den Enkelkindern.

Außerdem meldete sie sich bei der Volkshochschule in Mainz zu einem Spanischkurs an. Es kostete sie viel Überwindung, nicht mit dem Fahrrad oder Zug, sondern mit dem Auto zu den wöchentlichen Unterrichtsstunden zu fahren.

Abends fiel sie todmüde ins Bett.

Manchmal ließ ein immer wiederkehrender Traum sie trotzdem nicht zur Ruhe kommen.

Sie rennt durch die Weinberge. Aber so viel sie sich auch anstrengt, sie kommt kaum von der Stelle. Starker Wind schlägt ihr entgegen. Atemlos steht sie plötzlich vor einer hohen Mauer. Sie sieht sich um. Ringsum bröckelt der Putz von den alten Steinen. Sie ist eingekerkert in einem Brunnenschacht. Moos und Kletterpflanzen quetschen sich durch die offenen Fugen. Das Wasser reicht ihr bis zu den Knien. Ihr ist kalt. Feuchte Blätter fallen von oben herab und hüllen sie ein, werden immer dichter. Efeu wächst in Windeseile um sie herum. Sie kann sich nicht mehr bewegen, ist eingeklemmt zwischen nassem Laub, rankenden Pflanzen und Mauerwerk. Es wird dunkel. Sie hat Angst. Ein Lichtstrahl weckt sie auf.

Am nächsten Morgen fühlte sie sich schwach, ohnmächtig und furchtbar allein. An solchen Tagen nutzten die besten Vorsätze nichts. Ohne Martin war sie einfach nur ein halber Mensch, fühlte sich wie amputiert. Ihr fehlte seine Energie.

Nach einer verregneten Woche ohne Lauftraining gab sie das tägliche Joggen wieder auf und beschränkte es auf ihre freien Tage.

Vor den Weihnachtsferien saß sie zum letzten Mal im Spanischkurs. Erstens gab es keinen Grund für sie, spanisch zu lernen und zweitens hatte sie weder Zeit noch Lust, Vokabeln zu pauken. Was hatte sie sich eigentlich dabei gedacht, als sie sich angemeldet hatte? Martin war tot und allein würde sie nicht nach Spanien fahren. Ja, vor einem Jahr hätte sie einen Grund gehabt. Aber da Martin die spanische Sprache perfekt beherrschte, hatte sie für sich keine Notwendigkeit gesehen. Er hätte alles Nötige mit den Einheimischen geklärt – für sie beide. Da wäre sie mit ihren paar Vokabeln sowieso nicht zu Wort gekommen. Sie hätte sich nur blamiert.

So war es doch immer gewesen. In jedem Urlaub, den sie in Spanien verbracht hatten und auch bei ihrer Wanderung von Porto nach Santiago de Compostela. Vor vier Jahren waren sie diese zweihundertvierzig Kilometer gemeinsam gelaufen. Sie hatte sich anstecken lassen von seiner Begeisterung für das Pilgern auf dem Jakobsweg. Wehmütig dachte sie an die zwei Wochen, in denen sie nebeneinander, den Rucksack auf dem Rücken, von Pilgerherberge zu Pilgerherberge gewandert waren.

Zwei Jahre zuvor war Martin allein über achthundert Kilometer auf dem Camino Francés gepilgert. Grund hierfür war sein Burnout gewesen. Als er nach fünf Wochen zurückkam, war er die Gelassenheit in Person. Ausgeglichen und glücklich.

Leider war er viel zu schnell wieder in alte Verhaltensmuster zurückgefallen. Sie wusste nicht einmal, ob es an seinem Pflichtbewusstsein oder seinem Ehrgeiz lag, dass er sich ständig überforderte. Er hatte einen Hang zum Perfektionismus und immer ein offenes Ohr für seine Mitarbeiter. Er kümmerte sich um alles und jeden. Keiner konnte und wusste über die Dinge so gut Bescheid wie er. Er wollte gar nicht, dass ihm jemand „das Wasser reichen konnte". Weder zu Hause noch in der Firma.

Ja, mein Lieber, so warst du. Es war nicht immer einfach mit uns beiden. Wenn ich anderer Meinung war als du, hast du das als Angriff oder Vorwurf empfunden. Ich musste sie immer ganz geschickt verpacken, meine Ansichten! Am besten so, dass du sie dann als deine eigenen annehmen konntest. Ein Lächeln huschte über ihr Gesicht. Ach Schatz, du fehlst mir so sehr! Auch deine Macken, für die ich dich früher manchmal gerne auf den Mond geschossen hätte.

Am dritten Adventswochenende reiste sie mit dem Zug nach Hamburg und besuchte ihre Tochter. Anna erwartete sie bereits am Bahnsteig. Ein eisiger Wind blies ihnen ins Gesicht, als sie das Bahnhofsgebäude verließen und zur U-Bahn-Station gingen.

„Schön, dass du dir Zeit für mich genommen hast", sagte Sophie und zog ihren Koffer hinter sich her. Mit dem anderen Arm hängte sie sich bei ihrer Tochter ein.

„Ja, ich freu mich auch. In meiner Wohnung wartet übrigens jemand auf dich!"

„Hast du einen neuen Freund?"

„Nein! Den könnte ich momentan auch nicht gebrauchen. Stell dir vor, unser Architekturbüro nimmt an einem Wettbewerb zum Neubau eines Freizeitbades in Mainz teil. Ich werde gemeinsam mit einem Kollegen Vorschläge erarbeiten."

„Super! Sehe ich dich dann öfter?"

„Vielleicht. Auf jeden Fall komme ich über die Feiertage zu dir, wie versprochen."

„Ja, darauf freue ich mich."

Auf dem Bahnsteig warteten viele Menschen auf die U-Bahn in Richtung Schanzenviertel. Gestresste Hausfrauen, bepackt mit Einkaufstüten und Weihnachtspaketen, Berufstätige und Studenten, die ständig über ihr iPhone wischten. Sie alle strebten nach Hause, dem Wochenende entgegen.

Mitten im Gewühl entdeckte sie einen großen, grauhaarigen Mann. Sie kannte seine Körperhaltung. Ihr Herz klopfte. Martin? Er drehte sich um. Nein! Natürlich nicht!

Als der Zug hielt, begann das übliche Schubsen und Drängeln. Sekunden nur bis zur Abfahrt. Eine Viertelstunde ungewollte menschliche Nähe bis zur Ankunft. Nikotin, Alkohol, Schweiß, Knoblauch, Mundgeruch. Ekelhaft! Sie hasste diese Tuchfühlung mit Unbekannten. Es gab bestimmt genug Mitfahrer, die nicht stanken. Aber die standen heute nicht in ihrer Nähe.

Annas Wohnung befand sich in einem der renovierten alten Häuser, dritter Stock, im Schanzenviertel. Im Erdgeschoss war eine spanische Tapasbar. Sophie mochte diesen kunterbunten Hamburger Stadtteil sehr. Die vielen spanischen, griechischen und italienischen Lokale luden zum genüsslichen Verweilen ein, vor allem in den Sommermonaten, wenn das Leben sich draußen auf den Gassen abspielte. Jetzt waren die Straßen und Häuser weihnachtlich geschmückt. Das hässliche Graffiti-Geschmier an einigen Wänden verblasste zwischen Tannenbäumen und Kerzenschein.

„Bin gespannt, wer mich jetzt erwartet", sagte sie und stieg die frisch gebohnerten Treppenstufen hinauf.

Anna schloss die Wohnungstür auf. Ein angenehmer Bratenduft kam ihnen entgegen.

„Hm, das riecht aber lecker!" Sophie sog die Luft ein. „Ich hab einen Riesenhunger!"

„Das trifft sich ja guhuhut!", tönte ein fröhlicher Singsang aus der Küche.

„Manu???" Sophie ließ ihren Koffer fallen und eilte durch den Korridor.

Als sie ihre Schwester am Herd stehen sah, blieb sie eine Sekunde lang unschlüssig in der Tür stehen.

„Hallo, Schwesterchen!"

Sie musterte Manu von oben bis unten. Ihre langen, schlanken Beine steckten in einer engen Jeans, die Farben der modischen Bluse spiegelten sich in ihren dunkelbraunen Augen wieder.

„Gut siehst du aus! Die kurzen Haare stehen dir."

„Tja, man tut was man kann", lachte Manu selbstgefällig, legte den Rührlöffel beiseite und nahm ihre Schwester fest in die Arme. Sie beugte sich dabei etwas zu demonstrativ nach unten, fand Sophie. Wie immer!

„Ich freue mich auch, dich endlich mal wieder zu sehen!", erwiderte sie wahrheitsgemäß und ignorierte Manus Frage, ob sie bereits geschrumpft sei.

„Na, die Überraschung ist uns gelungen, oder?", freute sich Anna.

„Das kannst du wohl sagen!" Sophie drückte ihrer Tochter den Wintermantel in die Hand. „Hängst du den bitte auf?"

Manu machte sich wieder an den Kochtöpfen zu schaffen. Sophie runzelte die Stirn. „Ich überlege gerade, wann wir uns zum letzten Mal gesehen haben. War das bei Mamas Beerdigung?"

„Ja! Und die ist im April zwei Jahre her."

„Mein Gott, so lange schon!" Vor Sophies Augen stieg das Bild der mit dem Tod kämpfenden, abgemagerten Frau hoch, die einst ihre Mutter gewesen war. Sie schob es zur Seite und erinnerte sich lieber an die mollige, lebensfrohe Mama, die ihr den ewigen Kampf mit dem Hüftspeck vererbt hatte.

„Denkst du oft an sie?", fragte sie.

Manus Stimme klang vorwurfsvoll: „Zwangsläufig! Schließlich pflege ich das Grab unserer Eltern, falls du das vergessen hast!"

„Entschuldigung!", beeilte Sophie sich zu sagen und wechselte das Thema. „Warum bist du jetzt hier in Hamburg?"

„Ich besuche ein Fortbildungsseminar über Osteopathie."

Manu war vor drei Jahren von Lindau in die alte Hansestadt Lemgo gezogen. Sophie und sie hatten in diesem geschichtsträchtigen, ostwestfälischen Städtchen, das inmitten des lippischen Hügellandes liegt, ihre Kindheit verbracht. Die Eltern waren dort auf dem Friedhof begraben.

Manu hatte in Lemgo eine Praxis für Osteopathie und Physiotherapie übernommen, nachdem der Inhaber sich zur Ruhe gesetzt hatte. Endgültig war der Übergabevertrag vor einem halben Jahr unterzeichnet worden. Wegen der vielen damit verbundenen Arbeiten war sie nicht zu Martins Trauerfeier gekommen. Außerdem war ihr sein plötzlicher Tod auf den Magen geschlagen. Den Tag seiner Beisetzung verbrachte sie in Bett und Bad.

Auch in den darauffolgenden Monaten hatte sie ihre vierzehn Jahre ältere Schwester nicht besucht. Ab und zu ein Telefonat oder eine E-Mail mussten reichen! Sie eignete sich nicht als Seelentröster.

Sie war jetzt vierundvierzig und fand, dass das Leben ihr noch etwas schuldete.

Ihre Schwester war da anders gepolt. Aber was wusste die schon! Sie hatte ja Martin – gehabt.

Manu hatte ihre Probleme immer allein bewältigt. Sie brauchte niemanden.

Bereits mit neunzehn war sie schwanger geworden und hatte ihren damaligen Freund Bastian Siegl geheiratet. Er war Assistenzarzt an der Orthopädischen Rehaklinik in Konstanz und gab Unterricht an der Schule für Krankengymnastik, die sie damals besuchte. Sie zogen in das Haus der Schwiegereltern ein, was ein großer Fehler war. Aber das merkte sie erst, als es zu spät war…

Sie hatte so vieles falsch gemacht in ihrem Leben. Sie mochte gar nicht darüber nachdenken. Ihr Leben war mit ebenso vielen

20

falschen Hoffnungen wie Männern bespickt gewesen. Sie wollte endlich etwas richtig machen. Deshalb nahm sie das Angebot in ihrem Heimatort an, als ihre Mutter krank wurde. Ein Jahr lang war sie fast täglich bei ihr gewesen und hatte die Pflegerin bei ihrer Arbeit unterstützt. Niemand hatte geglaubt, dass Mama so schnell sterben würde.

Es war ihr schwer gefallen, den Bodensee und die Alpen gegen das ostwestfälische Bergland zu tauschen. Die Städte Lindau und Lemgo ähnelten sich nur durch die schön renovierten, alten Gebäude. Die kleinen Försterteiche im Lemgoer Wald konnten den Bodensee nicht ersetzen.

„Das Seminar geht von Sonntag bis Dienstag", erklärte Manu. „Ich will nach Möglichkeit noch am Dienstagabend wieder zurückfahren. Will meine drei Mitarbeiter nicht länger als nötig allein lassen."

Sieh an, sieh an, dachte Sophie, meine kleine, verwöhnte Schwester hat wohl doch gelernt, Verantwortung zu übernehmen.

„Schön, dann haben wir ja den ganzen Samstag für uns!", sagte sie.

„So war es geplant", mischte Anna sich ein. „Und jetzt setzt ihr beide euch bitte an den Tisch, damit ihr mir nicht im Weg steht." Sie holte den Bratentopf aus dem Backofen und stellte ihn auf die Arbeitsplatte. Mit einem Fleischermesser löste sie das zarte Lammfleisch vom Knochen und richtete es auf einer Platte an.

Sophie beobachtete ihre Tochter. Sie hielt das Messer genauso wie Martin, mit ausgestrecktem Zeigefinger... Ostern, ja am Ostersonntag hatten sie auch Lammbraten gegessen... niemand ahnte damals, dass Martin nur noch ein Vierteljahr leben würde...

„Stürzen wir uns morgen ins Weihnachtsgetümmel oder flüchten wir in die Natur?", unterbrach Manu ihre trüben Gedanken.

„Ich bin fürs Getümmel. Da weht nicht so ein kalter Wind", meldete sich Anna. „Außerdem muss ich noch ein paar Kleinigkeiten besorgen." Sie schickte einen fragenden Blick in die Runde. „Ihr braucht doch bestimmt auch noch das ein oder andere Geschenk, oder?"

„Oh ja, Shoppen ist gut. Und wenn wir genug Geld ausgegeben haben, gehen wir lecker essen", meinte Manu.

„Und anschließend besuchen wir ein Weihnachtskonzert in der Michaeliskirche. Habt ihr Lust? Wäre doch ein schöner Abschluss unseres Frauentages", schlug Anna vor.

„Hört sich gut an!" Sophie erhob ihr Glas und prostete Manu zu. „Auf unser Wiedersehen und auf Anna!"

Am späten Samstagabend stapelten sich die Einkaufstüten im Korridor, und die Füße wollten hoch gelegt werden. Manu trällerte fröhlich ein Lied aus Kindertagen: „In der Weihnachtsbäckerei gibt's so manche Kleckerei…", während sie ihre Straßenkleidung gegen den Schlafanzug tauschte.

Anna zog eine Flasche Rotwein auf. Die Schwestern saßen bereits auf dem Sofa. Ihre Füße ruhten friedlich nebeneinander auf dem Couchtisch.

„Pyjama-Party, wie früher", erinnerte sich Anna, „wenn wir Familienfernsehabend gemacht haben."

„Dann musst du aber auch Fanta trinken und Chips essen!", meinte Sophie und grinste ihre Tochter an.

„Damit kann ich leider nicht dienen. Aber ich hab eine bessere Idee." Anna stand auf und verschwand in der Küche. Kurz danach kam sie mit einem Teller zurück, auf dem Käsewürfel und Schinkenstreifen neben Oliven und Minitomaten lagen.

Sophie langte gleich zu. „Hm, ist das Serranoschinken?", fragte sie noch kauend.

„Ja, den isst du doch gerne. Das ist auch spanischer Käse. Manchego."

„Bist ein Schatz!"

Die spanischen Spezialitäten lösten eine ausgiebige Unterhaltung über Urlaubserlebnisse in Spanien und anderswo aus. Irgendwann tippte Manu mit ihrem Fuß gegen den von Sophie: „Sag mal, was ist eigentlich aus deinem Plan geworden, den spanischen Küstenweg zu gehen?"

Sophie war überrascht. „Das war Martins Plan! Er wollte zum Auftakt in seinen Ruhestand den Jakobsweg laufen! Nicht ich!" Sie steckte sich ein Stückchen Käse in den Mund und kaute langsam darauf herum.

„Aber du wolltest doch mit ihm gehen!"

„Naja, das schon."

„Was heißt hier ,das schon'?" Manu wurde neugierig.

Sophie zögerte. Irgendwie hatte sie sich vergaloppiert. Es ging ihre kleine Schwester einen feuchten Kehricht an, dass Martin ursprünglich allein laufen wollte. Er war nicht begeistert gewesen von ihrer Idee, fünf Wochen gemeinsam zu pilgern. Wochenlang hatte sie ihn bearbeiten müssen, bis er „meinetwegen" gesagt hatte und „…aber wenigstens ein paar Tage möchte ich ganz allein unterwegs sein. Da wirst du dann auch allein pilgern müssen. Schaffst du das?" - „Wird schon gehen", hatte sie geantwortet, obwohl sie es sich nicht vorstellen konnte.

„Allein würde ich so eine Tour nicht machen", beantwortete sie wahrheitsgemäß Manus Frage.

Martin hatte sich minutiös auf diese Reise vorbereitet. Jede Etappe war genauestens nach Höhenmetern und Entfernung berechnet, jede in Frage kommende Unterkunft markiert und jeder Wandertag geplant. So war er. Nichts konnte er dem Zufall überlassen.

Vielleicht hatte sein Beruf das mit sich gebracht. Er war Ingenieur der Verfahrenstechnik und hatte Produktionsanlagen geplant. Penetrant genaue Berechnungen waren seine tägliche Herausforderung. Es machte ihn wütend, wenn jemand seine Anweisungen nicht befolgte. Allerdings brachte ihn auch etwas Unvorhergesehenes in der Regel nur kurz aus dem Gleichgewicht. Fast immer hatte er schnell eine neue Lösung parat. Auch in der Familie. Er glaubte immer, zu wissen, wie alles ablaufen musste, damit es gut war.

Manchmal hatte sie ihn wegen seiner Rechthaberei zum Teufel gewünscht. Irgendwann hatte sie aufgehört, eigene Vorschläge zu machen. Streit war ihr zuwider.

Und jetzt fehlten ihr seine Ideen.

Allein nach Martins Plänen am Meer entlang wandern? Ohne seine Nähe, die ihr Sicherheit gab? Ohne seinen Enthusiasmus, von dem sie sich so gerne anstecken ließ? Das konnte sie sich beim besten Willen nicht vorstellen.

„Wie lang ist denn die Strecke, die ihr pilgern wolltet?", unterbrach Manu ihre Gedanken.

„Von Irún nach Santiago de Compostela sind es so etwa achthundertsechzig Kilometer."

„Oho, alle Achtung!" Manu war überrascht.

„Martin und ich hatten sechs Wochen dafür eingeplant", sagte sie, nicht ohne Stolz.

Manu runzelte die Stirn. „Irgendwie würde mich so etwas auch mal reizen, aber…", sie traf ihre Schwester mit einem skeptischen Blick, „könntest du dir vorstellen, so lange Zeit mit mir zu verbringen?"

Sophie zuckte die Schultern. „Keine Ahnung! Du mit mir?"

„Weiß nicht! – Aber das geht sowieso nicht. Ich kann nicht sechs Wochen Urlaub machen."

Sophie musterte Manu eindringlich. Eigentlich war die Vorstellung, mit ihr einen Teil des Küstenweges zu erwandern, doch gar nicht so schlecht. „Wir müssen ja nicht bis Santiago laufen", sagte sie. „Wir könnten uns ein schönes Teilstück aussuchen und vielleicht zwei oder drei Wochen unterwegs sein."

„Vielleicht, ja. Ich muss mir das mal durch den Kopf gehen lassen. Es wäre immerhin eine Möglichkeit, unsere schwesterliche Beziehung ein bisschen aufzupeppen." Manu grinste herausfordernd.

Sophie hielt ihrem Blick stand. „Eben! – Schlafen wir erst mal drüber", antwortete sie.

Manu blickte auf die Uhr. „O Gott, schon gleich ein Uhr!" Sie löste sich aus dem Lotussitz und leerte ihr Glas. „Um halb acht will ich aufstehen."

„Frühstück um viertel nach acht", kündigte Anna an.

„Okay!" Manu gähnte herzhaft und verschwand im Bad.

Erinnerungen

Endlich! Die Weihnachtstage waren vorbei. Sophie lag todmüde im Bett, konnte aber nicht einschlafen. Das erste Weihnachtsfest ohne Martin!

Der Heilige Abend bei Heiko und Silke war turbulent. Die Enkelkinder hatten ihr keine Zeit zum Traurigsein gelassen, und die Kinderchristmette war so kindgerecht, dass kein Platz für ihre eigenen Befindlichkeiten blieb.

Den Weihnachtsbraten für den ersten Feiertag hatte sie vorbereitet. Wie immer, saß sie mit ihren Kindern am späten Nachmittag gemeinsam am Tisch. Auf Martins Platz brannte eine dicke Kerze zwischen grünen Tannenzweigen.

Vorher hatte sie mit Anna an einem Hochamt in der Mainzer Barockkirche St. Peter teilgenommen. Mit Martin war sie oft hier gewesen. Sie liebten diese Kirche mit der herrlichen Orgel, die eine Herzensangelegenheit des Organisten war. Er spielte so göttlich darauf, dass sich allein deswegen ein Besuch lohnte. Beim „Gloria" stellten sich die Härchen auf ihren Armen hoch. Sie sang aus vollem Herzen „Adeste fideles" und „In dulci jubilo". Es war nicht schlimm, dass ihre Augen feucht wurden. Es war Weihnachten! Das Fest der Liebe. Sie hatte gesunde Kinder und Enkel, eine Schwester, gute Freunde und einen wunderbaren Beruf. Sie war nicht allein!

Jetzt lag Anna neben ihr in Martins Bett und schlief.

Morgen wollten sie gemeinsam Martins Schränke ausräumen. Sie stand auf und ging ins Bad, um eine Schlaftablette zu schlucken.

In Martins Kleiderschrank warteten genähte und gestrickte Erinnerungen.

Den dicken Pullover mit dem Norwegermuster hatten sie sich beide von einem Segelurlaub in Schweden mitgebracht. Ihrer war nur in Nuancen anders gemustert. Kratzig und leicht verfilzt, aber herrlich warm waren sie beide. Liebevoll strich sie über die dicken Maschen und steckte ihn in die Tüte für die Obdachlosen.

Die neue Radlerhose, die sie Martin zum Geburtstag geschenkt hatte, konnte Heiko vielleicht noch gebrauchen.

Den grauen Anzug hatte er sich zur Silberhochzeit gekauft. Mit den Kindern und ehemaligen Trauzeugen waren sie zum Essen in ein Sternerestaurant gegangen und danach verreist. Wanderurlaub in den Dolomiten.

Die dunkelblaue Krawatte mit hellblauem Strichkaro hatte er zu Fabians Taufe getragen.

Sein kariertes Lieblingshemd und die dunkelblaue Fleecejacke, die selbst im Hochsommer immer dabei sein musste, waren an den Kanten schon ausgefranst. Also, nicht lange überlegen und ab in die Tonne!

Sie war froh, dass Heiko sich bereits einige Pullover und Hemden ausgesucht hatte, die er weitertragen wollte.

Jede Hosen- und Jackentasche krempelte sie auf links, entlud Kleingeld, Notizzettel und Tempotücher.

Was ihr Mann alles in seinen Taschen sammelte, war für sie schon immer ein Abenteuer gewesen, und sie wunderte sich, was da noch zutage kam. Hatte sie die Taschen nicht immer geleert, bevor sie die Sachen wieder in den Schrank gehängt hatte?

Neugierig faltete sie einen Notizzettel auseinander. Eine Telefonnummer, die ihr bekannt vorkam, die sie aber nicht zuordnen konnte. „Dringend anrufen!" stand daneben. War bestimmt etwas Geschäftliches. Sie knüllte ihn zusammen und warf ihn in die Mülltüte.

Anna stand auf einer Leiter und hievte einen Textilkoffer aus dem obersten Regal. „Nimm mal an, bitte! Was ist denn da drin?"

„Sein ganzer Fastnachtskram. Jacken, Kostüme und so was. Das war ihm heilig. Da durfte ich nicht dran!"

„Darf ich mal reingucken?"

„Na klar!"

Ordentlich gefaltet lag die Jacke mit den lachenden Gesichtern von fünf Schwellköppen oben drauf. Anna hob sie an und beäugte vorsichtig die darunter liegenden Sachen. Weiße Hosen und Shirts, die er als „Schwellkoppträscher bei de Meenzer Fastnacht" getragen hatte, kamen zum Vorschein. Darunter Kostüme vom Männerballett: Knallige Shirts, bunte Röcke, eine Korsage, ein rosa Seidenkleid, Netzstrumpfhosen und allerlei Plüschiges.

„Was machst du damit?", fragte Anna und zog einen dicken Umschlag unter den Kostümen hervor.

„Ich frag unseren Vereinsvorsitzenden. Nach Weihnachten geht die Kampagne ja erst richtig los. Da gibt es bestimmt genug Leute, die sich freuen, ein originelles Kostüm zu bekommen. Stell den Koffer in sein Zimmer. Nach den Feiertagen bringe ich ihn weg. - Was hast du denn da? Gib mal her!"

Der Umschlag war nicht zugeklebt. Sophie zog ein Foto heraus. Es zeigte Martin, sie selbst, Manu und deren beste Freundin Petra, Arm in Arm. Sie hatten sich alle als Piraten kostümiert und blickten lachend in die Kamera.

„Ach, schau mal! Da ist Manu höchstens siebzehn oder achtzehn."

„Wow! Sieht scharf aus, der Fetzen, den sie da anhat!"

„Sie hatte auch viele Verehrer an dem Abend, aber sie hat nur mit ihrer Freundin und mit Papa getanzt! Hat ihn den ganzen Abend nicht aus den Augen gelassen und ihn angehimmelt. Ist ihm ganz schön lästig geworden, die Kleine. Wir sind dann mit Freunden in der Sektbar untergetaucht und haben ihn so gerettet. Natürlich nicht, ohne ihn gehörig damit aufzuziehen, dass er bei seiner zwanzig Jahre jüngeren Schwägerin solche Chancen hat."

„Papa war ja auch ein guter Tänzer."

„War er", seufzte Sophie und steckte das Foto wieder zurück zu den anderen. „Lauter Fastnachtsfotos. Aber wenn wir uns die jetzt alle ansehen, werden wir nicht fertig!" Abrupt legte sie den Umschlag auf den Nachttisch.

Plötzlich hatte sie es eilig. In Windeseile stopfte sie T-Shirts, Unterwäsche, Socken und Schlafanzüge in blaue Mülltüten, und wenige Minuten später waren Schrank und Kommode leer geräumt. Annas verwunderten Blick sah sie nicht.

„Die kommen in den Container. Kannst sie gleich mitnehmen."

„Okay!"

„Die Heimwerkerutensilien aus dem Keller hat Heiko zum Teil schon mitgenommen. Kannst ja mal unten nachsehen, ob du noch was gebrauchen kannst. Papas Arbeitszimmer nehme ich mir in den nächsten Tagen vor. Jetzt habe ich keine Lust mehr. Kannst du noch Zirkel und anderen Zeichenkram gebrauchen? Ich pack ihn dir dann zusammen."

„Ja! Ich kann doch grad selbst mal nachsehen, was er so alles im Schreibtisch hat."

„Nein! Das mache ich! Jetzt hören wir auf!" Ihre Stimme duldete keinen Widerspruch.

Sein Arbeitszimmer lag ihr wie ein fettes Essen im Magen. Sie fühlte sich noch nicht stark genug dafür. Es war, als würde sie in sein ganz persönliches Ich eindringen, wenn sie seinen

Schreibtisch durchwühlte. Sie hatten persönliche Notizen immer gegenseitig respektiert. Tagebuch- oder Kalendereintragungen des anderen waren ein Tabu. Das war für beide selbstverständlich gewesen.

Sie musste sich Zeit lassen. Irgendwann würde sie bereit sein. Aber nicht heute und nicht mit ihrer Tochter.

Kleine Schwester

Zum Jahreswechsel fuhr Sophie nach Lemgo. Sie hatte Manus Einladung gerne angenommen. So konnte sie die seit vielen Jahren übliche Silvesterfeier mit den Freunden ruhigen Gewissens absagen. Ohne Martin hätte sie sich nicht stark genug in der Gruppe gefühlt. Wie würde sie um Mitternacht dastehen, wenn alle Paare sich küssen! Der Gedanke allein löste eine Gänsehaut bei ihr aus. Sie freute sich, wegfahren zu können und mit mehr oder weniger fremden Menschen ins neue Jahr zu rutschen.

Am Zugfenster glitt das Hessische Bergland vorbei. Sanfte, bewaldete Hügel, weite Wiesen und Felder. Kindheitserinnerungen an die wenigen gemeinsamen Jahre mit Manu stiegen auf.

Als Mama ihr erzählte, dass sie ein Geschwisterchen bekommen würde, war sie dreizehn Jahre alt. Mamas Menstruation war ausgeblieben, und Sophie hatte ihre zum ersten Mal bekommen.

Sie lag auf dem Sofa, die Wärmflasche auf dem Bauch. Mama hatte sich daneben gesetzt. Ihr dicker Popo drückte gegen Sophies Beine. In der Hand hielt sie eine Tasse mit heißem Kräutertee. Mamas Mixtur aus Salbei, Ingwer, Baldrian, Minze und Melisse half nicht nur bei Bauchschmerzen, sondern mit einem dicken Löffel Honig auch bei Erkältungen und Wehwehchen aller Art.

Mama streichelte ihr über den Kopf und erzählte von dem kleinen Wesen, das in ihrem Bauch heranwuchs.

Alles war schrecklich aufregend! Ein Baby! Im ersten Moment war sie so verdattert über diese Neuigkeit, dass sie sich nicht einmal freuen konnte. Aber Mama schaffte es, sie mit ihrer Freude anzustecken. Gemeinsam schmiedeten sie Pläne, wie das Baby wohl heißen könnte, was es brauchen würde, wie das Kinderzimmer eingerichtet werden sollte und vieles mehr.

Mama verstand es, ihr das Frau-Werden und das Frau-Sein genauso wie das spätere Mutter-Werden und Mutter-Sein als die schönste Sache der Welt zu erklären.

Sophies Pubertät und Mamas Schwangerschaft waren eine ganz wichtige, wunderschöne Gemeinsamkeit. Papa fragte manchmal, mit einem schelmischen Lachen im Gesicht, ob in ihren Herzen für ihn auch noch ein Plätzchen frei sei.

Und dann war sie da: Manuela Birgitta! Natürlich war sie das süßeste Baby in ganz Ostwestfalen-Lippe. Die Besucher gaben sich die Tür in die Hand. Jeder wollte den Winzling sehen und auf den Arm nehmen.

Klar, war sie stolz auf ihre kleine Schwester. Aber nach den ersten Wochen gingen ihr das nächtliche Geschrei und das ganze Getue um dieses kleine Wesen tüchtig auf den Wecker. Dazu kam das nervige Spazierenfahren mit dem Kinderwagen, damit Mama in Ruhe die Kundschaft bedienen konnte. Mama stand für ihr Leben gerne im Laden und verkaufte Schuhe, während Papa meistens am Schreibtisch saß und die kaufmännischen Arbeiten erledigte.

Mein Gott, war ihr das Kinderwagenschieben peinlich gewesen! Die Vorstellung, dass jemand sie für die Mutter halten könnte, war entsetzlich. Wäre ja theoretisch möglich gewesen! Kurz vor ihrem fünfzehnten Geburtstag weigerte sie sich zum ersten Mal, mit der einjährigen Manu auf den Spielplatz zu gehen. Sie hatte sich nach der Schule mit Freunden verabredet. Nach einem riesigen Krach hatte Mama sie gezwungen, Manu mitzunehmen. Der Treffpunkt war im Park, der ehemaligen Wallanlage, die rund um den historischen Stadtkern führte. Manu lag angeschnallt im Buggy und schlief. Sophie stellte ihn unter einen Baum und ging zu den anderen.

Irgendwann wachte die Kleine jedoch auf und schrie wie am Spieß. Sophie überhörte das Schreien. Sie lag bäuchlings auf der Picknickdecke und trank Cola. In der Mitte stand ein Kofferradio, aus dem laute Musik dröhnte. Den Refrain von „Yellow submarine" grölten sie alle mit.

Plötzlich schrie jemand: „Deine Schwester!"
Eine Frau hatte sich den Kinderwagen gegriffen und entfernte sich mit schnellen Schritten. Gefolgt von sämtlichen Freundinnen und Freunden war Sophie hinter ihr hergerannt. Als sie sie schweißgebadet eingeholt hatte, wollte ihr die Frau den Kinderwagen nicht geben, sondern ihn mitsamt der schreienden Manu zur Polizei bringen. Sie beschimpfte Sophie auf übelste Weise. Sie drohte mit dem Jugendamt, damit ihre Eltern erführen, welch verantwortungslose Tochter sie hätten. Erst als ihre Freundinnen und Freunde für sie Partei ergriffen, überließ sie ihr die kleine Schwester wieder.

Manu stank fürchterlich und brüllte, bis sie zu Hause waren.

Nächtelang hatte Sophie kaum geschlafen. Das schlechte Gewissen und die Angst vor dem Jugendamt ließen ihr keine Ruhe. Wie enttäuscht würden Mama und Papa sein, wenn sie davon erführen, und das Jugendamt würde sie bestimmt in ein Heim für schwer erziehbare Kinder stecken. Hoffentlich verpetzte diese blöde Kuh sie nicht!

Zum Glück tat sie es nicht.

Eines Tages war ihre anfängliche Begeisterung für die kleine Schwester dann ganz verschwunden. Neid und Eifersucht machten sich breit.

Die süße Kleine wurde von allen nur verwöhnt. Total ungerecht!

Sophie musste den Tisch decken, spülen und einkaufen gehen, Manu durfte spielen.

Während sie Manus Spielsachen aufräumte, räumte die ihre Schubladen aus.

Hatte Sophie das Essen gekocht, spuckte die Kleine es über den Tisch: „Schmeckt nicht! Die Mama soll kochen!"

Saß Sophie mit Freundin oder Freund in ihrem Zimmer, bollerte die kleine Hexe so lange gegen die Tür, bis jemand sie rein ließ.

Wollte sie in Ruhe Musik hören, ertönte aus dem Nachbarzimmer das „Törööö" von Benjamin Blümchen in voller Lautstärke.

Einfach nervig!!!

Manu war fünf, als Sophie das Abitur machte. Sie zog von Lemgo nach Mainz, um Germanistik und Literaturwissenschaften zu studieren. Mama heulte, Sophie auch. Die Telefondrähte zwischen Mainz und Lemgo liefen nur in den ersten Monaten heiß. Dann hatte sie neue Freundschaften geschlossen. Sie stürzte sich mit Macht in das aufregende Studentenleben und genoss die Freiheit der eigenen Entscheidungen.

Gesehen haben sich die Schwestern danach nur noch selten. Vielleicht ein- bis zweimal im Jahr, wenn Sophie in den Semesterferien zu Besuch in Lemgo war. Lange hielt sie es allerdings nie zu Hause aus. Alles war ihr zu eng und zu spießbürgerlich geworden.

Manu hatte zwar die gleichen Eltern, aber ansonsten nichts mit ihr gemeinsam, fand Sophie.

Manu war dreizehn, als Martin und Sophie heirateten.

Nach der mittleren Reife und einem Praktikum bekam Manu einen Platz auf einer privaten Krankenpflegeschule in Konstanz. Dort lernte sie den jungen Assistenzarzt Bastian kennen, den sie zwei Jahre später heiratete. Wenige Monate später wurde Tim geboren. Obwohl Tim und Sophies Tochter Anna nur ein halbes Jahr auseinander waren, haben sich die Schwestern auch damals nicht häufig getroffen. Wer verreist schon gern mit kleinen Kindern!

Sophie erinnerte sich allerdings, dass Manu nach Tims Geburt häufig angerufen hatte, um sich mit ihr auszutauschen. Scheinbar wollte sie mehr Kontakt haben. Die Babys waren immerhin ein gemeinsames Gesprächsthema. Aber weder sie noch Martin hatten das Bedürfnis, Manu und ihren Mann häufiger zu sehen.

Die Eltern in Lemgo, Schwester und Schwager in Konstanz, sie selbst in Mainz: Die Entfernungen waren ein guter Grund, sich nur selten zu besuchen.

Ihre Mutter hatte sich immer wieder bemüht, sie alle gemeinsam um den Tisch zu bekommen. Aber das war ihr nicht oft gelungen.

Es war jetzt fünf Jahre her, dass die Eltern das Schuhgeschäft verkauft und die große Wohnung gegen eine kleine eingetauscht hatten. Ein Jahr später war Vater an einem plötzlichen Herztod gestorben. Kurz darauf wurde Mutter krank und Manu zog nach Lemgo. Sophie fand das vollkommen unnötig. Schließlich hatten sie eine Pflegerin für Mutter eingestellt. Aber das war Manu nicht gut genug. Sie hatte schon immer einen engeren Draht zu Mama gehabt. Naja, Mama wohl auch zu ihr. Schließlich war Manu das Nesthäkchen, das sich so gut einschleimen konnte.

Sie selbst war, so oft es ihr möglich war, nach Lemgo gefahren, um Mutter zu besuchen. Höchstens vier- oder fünfmal hatte sie sie im Pflegeheim besucht. Frühmorgens hin, am Spätnachmittag wieder zurück. Vier Stunden bei Mama, zwischendurch ein Kaffee mit Manu. Die Gespräche mit ihrer Schwester waren meistens kurz und knapp, um Formalitäten wegen der Pflegestufe, Kosten und Zuschüssen zu besprechen. Über persönliche Dinge haben sie fast nie geredet.

Martin war nie mitgefahren.

Dass Manu allein bei der Mutter war, als diese starb, machte Sophie immer noch zu schaffen. Sie selbst hatte das Krankenzimmer nur für kurze Zeit verlassen. Aber konnte sie Manu dafür verantwortlich machen?

Vielleicht hatten sie ja bald Zeit, über all das zu sprechen. Sie wussten einfach zu wenig voneinander.

Jetzt freute sie sich erst einmal auf die Silvesterfeier.

Manu hatte acht Gäste eingeladen. Die Vorstellungsrunde beim Aperitif verlief recht lustig, und die Unterhaltung beim Essen war interessant.

Sophie ignorierte ihren Alkoholpegel und trank viel zu viel Wein und Sekt. Sie redete, lachte und tanzte. War aufgekratzt bis zum Geht-nicht-mehr!

Bloß nicht zu den beiden turtelnden Pärchen gucken! Das ungute Bauchgefühl musste weggespült werden, bevor es sich breit machen konnte. Nur nicht rührselig werden! Dann lieber betrunken!

Gegen vier Uhr sah sie zum letzten Mal auf die Uhr. Keine Ahnung, wann und wie sie ins Bett gefallen war.

Am späten Vormittag wurde sie von Kaffeeduft geweckt. Ihr Kopf hämmerte und ihre Fußsohlen brannten.

„Mir geht es gar nicht gut", jammerte sie und ließ sich auf das Sofa fallen.

Manu löste Alka-Selzer in Wasser auf und reichte ihrer Schwester das Glas.

„Hier, trink das und setz dich an den Frühstückstisch. Wenn du was gegessen hast, wird es dir besser gehen. Später machen wir einen Spaziergang."

„Sag mal, wann bist du denn aufgestanden?"

„So gegen neun. Keine Sorge, bei mir kommt die Müdigkeit immer erst einen Tag später."

Manu hatte die Küche bereits aufgeräumt und den Frühstückstisch gedeckt.

Sophie schlurfte ins Bad. Der Blick in den Spiegel verbesserte ihr Befinden nicht. Sie trank das Glas leer und ließ kaltes Wasser in ihre geöffneten Handflächen laufen. Dann tauchte sie ihr Gesicht hinein. Mit den Lebensgeistern erwachten auch ihre negativen Gedanken zu neuem Leben.

Meine kleine, verwöhnte Schwester! Irgendwie habe ich sie total unterschätzt! Sie scheint ihr Leben voll im Griff zu haben, auch ohne Mann. Hat eine Eigentumswohnung vom Feinsten, eine eigene Praxis und ein schickes Auto. Bestimmt hat sie jahrelang fette Unterhaltszahlungen für Tim kassiert. Ich muss sie unbedingt mal fragen, warum sie damals mit ihrem kleinen Sohn abgehauen ist. Der müsste jetzt auch schon Mitte zwanzig sein. Ja klar, ein halbes Jahr jünger als Anna! Sie hatte doch bestimmt nichts auszustehen - bei den netten Schwiegereltern! War eine sympathische Frau, ihre Schwiegermutter. Ich hätte gerne so eine Oma gehabt, als die Kinder klein waren! Na ja, Schnee von gestern. Was Tim wohl macht? Seit der mit sechzehn zu seinem Vater gezogen ist, habe ich nichts mehr von ihm gehört. Seine Mutter scheint ihn ja nicht groß zu vermissen. Jedenfalls redet sie nie von ihm. Vielleicht reichen ihr die Freunde. Waren ja alle sehr nett gestern Abend. Schöne Party! Und Schwesterchen eine perfekte Gastgeberin. Das muss der Neid ihr lassen! Hatte wirklich alles im Griff! Und ich? Ohne Martin bin ich nichts. Eine Niete! - Und jetzt fällt mir nicht mal der richtige Name meines tollen Tänzers ein. Furchtbar! Ob das erste Alterserscheinungen sind? Immerhin gehe ich stramm auf die sechzig zu. Ich muss Manu fragen.

Sie setzte sich an den Tisch. „Wie heißt eigentlich dein Nachbar richtig?"

„Du meinst Bolle?"

„Ja, aber das ist doch nicht sein richtiger Name, oder? Ich meine, er hätte sich anders vorgestellt."

„Burkhard."

Burkhard. Sympathisch, gebildet, humorvoll, alleinlebend, guter Tänzer. Fast so gut wie Martin.

Ach ja, Martin. Hast du mir zugesehen von da oben, mein Lieber? Ich habe an dich gedacht, den ganzen Abend. Manchmal hab ich mir eingebildet, ich läge in deinen Armen beim Tanzen. Es ist alles so anders ohne dich. – Was meinst du: Soll ich mit Manu nach Spanien fahren? Soll ich mit ihr nach deinen Plänen pilgern gehen? Ob das wohl gut gehen würde? Meine kleine Schwester und ich. Eigentlich ist sie ganz anders, als ich immer gedacht habe. - Wäre eine gute Gelegenheit für uns, sich besser kennenzulernen. Wir hatten früher einfach keinen Draht zueinander. Ich weiß gar nicht mal, ob das nur am Altersunterschied lag. - Du fehlst mir!

„Hallo Sophie! – Kaffee oder Tee? Was ist los? Träumst du? Jetzt frag ich dich schon zum dritten Mal!" Manu hielt die Kaffeekanne vor ihre Nase.

„O, Entschuldigung!"

„Hast wohl von Bolle geträumt, wie?" Manu lachte aus vollem Hals.

„Nee, ich hab überlegt, ob das wohl gut geht, wenn wir beide gemeinsam unterwegs sind. – Kaffee bitte!" Sophie reichte ihr die Tasse.

„Und? Zu welchem Ergebnis bist du gekommen?"

„Ich meine, wir sollten es versuchen!"

„Finde ich auch! Schließlich haben wir viel nachzuholen."

„Das glaub ich auch."

„Außerdem sind wir seit dem Tod unserer Eltern unsere einzigen Blutsverwandten!"

„Das stimmt nicht! Du vergisst unsere Kinder! Apropos Kinder. Was macht Tim eigentlich?"

„Studiert Medizin."

„Wo?"

„In Konstanz."

„Wie geht es ihm?"

„Gut!" Manu reichte ihr den Brotkorb und verfiel in einen Redeschwall. „Hier, probiere mal diese Hörnchen. Die sind wahnsinnig lecker! Der Bäcker hat von der Innung einen Preis dafür bekommen. Das Rezept ist streng geheim. Er macht alles noch selbst. Benutzt keine fertigen Backmischungen. Auch seine Kuchen sind einsame Spitze. Da kann man alle guten Vorsätze vergessen. Die sind eine Sünde wert! Vor allem die Donauwellen. Da könnt ich mich reinsetzen!" Sie schnappte nach Luft, um dann gleich fortzufahren: „In Spanien gibt es übrigens auch gute Kuchen! Die dünnen Tartas mit Erdbeeren oder Äpfeln sind ein Traum. In Madrid habe ich mal eine Vanilletorte gegessen, die war umwerfend. Und nicht zu vergessen: Mandelkuchen! Tarta de Santiago! - Womit wir wieder beim Thema wären: Sollen wir nach dem Spaziergang mal nach Flugverbindungen sehen? Frankfurt – Bilbao?"

„Ja, das sollten wir."

„Hast du eine Liste, was alles in den Rucksack gehört und was man Zuhause lassen kann, damit er nicht zu schwer wird?"

„Ja, ich schicke sie dir. Du kannst auch selbst mal auf den Webseiten der großen Pilgergesellschaften nachlesen. Entweder bei den Jakobusfreunden Paderborn oder bei der Fränkischen St. Jakobusgesellschaft Würzburg. Da stehen gute Infos. Was da allerdings nicht steht, ist ein leichtes, knitterfreies Sommerkleid. Glaub mir, es ist ein wunderbares Gefühl, nach dem abendlichen Duschen mal keine Wanderhose anzuziehen."

„Aha!" Manu grinste ihre Schwester an. „Wieviel hat dein Rucksack gewogen?"

„Ungefähr sieben Kilo."

„Oh, das ist aber wenig. Da habe ich schon ganz andere Zahlen gehört."

„Wasser und Proviant kommen ja noch dazu. Man muss schon genau abwägen, was man wirklich unbedingt braucht", sagte Sophie. „Glaubst du, dass du das schaffst?"

„Wieso nicht?", fragte Manu empört.

„Ach, vergiss es!", winkte Sophie ihre Frage wieder weg.

Sophie war wieder abgereist. Manu schob Bettwäsche und Handtücher in die Waschmaschine. Wahrscheinlich saß ihre Schwester jetzt im Zug und dachte darüber nach, ob es richtig gewesen war, die Flüge nach Bilbao zu buchen und gemeinsam den Jakobsweg zu pilgern.

Manu schüttelte den Kopf. „Manchmal ist sie schon ein bisschen komisch", dachte sie. „Sie zweifelt an sich selbst und sieht überall Probleme. Na ja, vielleicht ist ja ihr plötzliches Witwendasein Schuld daran."

Als Kind hatte sie ihre Schwester bewundert. Sophie war ihr Vorbild und ihre Ersatzmama, jedenfalls im Kleinkindalter. Wenn Mama nicht da war, dann war es Sophie. Und wenn Mama ihr einen Wunsch nicht erfüllte, dann tat es Sophie.

In der Grundschule hatte sie mächtig mit ihrer großen Schwester geprahlt: „Die studiert schon! In Mainz!"

Ihre Schwester hatte das Abitur schon geschafft, als sie anfing, das Einmaleins zu lernen.

Wenn Sophie nach Lemgo kam, war Mama total aus dem Häuschen. Sie kaufte ein wie verrückt, um genug im Haus zu haben, damit auch Sophies Freundinnen nicht hungern mussten. Dabei war sie kaum daheim. Meistens traf sie sich mit den Freundinnen und Freunden irgendwo in einer Pizzeria, oder sie fuhren in eine Disco.

Und wenn sie daheim war, schwätzte sie ununterbrochen mit Mama. Dann war Manu absolut überflüssig. Wie Luft! Mama hatte ihr sowieso häufig das Gefühl gegeben, lästig zu sein. Nur selten hatte sie Zeit für ihre jüngste Tochter. Sie stand ihr im Weg. Bei Papa hatte sie dieses Gefühl nie gehabt. Mit ihm ging sie ins Kino oder ins Schwimmbad.

Anders war es nur, wenn Sophie einen Freund mitbrachte. Das war aufregend! Am liebsten wäre sie dann den ganzen Tag hinter den beiden hergeschlichen und hätte beobachtet, wie sie Händchen hielten und sich küssten.

Manus Gedanken rankten sich weiter durch ihre Kindheit, während sie zu einem Lappen griff und das Bad putzte.

Der Erste, den Sophie aus Mainz anschleppte, war Friedrich. Ein lustiger Typ mit einem Pferdeschwanz. Student der Archäologie. Er hatte mit Manu im Sandkasten gebuddelt, obwohl sie damals bestimmt schon acht Jahre alt war. Und sie haben einen alten Knochen (bestimmt von einem Dino!) und einen Stein mit Muschelabdruck gefunden. Wahnsinn! Sie hat damals wirklich geglaubt, dass das dort in der Erde gesteckt hatte! Amüsiert erinnerte sie sich, dass sie danach täglich nach weiteren Schätzen aus der Urzeit gegraben hatte. Leider vergeblich! Er hat ihr Interessantes von den alten Römern und den Ausgrabungen in Mainz erzählt. Von den Römerschiffen und dem Isistempel, dem Amphitheater und den Römersteinen. Ein paar Jahre später hat sie das alles in Mainz selbst besichtigt.

Der zweite war ein Musiker. Klaus hieß er. Er war Pianist und wusste alles besser. Manu erinnerte sich, dass sie ein einziges Mal Klavier gespielt hatte, als er da war. Klar, eigentlich wollte sie angeben! Aber da hatte sie sich tüchtig vertan! Klaus hat nur gemeckert. Er sagte ihr, dass sie das Handgelenk zu tief und die Finger zu flach halten würde, dass sie nicht richtig zählen könnte und das Stück falsch interpretierte. Schrecklich! Sie war froh, dass Sophie den nicht öfter mitgebracht hatte.
Manu betrachtete ihre Finger, während sie einen Putzlappen auswrang. Wenn ich mit dem Putzen fertig bin, werde ich Klavier spielen, nahm sie sich vor.

Als sie elf war, brachte Sophie Martin zum ersten Mal mit nach Lemgo. Für ihren Geschmack war Martin der erste, wirklich gut aussehende Freund, den ihre Schwester hatte. Mama war schockiert, weil Martin schon zweiunddreißig und geschieden war. Aber als sie ihn dann kennenlernte, war die Welt wieder in Ordnung.
Sophie war damals schon fünfundzwanzig. Sie arbeitete als Lektorin bei einem Verlag. Martin und sie hatten sich in Mainz bei einer Fastnachtsveranstaltung kennengelernt. Fastnacht wurde in Lemgo überhaupt nicht gefeiert. Fastnachtssitzungen kannte Manu nur aus dem Fernsehen. Wenn sie älter wäre, würde sie das auch einmal erleben wollen, dachte sie damals. Sie wollte unbedingt so früh wie möglich raus aus dem Kaff

und in eine Großstadt. Sie würde nicht studieren, denn das Lernen machte ihr überhaupt keinen Spaß. Mama hielt ihr ständig vor, dass bei Sophie alles viel leichter gewesen wäre. Keine Schulprobleme, mehr Gehorsam, weniger Streit! Noch fünf Jahre, dann hätte sie die Mittlere Reife und würde sich irgendwo einen Ausbildungs- oder Praktikumsplatz suchen. Möglichst auswärts mit eigenem Zimmer. Das hatte sie sich damals vorgenommen.

Und genauso habe ich es auch gemacht, dachte sie, während sie den Wasserhahn polierte.

Als Martin und Sophie ein Jahr später wieder in Lemgo waren, feierten sie Verlobung und Manu stellte alles daran, einen guten Eindruck zu machen. Martin imponierte ihr.

Wehmütig dachte sie an ihre mädchenhafte Schwärmerei und holte den Staubsauger aus dem Vorratsraum.

Die Hochzeit war ihr gut im Gedächtnis geblieben. Natürlich brauchte sie ein schönes Kleid. Wie ein Film lief die Vergangenheit vor ihrem inneren Auge ab.

Der Einkauf war eine Katastrophe. Nachdem sie alle fünf Bekleidungsgeschäfte in Lemgo betreten und Manu mindestens zehn Kleider anprobiert hatte, war Mamas Geduld am Ende gewesen. Manu hatte es an den roten Flecken gemerkt, die sich langsam auf ihrem Hals ausbreiteten.

„Du musst dich jetzt endlich entscheiden, oder wir fahren ohne Kleid nach Hause. Dann ziehst du eben eines von denen an, die in deinem Schrank hängen", hatte Mama gedroht.

„Eigentlich fand ich das erste Kleid am schönsten", erwiderte sie zaghaft. „Zu blöd, dass es oben herum so weit war. Aber vielleicht könnte man das ja ändern lassen. Von einer Schneiderin oder so."

„Nein, das wird nichts. Außerdem – spätestens in einem Jahr wäre es dir dann wieder zu eng."

Sie hatte all ihren Mut zusammen genommen: „Dann könntest du mir doch einfach einen BH kaufen, damit das Kleid passt. Petra hat auch schon einen."

Mamas Stirn kräuselte sich. Wie sie mich damals gemustert hat! Als hätte sie zum ersten Mal gesehen, dass sich unter meinem T-Shirt ein Busen abzeichnete. „Okay, probieren wir's. –

Wir gehen jetzt in die Wäscheabteilung, kaufen dir einen Schaumstoff-BH, und dann probierst du das Kleid noch einmal an. Zur Not musst du eben eines von Papas Stofftaschentüchern hineinlegen, damit die Körbchen ganz ausgefüllt sind."

„Das macht Petra auch."

„Wer ist denn diese Petra?"

„Kennst du nicht. Eine aus meiner Klasse."

„Aha!" Mama seufzte.

Der Kauf des ersten BH's gestaltete sich als weniger schwierig, da sie genau wusste, was sie wollte. Den gleichen wie Petra ihn hatte!

Zähneknirschend legte Mama 39,90 DM für das Prachtstück auf den Kassenteller.

Wie hatte sie es damals genossen, endlich wieder Mamas gewohnte, volle Aufmerksamkeit zu haben. Die Hochzeitsvorbereitungen für Sophie nahmen viel zu viel von Mamas Zeit in Anspruch. Dabei war die ja nun wirklich schon erwachsen genug, um ihren Kram allein zu regeln. Sie fragte sich sowieso, wie Sophie an so einen gut aussehenden Mann kommen konnte. Sie war ja nun wirklich nicht die Schönste mit ihrer Hakennase und den schmutzig blonden, aalglatten Haaren, die sich nur für eine Hochsteckfrisur eigneten. Da hatte sie selbst die besseren Anlagen geerbt. Immerhin war sie mit ihren fast dreizehn Jahren schon zehn Zentimeter größer als ihre Schwester, hatte eine gerade Nase, lange, wohlgeformte Beine und dunkelbraunes, leicht gewelltes Haar, das sich für viele Frisuren eignete.

Der Staubsauger huschte am Spiegel vorbei durch die Diele. Manu steckte ihrem Spiegelbild die Zunge heraus: „Siehst immer noch gut aus", grinste sie sich selbst an. „Allerdings hat deine große Schwester sich auch zu einer ganz ansehnlichen Frau gemausert. Die krumme Nase macht ihr Gesicht sogar interessant. Aber damals fand ich sie einfach fade…."

Sie erinnerte sich an ihr eigenes, dreizehnjähriges Spiegelbild: Mit dem Schaumstoff-BH saß das lachsfarbene Kleid perfekt. Der runde Ausschnitt war nicht zu groß, und das schmale Band, das unter der Brust zu einer kleinen Schleife gebunden war, betonte die zarten Rundungen ihres Pseudo-Busens. Der weiche Stoff floss leicht über ihren schlanken Körper, und sie fühlte sich sehr erwachsen. Martin würde Augen machen! So hatte er seine Schwägerin noch nicht gesehen!

„Das nehme ich!" hatte sie erklärt und Mama war sichtlich erleichtert gewesen.

„Endlich! - Es steht dir wirklich gut. Aber es macht dich älter." Na, war doch prima!

Manu war amüsiert. Wie sich die Zeiten ändern!

Die kirchliche Trauung von Sophie und Martin war so feierlich und romantisch, dass ihr immer wieder die Tränen in die Augen geschossen waren. Sie beneidete ihre große Schwester um das Glück.

Als sie ihr später gratulierte, sagte diese mit einem albernen Lächeln: „Hübsch siehst du aus. Fast schon erwachsen."

„Bla bla bla! Spar dir deine blöde Bemerkung!", zischte sie zurück.

Martin hatte sich viel zu oberflächlich für ihre Glückwünsche bedankt. Er wandte sich gleich den nächsten Gratulanten zu. Andererseits hatte er so wenigstens nicht bemerkt, dass ihr die Röte ins Gesicht gestiegen war, als seine Wange die ihre berührte.

„Ich hab ihn wirklich angebetet", dachte sie und machte ein paar Tanzschritte mit dem Staubsauger, während sie den Kaiserwalzer summte.

Damit eröffnete das Brautpaar nach dem Essen den Tanzabend im großen Weingut. Die Gäste standen im Kreis um die Tanzfläche herum.

Sie konnte sich gut erinnern, wie fasziniert sie von den Tanzbewegungen ihres Schwagers gewesen war. Er glitt leichtfüßig über das Parkett und drehte sich mit Sophie im Kreis. Sie stellte sich vor, wie sie an Stelle ihrer Schwester in seinen Armen liegen und davonschweben würde.

Mama hatte neben ihr gestanden und sie aus ihren Träumen gerissen.

„Hast du Tante Beate schon gesehen?", fragte sie leise.

„Nein. Warum?"

„Ich glaube, sie hat das gleiche Kleid an wie du."

„Nein, das kann doch gar nicht sein. Die hat doch mindestens Größe 50!"

„Eben! Schau mal, da hinten an der Tür steht sie."

Sie war schockiert! Ausgerechnet die dicke, doofe Tante Beate! Da stand sie. Fett an die Wand gelehnt, reingepfercht in ein mädchenhaftes Kleid. Die Schleife war unter ihrem Monsterbusen verschwunden, und der weiche Stoff schmiegte sich um jede Fettrolle. Ekelhaft!

Der Brauttanz war zu Ende. Sie wollte sich ihre gute Laune durch Tante Beate nicht verderben lassen. Martin kam auf sie zu. Wollte er mit ihr tanzen? Ihre Knie wurden weich und ihr Herz klopfte schneller. Aber nein! Er lächelte sie nur an und forderte Mama auf!

Er fragte sie auch den ganzen Abend nicht, ob sie mit ihm tanzen wolle. So ein Stoffel! Sie erinnerte sich genau, wie enttäuscht sie war. Enttäuscht und wütend! Fühlte sich total fehl am Platze! Ihr war zum Heulen zumute. Sie musste unbedingt an die frische Luft.

Als sie in den Saal zurückkam, hörte die Band auf zu spielen. Tanzpause!

Sie sah, wie Tante Beate und Onkel Oskar auf ihre Plätze zurückgingen. Hinter ihnen balancierte die Bedienung ein Tablett mit Rotweingläsern. Es war ein Leichtes, sie so zu schubsen, dass sie ins Wanken geriet und die Rotweingläser das Gleichgewicht verloren. Sie fielen Tante Beate in den Rücken, tränkten ihr Kleid und zersplitterten am Boden.

Das Triumphgefühl würde sie nie vergessen.

Einunddreißig Jahre waren seitdem vergangen. Und jetzt war Martin tot. Sie setzte sich ans Klavier. Ihre längst vergangenen Träume und Sehnsüchte versanken in einer leisen Melodie.

Martins Geheimnis

Sophie kniete vor Martins Schreibtisch und durchwühlte die Schubladen.

Der Inhalt war eher unspektakulär: Schreibutensilien, Briefumschläge, Kontoauszüge, Glückwunschkarten und Taschenkalender von 1990 bis 2009. Ab 2010 hatte er seine privaten Termine ins Handy eingegeben. Lauter Sachen, die in jedem Schreibtisch zu finden waren und die eigentlich drin bleiben konnten. Sie hatte beschlossen, Martins Arbeitsplatz zu dem ihren zu machen und ihr Zimmer in ein Gästezimmer zu verwandeln. Sie wischte die Fächer aus und ordnete alles neu ein - bis auf die Taschenkalender. Die legte sie auf den Fußboden, setzte sich daneben und ließ Arzt- und Frisörtermine, Einladungen und Besuche, Ausflugsfahrten und Urlaubsperioden im Daumenkino an ihren Augen vorbeisausen.

Ein eigenartiges Gefühl kroch in ihr hoch.

Ich glaube, es ist besser, ich werfe sie alle weg. Habe ja noch meine eigenen Tagebücher und Kalender, wenn ich mich erinnern will, dachte sie, und warf den ganzen Stapel in einen leeren Umzugskarton.

Millimeterpapier, Zirkel und ähnliche Utensilien legte sie für Anna zur Seite.

Dann nahm sie sich einige Ordner vor und mistete seinen Schriftverkehr aus. Bewerbungsschreiben, Zeugnisse, Urkunden für seine Siege beim Tennisturnier, Mitgliedschaft in verschiedenen Vereinen, ehrenamtliche Tätigkeiten in Schule und Kirche. Schriftstücke über sein ganzes, aktives Leben. Erinnerungen über Erinnerungen.

Sie saß auf dem Fußboden, einen Ordner nach dem anderen auf dem Schoß haltend. Tränen tropften auf das Papier. Es war dämmrig geworden. Sie konnte die Schrift nicht mehr entziffern und beließ es dabei. Ungelesen leerte sie Ordner für Ordner und warf das Papier zu den Kalendern. Sie würde alles im Garten verbrennen.

Sie stand auf, um das leere Regalbrett abzuwischen und fegte dabei einen Briefumschlag zu Boden. Sie knipste das Licht an, nahm ihn auf und zog den Inhalt heraus: Depotabrechnungen über Wertpapier- und Aktienverkäufe. Überweisungsbelege auf das Sonderkonto MATI. Komisch, davon hatte sie noch nie etwas gehört. Von 2010 bis 2014 jährlich 10.000 Euro.

Ihr wurde schummerig vor Augen. 50.000 Euro! Sie musste sich setzen. Das waren also die alljährlichen Kurseinbrüche in den vergangenen Jahren gewesen, die ihre Rücklagen halbiert hatten.

Dummerweise hatte sie sich nie für das Depotkonto interessiert. Das war allein Martins Sache gewesen. Schließlich hatte er dort das Geld, das er nach dem Tod seiner Eltern geerbt hatte, angelegt.

Er hatte ihr nie viel von seinen Spekulationen an der Börse erzählt, nur, wenn er besonders hohe Gewinne oder Verluste gemacht hatte. Sie vertraute ihm. Es reichte ihr zu wissen, dass sie finanziell abgesichert waren.

Sie überprüfte nur die laufenden Ausgaben auf den Girokonten. Und so lange der Überziehungskredit nur geringfügig beansprucht wurde, war die Welt für sie in Ordnung gewesen.

Was sollte sie jetzt tun? Zur Bank gehen und fragen?

Wahrscheinlich würde sie überhaupt keine Auskunft bekommen. Bankgeheimnis! Pah! Diskretion ist Ehrensache! Verdammt noch mal!

Wo war das Geld hingeflossen? Was hatte er damit gemacht? Hatte er Spielschulden? Oder eine Freundin? War er in krumme Geschäfte verwickelt? Wurde er erpresst? Wer war MATI? Warum hatte er nichts davon erzählt?

Ihre Gedanken schwirrten durcheinander wie ein Haufen wild gewordener Affen. Das Kribbeln in ihrem Körper wurde immer stärker. Ihre Haare stellten sich zu Berge. In ihrem Bauch rumorte es. Enttäuschung und Wut kochten wie Lava in einem Vulkan.

Ihre Hände krallten sich um den Ordner, bis die Knöchel weiß wurden. Sie biss die Zähne zusammen und warf ihn mit aller Wucht von sich. Die Schreibtischlampe fiel auf den Fußboden. Der Glasschirm zersprang in tausend kleine Scherben.

Sie ließ sich auf den Teppich fallen und schrie wie ein verwundetes Tier.

Stunden später setzte sie sich an den Computer und googelte MATI: Es gab einen Autobedarf in Salzgitter, eine lokale Partnerorganisation für Dorfentwicklung in Bangladesch, ein griechisches Restaurant an einem See und einen Ort in Griechenland namens Mati.

Am nächsten Morgen nahm sie den letzten Überweisungsbeleg und fuhr zur Bank. Sie erkundigte sich nach dem Kontoinhaber MATI. Das Konto war aufgelöst. Es hatte sich „ausgematit"! Mehr konnte sie nicht erfahren.

Blieben noch die alten Kalender. Sie musste die Dinger wieder aus dem Müll fischen.

Blödsinn, schimpfte sie einen Augenblick später mit sich, er hat ja nur bis 2010 handschriftliche Terminkalender geführt!

Also musste sie seinen Computer durchstöbern. Das Problem war nur, dass sie Heiko den Laptop gegeben hatte. Er wollte ihn für Silke herrichten, damit sie einen eigenen hatte. Wahrscheinlich waren Martins Termine sowieso nicht mehr drauf.

Außerdem, was sollte sie Heiko sagen? Dass Martin 50.000 Euro auf irgendwelche griechischen Inseln verschoben hatte? Mist! Mist! Mist!

Sie kniete vor dem Papierkarton und schlug mit beiden Fäusten so lange auf den Fußboden bis ihre Handgelenke wehtaten.

Mein lieber Mann, was hast du mir da verheimlicht? Ist das der Grund, warum du allein den Jakobsweg pilgern wolltest? Wolltest wohl den lieben Gott um Verzeihung bitten, was? Hattest vielleicht irgendwo eine Tussi sitzen, jung und schön! Vielleicht so eine schwarze Schönheit in Südafrika oder eine Geisha in Japan? Oder hast du gezockt auf deinen vielen Auslandsdienstreisen? Du weißt, dass es mich verrückt macht, wenn ich im Ungewissen schmoren muss. Und noch viel schlimmer ist, dass ich mit niemandem darüber sprechen kann. Hast du ein zweites Leben gehabt, von dem ich nichts wusste? Ein Leben ohne mich? Warst ja oft genug allein unterwegs! Aber warum? Warum? Du hast mich doch geliebt! Warum hast du mir nicht auch vertraut? – Ich werde mit Manu ein Stück weit unsere Pilgerreise machen – nach deinen Plänen. Ja, das werde ich!!! Vielleicht hilft mir das, meine Enttäuschung zu bändigen.

Aufbruch

Der Wind blies kräftig, und Regen klatschte gegen die kleinen Fenster, als das Flugzeug über die Landebahn in Bilbao hoppelte und mit einem Ruck stehen blieb. Es war Frühling an der Atlantikküste.

Sophie und Manu waren in Aufbruchstimmung und bester Laune. Die konnte ihnen das Wetter nicht vermiesen. Mitsamt ihren sperrigen Rucksäcken quetschten sie sich in den überfüllten Shuttlebus, der sie in die Stadt brachte. Als sie am großen Busbahnhof ausstiegen, nieselten nur noch feine Tröpfchen vom Himmel.

„Sollen wir unsere Pelerinen einweihen?", fragte Sophie.

„Ich glaube, das lohnt sich nicht. Es hört bestimmt gleich ganz auf", meinte Manu optimistisch und beäugte die abziehenden Regenwolken.

Unter der Markise einer Bar studierten sie den Stadtplan und suchten den Weg in die Altstadt. Sie hatten dort ein Zimmer reserviert. Eine Windböe hob die Markise an und entlud das gesammelte Regenwasser. Der Stadtplan saugte die Feuchtigkeit gierig auf.

„Na, prima!" Manu lachte.

„Dort geht's lang", sagte Sophie.

Nach einer Viertelstunde standen sie zum zweiten Mal vor derselben Bar.

„Ich habe ja gehofft, dass wenigstens du einen guten Orientierungssinn hast", grinste Manu.

„War wohl nix", konterte Sophie achselzuckend. „Das ist das Vermächtnis unserer gemeinsamen Erbmasse! Ich finde, darauf sollten wir einen trinken."

Kichernd betraten sie die kleine Gaststätte, in der sie die einzigen Gäste waren. Sie stellten ihre Rucksäcke auf zwei Stühle, so dass sie sie betrachten konnten.

„Das sind unsere Weggefährten in den nächsten drei Wochen", sagte Sophie und streichelte die hellbraune Jakobsmuschel, die an ihrem Rucksack baumelte. Sie hatte Martin gehört. Ihre eigene hatte sie ihrer Schwester geschenkt. Seltsamerweise hatten beide Muscheln den Autounfall unbeschadet überstanden.

„Prost!" Manu erhob ihr Bierglas. „Auf die Erbmasse!"

Das Ankunfts-Cerveza schmeckte köstlich.

Die Kellnerin beschrieb ihnen den Weg in die Altstadt so genau, dass sie ihn problemlos fanden. In der angegebenen Straße spielte eine Musikgruppe. Einige junge Leute hatten sich um die Gitarristen geschart. Sie tanzten und klatschten.

Sophie und Manu machten sich auf die Suche nach dem Haus mit der Nummer 19. Da nur wenige der Häuser nummeriert waren, zählten sie die Häuser ab. Das System schien jedoch ein anderes zu sein als in Deutschland. Also, noch einmal die Gasse rauf und wieder runter. Nichts. Sie fanden weder das Haus, noch ein Hinweisschild auf eine Pension.

Manu lachte, Sophie war der Verzweiflung nahe. Trübselig beobachtete sie ein kleines Mädchen, das einen Luftballon steigen ließ. Sie schaute ihm nach. Und da war es! Es ragte aus einem Fenster im dritten Stock: Das Schild mit der Aufschrift „pensión". Das Zimmer war einfach, das Bad auf dem Flur. Für ein paar Stunden Schlaf musste das reichen.

Als die Schwestern eine Stunde später am Rio Nervión entlang bummelten, war die Luft immer noch feucht, und zwischen den Pflastersteinen standen kleine Pfützen. Sie kamen am prächtigen Gebäude des Teatro Arriaga vorbei und bewunderten die zahlreichen Brücken über den Fluss. Selbst das einfache, weiße Geländer zwischen alten Lampen, das die Promenade absicherte, begeisterte sie. Die Vorfreude auf das gemeinsame Abenteuer brachte trotz des schlechten Wetters alles zum Strahlen. So spazierten sie gut gelaunt zum Guggenheim-Museum, dem spektakulären Symbol für den Wandel Bilbaos von der Industrie- zur Kulturstadt.

Die Sonne schob sich für einen Augenblick durch die Wolkendecke, so dass die noch nasse, silberne Titanhaut des imposanten Gebäudes wie eine Weihnachtskugel glitzerte. Vorbei an der hochbeinigen „Spinnen-Mama" von Louise Bourgeois und einem großen, glitzernd bunten Tulpenstrauß gelangten sie zum Eingang des Museums. Eine mit bunten Blumen bepflanzte, riesige Hundefigur bewachte das Haus. In seinem Innern beeindruckte die meisterhafte Architektur aus Glas, Kalkstein und Titan die Schwestern genauso wie die Werke von Andy Warhol, Louise Bourgeois und anderen namhaften Künstlern.

Trotz des immer wieder einsetzenden leichten Regens spazierten sie durch die Altstadt mit ihren verwinkelten Gassen und verspielten Fassaden.

Sie fanden ein kleines Lokal, das auf einer großen Tafel spanische Paella anpries. Das Gericht bestand zum größten Teil aus matschigem Reis mit Gemüse. Manu fand ein Stückchen Hühnerfleisch und Sophie freute sich über zwei Muscheln.

„Ist wohl ein Pilgeressen", meinte Manu und suchte vergeblich nach einer weiteren Fleisch- oder Fischeinlage.

Sophie hob ihr Glas. „Dann müssen wir uns das Essen eben schön trinken."

Wegen der schlechten Wettervorhersage beschlossen sie, am nächsten Tag von Martins Plan abzuweichen und nicht in Irún, sondern in Donostia-San Sebastián mit der Wanderung zu beginnen. Von der Besteigung des dazwischen liegenden 555 m hohen Jaizkibel und der schönen Aussicht, die der Reiseführer versprach, hätten sie bei Regenwetter sowieso nichts.

Am nächsten Morgen fuhren sie deshalb mit dem Bus von Bilbao etwa fünfundsiebzig Kilometer östlich nach Donostia-San Sebastián. Von dort aus würden sie in vier Tagen wieder zu Fuß in Bilbao ankommen. Unterwegs blätterte Sophie zum gefühlt hundertsten Mal in Martins Notizen. Es störte sie ein wenig, dass auch Manu immer wieder seine Aufzeichnungen lesen wollte. Sie hatte doch einen Reiseführer mitgenommen!

Der Camino del Costa war teilweise mit dem Europäischen Küstenwanderweg E9 identisch, der von Estland, entlang der Ost- und Nordsee und weiter am Atlantik bis nach Portugal führt.

Vor wenigen Jahren war Sophie mit Martin drei Tage lang an der Ostsee auf dem E9 gewandert. Jetzt würden ihr hier neben den Muschelabbildungen und gelben Pfeilen des Jakobsweges auch die rot-weißen Zeichen des Europäischen Küstenwanderweges begegnen.

Als sie das las, spürte sie ihn neben sich und hörte seine Stimme: „Der E9 hat die schöneren Etappen, weil sie direkt an der Küste entlang führen. Allerdings sind sie auch die schwierigeren."

Sie schloss die Augen und träumte sich wehmütig in die Vergangenheit.

„Aufwachen!" Manus Stimme klang belustigt. „Ich versteh nicht, dass du bei der Rappelei hier im Bus schlafen kannst!"

Sophie rieb sich die Augen: „Sind wir schon da?"

Als sie in Donostia-San Sebastián aus dem Bus stiegen, waren die Regenwolken verschwunden, und die Sonne lachte vom blauen Himmel.

„Tja, die Wettervorhersage ist auch nicht mehr das, was sie mal war!", stellte Manu fest.

„Macht nichts! Die Kraxelei auf den Jaizkibel wäre bei dieser Hitze auch kein Vergnügen gewesen", meinte Sophie lakonisch, obwohl es ihr jetzt leid tat, sich nicht an Martins Plan gehalten zu haben.

„Und schon gar nicht mit neun Kilos auf dem Rücken", ergänzte ihre Schwester. „Ich glaube, da reichen mir für den Einstieg heute wirklich die zweihundert Höhenmeter rauf und runter."

San Sebastián hatte sich schon vor einhundertfünfzig Jahren zu einem mondänen Seebad entwickelt, in dem zahlreiche Aristokraten den Sommer verbrachten. Wunderschöne alte Häuser, Luxushotels und Sterne-Restaurants zeugen vom Wohlstand der Stadt und ihren illustren Gästen, die nicht nur bei den zahlreichen Festen oder dem Internationalen Jazz- und Filmfestival anzutreffen sind.

Das Flair der Stadt begeisterte die beiden Schwestern. Sie fanden, dass sie es mit ihrem Wanderoutfit noch bunter machten und sich gediegen von der Schickeria abhoben.

Die reizvolle, lang geschwungene La-Concha-Bucht lag eingebettet zwischen dem Monte Urgull und dem Monte Igeldo. Im Halbrund zog sich ihr breiter Sandstrand über viereinhalb Kilometer hin. Das Meer war ruhig. Sein träges Dunkelblau leuchtete in der Sonne wie ein Kronjuwel, beschützt von Urgull und Igeldo, die sich am Eingang der Bucht wie zwei Türsteher erhoben.

Heute war ein friedlicher Tag. Einige Sonnenanbeter lagen im Sand. Ein paar Mutige hatten sich hinausgewagt und schwammen im kalten Wasser.

„Wir sind am Meer", schwärmte Manu. „Ich finde es wunderschön hier."

„Ja, das ist es", erwiderte Sophie. In einem kurzen, überschwänglichen Gefühl drückte sie Manu fest an sich und flüsterte ihr ins Ohr: „Schön, dass du mit mir hier bist."

Manu verspannte sich ein wenig unter der spontanen Reaktion ihrer Schwester. Sie allein wusste, dass das nicht nur an dem Ungetüm auf ihrem Rücken lag.

Am Ende der La-Concha-Bucht begann der Aufstieg zum Monte Igeldo. An ihrer rechten Seite begleitete das Meer die Pilgerinnen. Es streckte sich unendlich weit aus und kräuselte wohlig seine Oberfläche in der warmen Sonne. Zur Linken strahlten bunte Wiesenblumen und blühende Obstbäume um die Wette. Die grünen Bergketten der Pyrenäen verabschiedeten sich aus der Ferne.

Immer wieder blieben beide Frauen stehen, um Fotos zu machen. Sie konnten sich einfach nicht satt sehen an der herrlichen Vegetation und wollten all das Schöne festhalten, das sich ihnen in solcher Fülle bot. Weideflächen für Kühe, Schafe und Lamas mit Meerblick. Wo sonst gab es so etwas?

Die verschiedenen Grüntöne wurden durch schroffe Felsen unterbrochen. Eidechsen huschten über die rauen Steine, sobald die Wanderinnen in ihre Nähe kamen. Sandwege, Schotterpfade und weicher Waldboden wechselten sich ab.

Ab und zu stöhnten sie unter der ungewohnten Last auf ihren Rücken. Das Tragen der Rucksäcke war gewöhnungsbedürftig. Ihr Gewicht lastete auf Schultern und Hüfte, besonders, wenn es bergauf ging.

Die Quelle in einem Wäldchen bot ihnen eine herrliche Erfrischung. Sie tranken das eisige Wasser und spritzten es in ihre verschwitzten Gesichter. Eine Supergelegenheit, auch die lauwarme Brühe in den Trinkflaschen durch kühles Nass zu ersetzen.

Sobald der Weg sie wieder ans Meer brachte, wehte ein angenehm kühler Wind. Er brachte Wolken mit, die sich verdichteten. In wenigen Minuten verschwanden die heißen Sonnenstrahlen hinter ihnen.

Die Schwestern wanderten fünfzehn Kilometer in einem ständigen Auf und Ab durch eine landwirtschaftliche Gegend zwischen Bergen und Meer. Sie schwitzten und staunten, sie stöhnten und bewunderten, sie wanderten und lachten, sie beobachteten und erkannten.

Ihr harmonischer, erster Wandertag endete in Orio. Mit ihnen übernachteten zwanzig Pilger in den zwei Schlafsälen von Rosas Herberge. Nachdem Sophie und Manu geduscht hatten und ihre Handwäsche in der Abendsonne trocknete, begaben sie sich ins Gartenhaus zum gemeinsamen Pilgermenü.

Die hospitaleras waren ein eingespieltes Team aus drei Generationen: Großmutter, Mutter und Tochter. Jeder Handgriff saß perfekt. Das Miteinander zwischen ihnen klappte ohne viele Worte, aber mit viel Lachen und kurzen, freundlichen Zurufen. Bewundernd beobachteten Sophie und Manu die drei Frauen bei ihrer Arbeit in der offenen Küche.

Die anderen peregrinos kamen aus Kanada, Frankreich, Schottland, Irland, Spanien, Österreich und Deutschland. Während des Essens führten sie einen regen Austausch über die bereits gemachten Pilgererfahrungen. Manu wunderte sich, dass sie unterwegs keinen einzigen dieser Wanderer getroffen hatten.

Für das österreichische Ehepaar, das Sophie gegenüber saß, war der Küstenweg die zweite Wanderung nach Santiago de Compostela. Zum Auftakt ihres Ruhestandes vor drei Jahren hatten sie ihre Pilgerreise in Wien begonnen. Für diese rund dreitausend Kilometer waren sie vier Monate unterwegs gewesen. Sie strahlten um die Wette, als sie davon erzählten. Sophie hörte ihnen neugierig zu und versuchte, ihren traurigen Neid zu verbergen.

Manu flirtete mit dem neben ihr sitzenden Kanadier und hatte ihren Spaß.

„Ist das immer so in den Herbergen?", fragte sie später, als sie in ihren Schlafsack kroch.

„Das würde dir wohl gefallen, was?", meinte Sophie.

„Natürlich!"

Auf dem Weg

Manu gähnte. Sie hatte kaum ein Auge zugemacht, als die ersten Wanderer schon wieder anfingen, ihre Rucksäcke zu packen. Sie fand das rücksichtslos und stand auf. An Schlafen war jetzt sowieso nicht mehr zu denken.

Verwundert stellte sie fest, dass die meisten Betten bereits leer waren. Es war doch erst halb acht!

Sophie war bereits im Bad und putzte sich die Zähne. Als Manu herein kam, nahm sie die Zahnbürste aus dem Mund: „Guten Morgen! Gut geschlafen?"

„Nö, überhaupt nicht! Heute Abend stecke ich mir Stöpsel in die Ohren. Diese Unruhe und Schnarcherei geht ja gar nicht!"

„Ich hatte sie heute Nacht schon drin", triumphierte Sophie, „und habe gut geschlafen."

„Glückspilz! Hättest ja mal was sagen können!", motzte Manu.

Fast hätte Sophie gefragt: „Bin ich dein Kindermädchen?", schluckte die Worte aber herunter.

Manu brauchte erst mal einen doppelten Kaffee. Den gab es glücklicherweise im Gartenhaus; außerdem ein herrliches Frühstück, wie es für Spanien eher selten ist: Croissants, Baguette, Butter, Marmelade, Joghurt, Gebäck und Obst.

Nach Martins Plan hatten sie heute eine anstrengende Etappe von dreißig Kilometern und tausend Höhenmetern vor sich. Er hatte dafür neun Stunden vorgesehen und eine Herberge in Deba ausgesucht.

Manu und Sophie waren die Letzten, die die Albergue verließen. Es war bereits neun Uhr, als sie sich ihre Rucksäcke aufluden.

„Martin wäre wahrscheinlich auch schon um sieben Uhr aufgebrochen", meinte Sophie.

„Laufen wir eben etwas schneller", erwiderte Manu und beschleunigte ihren Schritt in Richtung Ortsmitte. „Außerdem ist es doch völlig in Ordnung, wenn wir gegen sechs in Deba ankommen. Oder was meinst du?"

„Ich denke schon. Es sind ja nicht so viele unterwegs, die uns die Schlafplätze wegschnappen könnten."

Nur wenige hundert Meter hinter der Herberge begann der alte Ortskern des Fischerstädtchens Orio. Ausgediente Netze schmückten die mit Ornamenten verzierten Fenstereinfassungen und Balkone. Viele Häuser waren mit Wappen verziert. Malerisch schmiegten sie sich an den Hang über dem Rio Oria. Fast tausend Jahre lang spielte der Walfang hier eine große Rolle. 1901 wurde der letzte Wal vor dieser Küste gefangen.

„Drückt dich dein Rucksack auch so fest?", stöhnte Manu. „Ich habe das Gefühl, er will Kerben in meine Schultern treiben."

„Ja, schon. Aber das ist nur am Anfang so. Nach ein paar Tagen spürst du ihn kaum noch", beruhigte Sophie sie. „Vielleicht musst du ihn auch etwas enger stellen, damit er näher am Rücken ist, lass mich mal sehen." Mit ein paar Handgriffen brachte sie den Rucksack in die richtige Passform.

Manu ruckelte ein bisschen hin und her und spürte, dass sich das Gewicht jetzt besser auf Rücken und Hüften verteilte.

„Ich habe es trotzdem gerne. Dieses Ungetüm auf meinem Rücken", schwärmte Sophie. „Mit ihm fühle ich mich unabhängig. Verstehst du?"

„Nicht wirklich! Ich finde, das Teil ist einfach nur schwer und sehr gewöhnungsbedürftig", erwiderte Manu.

Sophie meinte, dass Manu das verstehen würde, wenn sie erst längere Zeit mit dem Rucksack unterwegs wäre. „Es ist etwas anderes, nur einen Tagesrucksack mit Proviant und Regenzeug bei sich zu haben, als all seine Habe mit sich zu schleppen; angefangen vom Schlafsack über Zahnbürste und Erste Hilfe Artikel bis zu Kleidung, Regenzeug, Wasser und Tagesverpflegung. Mit dem vollgepackten Ungetüm auf dem Rücken fühle ich mich komplett", sagte Sophie. „Alles, was wir in den nächsten drei Wochen benötigen, tragen wir bei uns. Dieses Gefühl macht uns unabhängig. Wir sind frei von allem Überflüssigen. Verstehst du?"

„Ja, das schon, aber…" Manu schwieg.

Sophie auch. Es fühlte sich richtig an, dass sie jetzt hier war. Sie dachte an ihre erste Pilgerwanderung mit Martin. Damals hatten sie in der Kathedrale von Porto an einem Pilgergottesdienst teilgenommen und sich dort den ersten Stempel in ihre Pilgerausweise machen lassen. Dieses Mal hatten sie sich den ersten Eintrag im Touristenbüro von San Sebastian holen müssen. Sophie fehlte der geistige Impuls bei ihrem Wiedereinstieg ins Pilgerleben.

Manu kümmerte das wenig. Sie hatte nicht das Bedürfnis nach religiöser Spiritualität. Sie wollte wandern und ihre Grenzen austesten. In den Pausen würde sie ein paar Yogaübungen machen und damit neue Energien frei setzen. Wandern oder Pilgern? Was war das schon für ein Unterschied? Nur ein anderes Wort für das Unterwegssein auf einem spirituellen Weg oder zu einem sakralen Ort.

Wenn alles nach Plan lief, würden sie in drei Wochen vierhundertsiebzig Kilometer zurücklegen und von Gijón aus wieder nach Hause fahren. Ihr Ziel war kein Wallfahrtsort und sie würden häufig vom Jakobsweg auf den E9 wechseln. Also doch keine Pilger oder wie die Spanier sagen: peregrinos?

„Weißt du, was das Wort ‚peregrino' bedeutet?", fragte sie ihre Schwester.

„Ich glaube, man kann es mit ‚Fremder' übersetzen", antwortete Sophie. „Ein Pilger ist jemand, der allein in der Fremde unterwegs ist und seinen Weg sucht."

„Also ein Suchender?"

„Ja. Ich denke, es ist ein nach Gott Suchender damit gemeint."

„Oder einer, der, wie wir beide, nach schwesterlichen Gemeinsamkeiten sucht."

„Oder jemand, der sein eigenes Ich verloren hat?"

„Oder seinen Liebsten."

„Oder sein Gottvertrauen."

Manu wunderte sich wieder einmal, dass Gottes Präsenz für Sophie so wichtig war. Die Eltern hatten ihnen zwar durchaus die christlichen Werte vermittelt, aber so, wie sie zu unserer Kultur gehören, unabhängig von einer Religionsgemeinschaft. Über Religion und Glauben wurde in ihrer Familie nicht gesprochen. Die Grundlage ihrer religiösen Erziehung beruhte nur auf dem Religionsunterricht in der Schule, der Erstkommunion, Firmung und dem gemeinsamen weihnachtlichen Besuch der Christmette in der modernen Heilig-Geist-Kirche. Manu sah den schlichten Kubus aus roten Backsteinen mit dem frei stehenden Glockenturm vor ihrem inneren Auge. Das Bauwerk war ein krasser Gegensatz zu den vielen verschnörkelten Gebäuden in der Stadt. Lemgo hatte mehrere, wunderschöne alte Gotteshäuser in der historischen Innenstadt. Eine Besonderheit war die lutherische Nicolaikirche mit ihren Kirchtürmen in unterschiedlichen Baustilen. Hier waren romanische und gotische Aspekte vermischt worden. Als ihre Freundin Petra zum Konfirmationsunterricht ging, war Manu manchmal mit ihr zum Gottesdienst in diese Kirche gegangen. Allerdings lag das wohl mehr an dem gut aussehenden jungen Pfarrer, als an ihrem religiösen Interesse. Die Religion war ihr nicht ans Herz gewachsen. Sie war schon früh aus der Kirche ausgetreten. Die Kirchengesetze waren ihr zuwider, und sie stellte die katholische Kirche an den Pranger, weil sie ethische und sittliche Verfehlungen ihrer Priester lange vertuscht hatte.

Sophie dagegen hatte sich durch die Ehe mit Martin intensiv mit der christlichen Religion beschäftigt. Ihrem Mann war es gelungen, ihr Interesse für das Evangelium und die Frohe Botschaft zu wecken. Später war sie durch die Kindererziehung in das religiöse Leben hineingewachsen und hatte die wohltuenden Seiten des Glaubens und der Gemeinschaft für sich entdeckt.

„Wir sind alle Menschen und niemand ist frei von Schuld", hatte Martin immer gesagt, wenn jemand nur die Sünden und Missstände der katholischen Kirche hervorhob, die guten Werke aber ignorierte. „Wer ohne Schuld ist, werfe den ersten Stein", zitierte er Jesus.

Sophie und Manu wanderten nachdenklich weiter durch ansteigende Weinfelder. Das Meer daneben hatten sie immer im Blickwinkel. Seine Wellen bewegten sich ruhig und gleichmäßig.

„Betest du eigentlich regelmäßig?", beendete Manu das Schweigen.

„Weinanbau bis ans Meer! Ist ja krass!", antwortete Sophie stattdessen und zog begeistert ihr Handy aus der Hosentasche, um ein Foto zu schießen. „Moment, ich beantworte gleich deine Frage. Aber das muss ich hier erst festhalten."

Manu stand abwartend am Wegrand und ließ sich den Wind ins Gesicht blasen.

„Was heißt ‚beten'. Ich rattere keinen Rosenkranz in Gedanken herunter, wenn du das meinst. Aber wenn etwas so wunderschön ist, wie die Landschaft hier, dann schicke ich ein leises ‚Danke' nach oben." Sophie schluckte. „Und ich frage IHN ganz oft, warum Martin sterben musste. - Das hat er nicht verdient!"

„Du meinst, das hast DU nicht verdient!"

„Wieso?"

„Ihm geht es jetzt doch gut, wenn man der christlichen Glaubenslehre vertrauen kann. Das tust du doch, oder? Du glaubst doch an ein Leben nach dem Tod und Auferstehung und diesen ganzen Quatsch, oder?"

„Tu ich! - Du etwa nicht?"

„Nein! Ich glaube, mit dem Tod ist alles aus und vorbei. Basta! Da kommt nix mehr!"

„Keine schöne Vorstellung!"

„Findest du? Ich kann damit gut leben. Irgendetwas von uns lebt doch in unseren Kindern weiter und wird fortgepflanzt, genauso, wie etwas von unseren Eltern in uns weiter lebt. Und wenn jemand keine Kinder hat, ist es auch nicht schlimm. Etwas von unserem Tun kann das Leben von anderen Menschen, Tieren und Pflanzen beeinflussen oder verändern, ohne dass wir jemals erfahren, was, wie und warum. Wir sehen die ganz feinen Zusammenhänge nicht, die unser Leben ständig beeinflussen. Für mich ist das der Sinn unseres Daseins: Ein winziger Teil von allem zu sein."

„Hmm, da widerspreche ich dir nicht. Aber das mit dem Beten ist eine ganz andere Sache. Erinnerst du dich an Oma? Wenn ich bei ihr geschlafen habe, hat sie vor dem Schlafengehen immer mit mir gebetet. Hat sie das mit dir nicht getan?"

„Doch! Jetzt, wo du es sagst, erinnere ich mich auch."

„Das Gebet hatte so etwas Beruhigendes und Vertrautes. Mal sehen, ob ich es noch zusammen bekomme.

‚Müde bin ich, geh zur Ruh', schließe beide Augen zu.

Vater, lass die Augen Dein, über meinem Bette sein.

Alle, die mir sind verwandt, Gott, lass ruhn in deiner Hand.

Alle Menschen, Groß und Klein, sollen Dir befohlen sein.

Kranken Herzen schenke Ruh, matte Augen schließe zu.

Lass den Mond am Himmel stehn, und die stille Welt besehn'."

„Ein schöner Text."

„Ja, finde ich auch. Manchmal habe ich es auch mit unseren Kindern gebetet."

Sophies Gedanken huschten zwanzig Jahre zurück. Sie sah sich mit Heiko und Anna, dicht aneinander gekuschelt im Bett liegen.

„Ich glaube, viele Menschen verbinden Beten entweder mit Kindern oder mit alten Menschen", überlegte sie laut. „Vielleicht, weil ein gewisses Urvertrauen dazu gehört, mit Jemandem zu reden, den man gar nicht sehen kann, und der einem auch nicht antwortet. Jedenfalls nicht hörbar."

„Und du glaubst also, wenn du genug zu ihm betest, kommst du irgendwann zu ihm in den Himmel?", provozierte Manu.

Kopfschüttelnd sah Sophie ihre Schwester an: „Warum können wir jetzt nicht vernünftig weiter diskutieren? Warum ziehst du meinen Glauben ins Lächerliche?"

Sie hatten den zwei Kilometer langen Sandstrand von Zarautz erreicht. Sophie war sauer. Sie lief im Dauerlauf zum Wasser und zog ihre Schuhe aus. Manu folgte ihr.

Langsam bohrten beide ihre Zehen in den Sand. Sanfte Wellen umspülten ihre nackten Füße. Das Wasser war kalt.

Sophie musste es loswerden: „Ich glaube, dass unsere Seelen ein Weiterleben bei Gott haben werden. Und ich finde diesen Gedanken sehr tröstlich."

„Schön für dich! Ich kann das nicht glauben." Manu zog ihre Füße aus dem Sand und beobachtete, wie Wasser und Sand sich wieder zu einer glatten Fläche vereinigten. Nichts war mehr von ihren Fußabtritten zu sehen. So, als hätte es sie nie gegeben.

„Wie stellst du dir das denn vor?", fragte sie.

„Dass da eine große Harmonie und ewiger Friede ist. Dass unser Geist in SEINEN Händen ruht", antwortete Sophie ruhig, „und dass wir uns mit allen wieder vereinen können, die unser Leben in irgendeiner Form begleitet haben. Dass alles Gute zusammengeführt wird zu einer Energie, die vielleicht irgendwo etwas Anderes zum Leuchten bringt." Sie stutzte einen Moment. Manchmal wurde sie von ihren eigenen Gedankengängen überrascht.

„Und das Böse? – Das wird dann genauso beim Teufel gebündelt und bringt Ungerechtigkeit, Mord und all die schlimmen Verbrechen über die Erde?"

„Keine gute Vorstellung, aber vielleicht ist es ja so. Niemand weiß es genau." Sie zuckte mit den Schultern. „Vielleicht landet die Energie ja auch gar nicht wieder auf der Erde, sondern irgendwo anders. Das Weltall ist ja groß genug", theoretisierte sie weiter. „Aber ich glaube, dass das Gute immer stärker sein wird, und dass SEIN GEIST uns nicht verlässt, wenn wir uns nicht selbst von ihm abwenden."

„Schön für dich", brummte Manu leise.

„Glaubst du überhaupt, dass es einen Gott gibt?" fragte Sophie.

„Ich bin mir nicht sicher", antwortete Manu nachdenklich. „Ich zweifele oft daran. Aber es gibt auch Momente, da bin ich mir sicher, dass es eine übergeordnete Instanz gibt. Irgendetwas, das die ganze Welt steuert. Die Naturgesetze kann schließlich niemand überschreiten. Sie funktionieren immer."

„Ja, das ist faszinierend", stimmte Sophie ihr zu, „und ich nenne dieses Irgendetwas Gott."

Schweigend beobachteten sie, wie ihnen die auslaufenden Wellen den Sand unter den Füßen wegspülte. Das Meer zog sich zurück. Ebbe und Flut. Kommen und Gehen. Ständige Bewegung, eingebunden in einen ewigen Kreislauf.

An einer Wasserstelle brausten sie sich den Sand von den Füßen und liefen barfuß auf den warmen Pflastersteinen der Promenade weiter, bis die Füße trocken waren.

Ein Fußweg führte sie zwischen Straße und Küste bis zum Ende der Bucht in das alte Hafenstädtchen Getaria. Der Wal auf dem Stadtwappen bezeugte auch hier die einstige Bedeutung des Walfanges.

In den Gassen des wunderbar südländischen Ortes duftete es köstlich. Vor einem Gourmetrestaurant war der Grill angeheizt und dicke Fleischstücke warteten darauf, gegessen zu werden. Die Gäste saßen erwartungsvoll an feierlich gedeckten Tischen und grüßten freundlich.

Sophie lief das Wasser im Mund zusammen. „Da wär ich jetzt auch gern eingeladen", sagte sie.

Aber stattdessen besuchte sie mit ihrer Schwester die geschichtsträchtige Kirche des Ortes, die Iglesia Parroquial de San Salvador, die im 14./15. Jahrhundert über einer Vorgängerkirche erbaut und in die Stadtmauer integriert worden war.

In ihrem Innern war es angenehm kühl, muffig und uralt. Der holperige Steinfußboden stieg kurioserweise zum Altar hin an, so dass das alte Holzgestühl schief stand. Auch die dunklen Altäre und die Orgel hatten sicherlich fünfhundert Jahre überdauert. Sophie dachte einen Moment an all die alten Pilgerseelen, die in dieser Kirche gebetet hatten und fröstelte.

Manu hatte das alte Gemäuer schon längst wieder verlassen und wartete draußen in der Sonne.

„Ach du lieber Gott", stöhnte sie beim Anblick des steilen Anstiegs aus der Stadt hinaus. Und als hätte Petrus sie gehört, blies der Wind dicke weiße Wolken vor die Sonne und brachte Kühle.

Das Meer verschwand immer wieder hinter sanften grünen Hügeln und tauchte hinter der nächsten Biegung genauso schnell wieder auf. Diese wunderschönen Küstenblicke belohnten ihre Anstrengung über den Höhenzug, auf dem sich kleine Wälder und blühende Wiesen abwechselten.

In Zumaia machten sie Rast und breiteten ihr bescheidenes Picknick auf einer Bank am Rio Urola aus: Nüsse, ein Apfel, Müsliriegel. Das war's.

Es war Mittagszeit und die kleine Stadt menschenleer, die Geschäfte geschlossen. Eigentlich hatten sie hier einkaufen wollen. Eine Bar war nirgendwo zu sehen. Das Restaurant öffnete erst am Abend. Bis Deba waren noch vier Stunden zu laufen, ungefähr nach dem ersten Drittel gab es eine Einkehrmöglichkeit. Ob die wohl geöffnet hatte? - Zum Glück stand in der Nähe der Bank ein Trinkwasserbrunnen. Verdursten mussten sie also nicht.

Sophie kaute auf einem Müsliriegel und blätterte in Martins Aufzeichnungen. „Weißt du, dass wir morgen ab Deba ebenfalls eine Etappe von zweiunddreißig Kilometern mit eintausend Höhenmetern im Auf- und siebenhundert im Abstieg vor uns haben? Die müssen wir laufen, und es gibt unterwegs keine zuverlässige Einkehrmöglichkeit."

„Olala! Vielleicht können wir jetzt ein Stück mit dem Bus fahren und mit unseren Kräften ein bisschen haushalten", schlug Manu vor. „Die nächsten Kilometer führen sowieso durch das Hinterland, also ohne Meerblick."

Ein Schild wies zur Touristinfo. Aber die machte auch Siesta.

Ratlos standen sie davor, als eine alte Frau auf sie zukam. Sie fragte, ob sie helfen könne.

„Si, si! Una omnibus via Deba?"

„No, no! Mañana!" Der Auskunft folgte ein Redeschwall, den sie nicht verstanden. Die Frau ging auf einen jungen Mann zu, der gerade aus einem Lieferwagen mit einer Serviceaufschrift gestiegen war, und redete mit ihm.

Er erklärte den Schwestern mit Händen und Füßen und ein paar englischen Brocken, dass er in ungefähr zehn Minuten nach

Deba fahre und sie mitnehmen könne. Mit genauso viel Gebärdensprache machten sie ihm verständlich, dass er ungefähr fünf Kilometer vor Deba halten und sie aussteigen lassen solle, am besten direkt am Küstenweg.

Der junge Spanier kannte die Strecke wahrscheinlich im Schlaf. Er fuhr mit quietschenden Reifen durch die Kurven einer Serpentinenstraße, die durch ein Waldgebiet führte. Als er sie an einer Kreuzung aussteigen ließ, hatten sie noch genau fünf Kilometer bis Deba vor sich, aber nur fünfhundert Meter bis zu einer Bar. Natürlich ließen sie sich diese Gelegenheit nicht entgehen. Eine große Tasse Milchkaffee und ein Stück vom köstlichen Kartoffelomelett, der tortilla a la española, machten die müden Lebensgeister wieder fit.

Manu kramte ihren Reiseführer aus dem Rucksack und stellte fest, dass es fünf Kilometer hinter Deba eine neue Herberge gab. Sie schlug vor, sich nicht an Martins Vorschlag zu halten, sondern die morgige anstrengende Etappe dadurch zu verkürzen, dass sie heute nicht nur bis Deba, sondern bis Izarbide Aterpetxea liefen. Immerhin würden sie dadurch heute vierundvierzig Kilometer weiter kommen: Zehn mit dem Auto und vierunddreißig zu Fuß.

Sophie überlegte nicht lange. Auch sie fühlte sich nach der langen Pause fit genug, um nicht nur fünf, sondern weitere zehn Kilometer zu wandern. Voller Tatendrang beendeten sie ihre Rast.

Von nun an ging es steil bergab. Eine ganze Stunde lang. Manchmal blitzte das Meer am Horizont auf.

Das kleine Städtchen lag eingebettet zwischen steilen Hügeln an der Mündung des Rio Deba und empfing sie mit einer wunderbaren Einrichtung: Ein Aufzug brachte Fußgänger auf Meereshöhe hinunter. Natürlich gab es daneben auch eine lange Treppe. Aber die ließen sie unbeachtet. Nach dem langen Abstieg freuten sich ihre wackeligen Knie sehr darüber.

Die gelben Pfeile führten sie zur einzigen Sehenswürdigkeit des versteckt liegenden Ortes. Aber der eindrucksvolle Eingang der bedeutenden Iglesia de Santa Maria war leider verschlossen. Das mehrfarbige Kirchenportal zeigt Figuren und Szenen aus dem Leben Marias und ist mit wunderschönen Ornamenten verziert.

Hinter der Stadt begann der steile Aufstieg. Die fünf Kilometer abwärts mussten jetzt wieder erklommen werden. Steinige Wege führten durch einen schattigen Wald. Als dieser sich lichtete, lag ihnen das Meer zu Füßen. Gigantisch und wunderschön! Doch der Weg, jetzt aus Beton, führte weiter gnadenlos bergauf. Sie waren auf dem Kalvarienberg. Der Berg machte seinem Namen alle Ehre. Die kleine Wallfahrtskapelle auf der Höhe war natürlich verschlossen.

Nach eineinhalb Stunden Aufstieg erreichten sie verschwitzt und total erschöpft die neue Herberge Izarbide Aterpetxea. Ein fast unaussprechlicher Name für so ein schönes Domizil, in dem Männer und Frauen getrennte Schlafsäle und Duschbäder hatten. Sechzehn Betten für nur zwei Frauen! Welch ein Luxus! Der Männerschlafsaal war immerhin mit einer Gruppe von sechs französischen Radfahrern belegt.

Sophie und Manu ließen die Rucksäcke von ihren Rücken gleiten und stellten sie neben das Bett. Manu bewegte langsam ihre Schultern im Kreis und stieß wohlige Seufzer aus. Befreit von dem Ungetüm auf dem Rücken setzte sie sich auf die Matratze und löste die Schuhriemen ihrer schweren Wanderschuhe. Ihre geschwollenen Füße jubelten und breiteten sich auf dem kühlen Fußboden aus, bevor ihre Zehen den weichen Steg der Flip-Flops umschlangen. Wie wohltuend konnten doch einfache Badelatschen sein!

Sophie hatte bereits ihre Matratze mit einem Einmallaken bezogen und den Schlafsack ausgebreitet. „Nur fünf Minuten!", versprach sie und versank im weichen Untergrund.

„Ich habe Durst!", hörte sie Manu sagen und fuhr mit der Zunge über ihre trockenen Lippen. „Oh ja! Ich auch!" Sie schnellte hoch zum Sitzen. Der Gedanke an ein erfrischendes cerveza war zu verlockend.

Mit dem Bierglas in der Hand ließen sie sich beide auf einem der bequemen Gartensofas nieder, die auf der Terrasse standen. „Chinchin!" Genüsslich rann das kühle Nass die Kehlen hinunter.

Die Dusche musste warten und die allabendliche Handwäsche auch.

Nach dem Pilgermenü, das aus Salat, knusprig gebratenen Hähnchenschenkeln mit Gemüse und einem Schokoladenpudding bestand, war es dämmrig geworden.

Noch einmal gingen sie ins Freie. Hinter sanften, grünen Hügeln lag das Meer. Die Sonne war versunken. Nur ein schmaler, leuchtend roter Streifen zog sich noch über den Horizont. Das Firmament schien dunkelblau. Eine dicke weiße Wolke schwebte langsam vorüber.

Irgendwo muhte eine Kuh einen müden Gute-Nacht-Gruß. Irgendwann verstummte das Gezwitscher der Vögel. Friedliche Stille umgab die beiden Schwestern.

Lange blickten sie in den Sternenhimmel.

Parasiten

„Neuneinhalb Stunden Schlaf am Stück - ohne Unterbrechung!" Manu räkelte sich und gähnte herzhaft. „Dass ich das noch erleben darf!", freute sie sich und machte ihre morgendlichen Dehnübungen.

„Der Kaffeeduft ist aber auch nicht schlecht", frohlockte Sophie und streckte ihre Beine in die Luft, so dass ihre Füße an das obere Bett stießen. Übermütig drückte sie sie immer wieder gegen die Matratze. Das ganze Bett wackelte.

„Das nimmt die Schwere aus den Beinen", hoffte sie. „Ich habe Muskelkater in den Oberschenkeln. Du auch?"

„Ja, ich auch!"

Eine halbe Stunde später saßen sie am gedeckten Frühstückstisch, die Radler waren bereits abgereist. Der jungen Wirtin machte es offensichtlich Spaß, sie verwöhnen zu können. Sie packte ihnen für die lange, beschwerliche Etappe ein dickes Proviantpaket gegen ein kleines Entgelt. Nach einem opulenten Frühstück mit frischem Obst und Müsli, Croissants und Kaffee machten sie sich auf den Weg.

Ein herrlicher Morgen. Der Himmel war leicht bewölkt, der Wind angenehm. Perfektes Wanderwetter.

Es dauerte nicht lange, bis die Beine sich wieder ans Laufen gewöhnt hatten und auch Rücken und Schultern das anfängliche Murren einstellten.

Die gelben Pfeile des Jakobsweges führten sie heute von der Küste in das hügelige Hinterland. Die rot-weißen Zeichen des Küstenwanderweges waren verschwunden. Es ging bergauf und bergab über steinige Waldwege und ausgetrocknete Forststraßen mit harten Spurrillen. Ab und zu durchquerten sie kleine Weiler oder passierten einsam liegende Höfe mit großen Koppeln, auf denen Pferde grasten.

Nach einem steilen Aufstieg auf einem nicht enden wollenden Betonsträßchen breiteten sie in Ermangelung einer Bank oder eines Holzstoßes zwei blaue Mülltüten am Straßenrand aus und machten Picknick. Vor ihnen lagen bewaldete Bergketten, unter ihnen im Tal grasten drei einsame Kühe auf einer Weide. In den vergangenen drei Stunden war ihnen keine Menschenseele begegnet. Und auch in den folgenden drei Stunden blieben sie allein. Nur das Gezwitscher der Vögel begleitete sie.

Sie wanderten auf holperigen Wegen durch einen einsamen Wald. An den Rändern blühten Akeleien dicht an dicht, in hell- und dunkelblauen Farbtönen, manchmal auch violett. Ein Wiesenpfad führte an Kühen, Schafen und Pferden vorbei, deren Glocken weithin zu hören waren. Sie passierten einen Hof, dessen Bewohner offensichtlich Siesta hielten. Der Hund an der Kette bellte sie vorwurfsvoll an. Auf der großen Wiese neben dem Haus blühten Butterblumen, Klee, Margeriten und Storchschnabel um die Wette. Das bunte Bild der Natur strahlte Frieden aus.

Die Schwestern waren so einvernehmlich unterwegs, dass keine von ihnen Lust hatte, eines der Themen anzusprechen, über das sie miteinander reden wollten. Sie freuten sich, dass das gemeinsame Wandern so gut klappte, sie das gleiche Schritttempo bevorzugten und offensichtlich bisher keinerlei Konditionsschwierigkeiten hatten. So viel Harmonie und Übereinstimmung hatte keine von ihnen erwartet. Ihre Probleme lagen hinter ihnen auf einem Abstellgleis. Irgendwann würde der richtige Zeitpunkt kommen, das ein oder andere zur Sprache zu bringen. Aber nicht jetzt und nicht heute.

Jetzt galt es, einen steilen und gerölligen Abstieg von fast fünf Kilometern zu bewältigen. Nicht zum ersten Mal waren sie froh, dass sie ihre Wanderstöcke mitgenommen hatten. Inzwischen hatte die Sonne die Macht übernommen, und der Himmel war wolkenlos. Der Schweiß rann ihnen über den ganzen Körper, als sie nach mehr als einer Stunde die Stadtmauer der kleinen Stadt Markina-Xemein erreichten.

Hier hatte die kuriose Ermita de San Miguel de Arretxinaga ihre Tür geöffnet. Drei riesige Felsen, die sich gegenseitig stützen, füllen fast den ganzen Innenraum der sechseckigen Kapelle aus. Unter ihnen steht die kleine Heiligenfigur auf einem steinernen Sockel, neben ihr baumelt ein Weihrauchfass. Die Legende behauptet, wenn ein junger Mann innerhalb des nächsten Jahres heiraten will, muss er dreimal durch den Fels hindurchkriechen.

„Glaube versetzt Berge!", kommentierte Sophie lachend dieses Versprechen.

„So ein Unfug!", wetterte Manu und verließ eilig das Kirchlein. Sie hatte das Reklameschild einer Bar gesehen und steuerte auf einen Tisch zu. Rucksack ab, hinsetzen, Füße hochlegen und ein kaltes Getränk bestellen. Das war jetzt das Wichtigste!

„Tut das gut!", seufzte sie genüsslich und nahm einen großen Schluck aus ihrem Glas.

Eine halbe Stunde später wanderten sie weiter. Die letzten zwei Wegstunden bis zum Monasterio de Zenarruza zogen sich lang dahin. Martin hatte dieses Kloster für die nächste Übernachtung ausgesucht, und sie folgten heute seinem Plan.

Nach einem relativ ebenerdigen Stück ging es irgendwann ständig auf und ab über kleine Hügel. In einem Wäldchen erwartete sie ein schlammiger Pfad. Sie balancierten an seinem Rand durch die matschigen Fußstapfen ihrer Vorgänger.

„Was tu ich mir hier eigentlich an, um in ein Kloster zu kommen?", schüttelte Manu den Kopf, während sie langsam den schweißtreibenden Anstieg zum Monasterio erklomm.

Die Klosteranlage machte einen ordentlichen Eindruck. Der kleine Schlafraum mit den vier Etagenbetten war nach ihrer Ankunft voll belegt.

Manu unkte: „Ist es ein gutes oder ein schlechtes Zeichen, dass hier nur deutsche Pilger übernachten?"

„Das werden wir sehen", bekam sie zur Antwort.

Der Prior trug ihre Personalien ein, stempelte den Pilgerausweis ab und hielt die Hand für eine Spende auf. Aufgrund der in den letzten zwei Tagen gemachten guten Erfahrungen, was Pilgermenü und Frühstück betraf, spendeten sie reichlich.

Die sanitären Anlagen befanden sich zwar unter der Terrasse, und waren nur von außen zugänglich, dafür aber ziemlich neu und sauber.

Es wurde von den Pilgern erwartet, dass sie vor dem Essen an einer Andacht in der Klosterkirche teilnahmen.

„Also gut! Mitgefangen, mitgehangen!", ergab sich Manu ihrem unausweichlichen Schicksal.

Sechs Mönche und eine Nonne standen bereits um den Altar, als die kleine Gruppe die Kirche betrat. Der Prior und die Nonne waren schätzungsweise zwischen fünfzig und sechzig Jahre alt, alle anderen eher achtzig und darüber. Ihre beigen Leinengewänder sahen genauso alt aus. Sophie vermutete, dass sie noch nie Wasser, geschweige denn Waschpulver, gesehen hatten. Der Klerus sang endlos lange Litaneien und Wechselgesänge in lateinischer und spanischer Sprache, die niemand von den Zuhörern mitsingen konnte. Stattdessen knurrten nicht nur die Mägen der beiden Schwestern als Begleitmusik.

Nach dem Segen freuten sie sich auf das Pilgermenü und setzten sich hoffnungsvoll an den langen Tisch in dem kleinen Refugio, das ihnen nicht nur als Schlafraum diente. Sogar eine kleine Küchenzeile stand hier, die ihnen morgen früh helfen sollte, das Frühstück selbst herzurichten.

Acht Suppenteller, Löffel, Gläser und vier Flaschen Wasser hatte jemand während ihrer Abwesenheit bereits auf dem Tisch verteilt. Ein Baguette lag auf der Anrichte. Einer der alten Mönche stellte eine Suppenterrine in die Mitte und brummelte ein paar mürrische Worte dazu, bevor er wieder verschwand.

Beherzt stand Sophie auf und verteilte die Gemüsesuppe auf die Teller. Dazu brach sich jeder ein Stückchen von dem Baguette ab.

Nachdem sie die ersten zwei Löffel genossen hatte, stieß Manu Sophie in die Seite: „Die ist aber auch nicht nur von heute!"

„Schmeckt so, als habe der Küchenmönch alle Gemüsereste der vergangenen Woche in einen Topf zusammengeschüttet, Wasser dazu getan und das Ganze tüchtig durchgekocht," vermutete Sophie.

Simon, ein großer Mittvierziger, nahm die leere Terrine und ging hinaus, um Nachschub zu holen. Er wollte wenigstens satt werden.

Nach einiger Zeit kam er enttäuscht zurück. Er hatte niemanden angetroffen, und der Mönch in dem kleinen Klosterladen konnte ihm auch nicht weiterhelfen.

Ein anderer Pilger wusste, dass in etwa fünfhundert Metern Entfernung eine private Herberge mit Restaurant war.

Manu, Sophie, Simon, Barbara und Wilfried machten sich auf den Weg dorthin. Die Essenszeit für warme Gerichte war zwar vorbei, aber der nette Wirt zauberte trotzdem für die hungrigen Mäuler noch ein paar deftig belegte bocadillos aus der Küche.

Es wurde ein lustiger und entspannter Abend. Sie waren eine kleine, eingeschworene Gemeinschaft, die sich nicht unterkriegen ließ.

Dieses Gefühl half ihnen auch am nächsten Morgen. Gut, dass ihre Erwartungen an das Frühstück nicht besonders groß waren. Ein kleines Stückchen Baguette mit Apfelmarmelade und eine Tasse Pulverkaffee, dazu eine saftige, zuckersüße Apfelsine waren zwar nicht sättigend, aber immerhin….

Nichts Gutes ahnend verspürte Sophie am Kinn und im Nacken ein paar juckende, rote Einstichstellen. Mücken- oder Flohstiche? Wird schon nichts Schlimmes sein, versuchte sie sich voller Optimismus einzureden, obwohl das Bauchgefühl ihr etwas anderes suggerierte.

Stadt des Friedens

Das hügelige Gelände und die vielen Kühe und Pferde, die mit ihren Kälbchen und Fohlen auf den Wiesen grasten, erinnerten Manu an einen Familienurlaub im Allgäu. Tim war damals drei Jahre alt und fasziniert von den Kühen. Stundenlang konnte er ihnen beim Wiederkäuen zusehen. Vor Pferden dagegen hatte er Angst. Als Bastian ihn auf ein Pony setzen wollte, schrie er wie am Spieß. Aber von dieser Angst war nichts geblieben.

Heute machte er alles genauso wie sein Vater: Er liebte Pferde, war ein leidenschaftlicher Segler und würde sicher auch ein guter Mediziner werden.

Ein Hinweisschild auf eine Bar verdrängte ihre Gedanken und erinnerte sie an ihre derzeitigen Bedürfnisse: Rucksack absetzen, Füße hochlegen und einen großen Pott Milchkaffee schlürfen.

Sie hatten es sich gerade bequem gemacht, als Barbara in die Bar humpelte. An ihrem rechten Fuß hatten sich Blasen gebildet; sie würde diese später mit Pflaster bekleben. Zuerst brauchte auch sie einen starken Kaffee. Sie saß neben Sophie und betrachtete aufmerksam die roten Beulen an deren Kinn und Hals.

„Das sind aber keine Mückenstiche! Für mich sieht das eher nach Wanzenbissen aus", meinte sie.

„Nein!!" Sophie war entsetzt.

„Doch! Hast du etwas zum Eincremen dabei?"

„Ja, ja, ich hab es gleich heute Morgen aufgetragen", erwiderte Sophie.

„Ich könnte dir etwas Tigerbalsam geben. Das hilft auch."

„Danke! Lieb von dir, aber ich denke, meine Creme reicht aus. Wird schon nicht so schlimm werden. Für den Notfall hab ich auch noch Allergietabletten dabei." Dass die Stiche nicht nur juckten, sondern die Haut brannte, sobald sie sie berührte, behielt sie erst einmal für sich. Hätte sie sich doch nur nicht auf das Kopfkissen gelegt! Darin hatten die Tierchen bestimmt geschlummert und auf ein Opfer gelauert!

Manu drängte zum Aufbruch und stand auf.

„Der Muskelkater in den Oberschenkeln ist heute verschwunden!", freute sie sich. „Gestern hatte ich noch dieses schwere Reißen in den Beinen, wenn ich aufgestanden bin."

„Geht mir genauso", sagte Sophie. „Wenigstens etwas Positives! Wanzenbisse! Ich werde verrückt!"

„Nein! Das wirst du nicht. Die sind nicht gefährlich, glaub es mir! Nur unangenehm."

„Ist ja ein toller Trost!"

Sie nahmen ihre Wanderstöcke in die Hand und verabschiedeten sich von Barbara mit einem „buen camino".

Ein steiler Anstieg erwartete sie und forderte ihre Kraft. Die Frühlingssonne verschwand immer wieder hinter weißen Wolken und bescherte ihnen herrliches Wanderwetter. Über eine kleine Betonstraße ging es genauso steil wieder bergab bis zu einer kleinen Kirche.

Sophie öffnete die Tür der „Ermita de Santiago" und setzte sich auf eine Bank. Sie dachte an Martin, und einen Augenblick lang wünschte sie ihn sich an ihrer Seite. Mit geschlossenen Augen konnte sie ihn sich einbilden, seinen Arm und sein Bein neben ihrem spüren. Aber es war Manu, die sich neben sie gesetzt hatte. Sophie wischte sich über die Augen und stand auf.

Die Laubbäume des Mischwaldes trugen ein zartgrünes Frühlingskleid. Teppiche aus weißen Anemonen bedeckten den Waldboden, am Wegrand blühten Gänseblümchen und Akeleien. Lange liefen sie an einem Bachlauf entlang. Das Wasser plätscherte munter über bemooste Steine. Eine uralte Brücke, die ihn überquerte, trug ein Kleid aus dunkelgrünem Efeu mit hellgrünen Farnkrauttupfen. Es bedeckte die bröckelnden Steine fast vollständig. Wenig später verbreitete sich der Bach zu einem kleinen See. Hier hatten Jakobspilger auf dicken Felsbrocken Steinmännchen und -pyramiden aufgeschichtet.

Ein Hinweisschild informierte darüber, dass dies der von der UNESCO zum Biosphärenreservat erklärte Naturraum Urdaibai war.

Manchmal war der Weg so schlammig, dass sie befürchteten, mit ihren Schuhen stecken zu bleiben. Ein anderes Mal querte ein breiter Bach den Wanderweg. Seine Wassermassen plätscherten lustig über kleine und große Steine. Manu nahm sie ins Visier und balancierte als Erste von Stein zu Stein auf die gegenüberliegende Seite.

Hoffentlich geht das gut, dachte Sophie und beobachtete kritisch die Matschspuren von Manus Schuhen, die sofort wieder vom Wasser weggespült wurden.

„Lauf einfach hinter mir her, ohne nachzudenken", forderte Manu sie auf. „Zu viel Vorsicht behindert dich nur."

„Ich versuche es", versprach Sophie und stampfte über die überfluteten Steine. Die Wanderschuhe hielten dicht.

An einem mehrere hundert Meter langen, steilen Abstieg waren Arbeiter damit beschäftigt, Stufen aus Holz anzubringen. Die frisch gesägten Bretter verströmten einen herrlichen Duft.

Hinter dem Wald veränderte sich das Wetter innerhalb weniger Minuten. Der Himmel bewölkte sich, und es wurde kühl.

Die gelben Pfeile zeigten ihnen den Weg über kleine Pfade und Sträßchen nach Gernika, der „Stadt des Friedens". Ihr vollständiger spanischer Name ist Guernica-Lumo, „Ciudad de la Paz". Hier wurde ein trauriges Kapitel deutsch-spanischer Geschichte geschrieben. Am 26. April 1937 bombardierte die unter Hitler gegründete Fliegerstaffel „Legion Condor" die Stadt und legte sie zu achtzig Prozent in Trümmer. Hitler unterstützte damit die faschistischen Truppen General Francos.

Sophie wollte in das Museum des Friedens, weil Martin es in seinen Aufzeichnungen als unbedingt sehenswert markiert hatte. Manu hatte eigentlich keine Lust, sich mit Krieg und Tod zu beschäftigen. Aber Martins Empfehlung war auch für sie der Grund, die Ausstellung zu besuchen.

Auf dem Weg dorthin fielen ein paar dicke Regentropfen vom Himmel. Ihnen folgte urplötzlich ein Wolkenbruch. So schnell konnten sie die Regencapes gar nicht auspacken. Also, „die Füße in die Hand nehmen" und rennen. Dicht an den Häusern entlang huschten sie durch die Straßen der Kleinstadt.

Viele der historischen Gebäude waren offensichtlich nach der Zerstörung ebenso wieder aufgebaut worden. Man hatte sich bemüht, der Stadt ihren Charakter wiederzugeben. Das bewiesen auch die vielen Fotos und Dokumentationen vor und nach der Bombardierung der Stadt, die in der Ausstellung zu sehen waren. Mit triefend nassen Haaren besahen Sophie und Manu sich die Bilder. Ihre nassen Rucksäcke und Jacken konnten sie glücklicherweise ablegen.

Im Treppenhaus hing eine Kopie des Gemäldes „Guernica", das Pablo Picasso für die Pariser Weltausstellung geschaffen hatte. Er wollte damit erreichen, dass das Massaker von Gernika auch international mehr Beachtung fand.

Lange standen die Schwestern davor und betrachteten das eindrucksvolle Kunstwerk. Sie zögerten mit ihrem Entschluss, sich in den Vorführraum zu setzen, in dem die Bombardierung der Stadt hautnah erlebt werden konnte.

Aber da sie nun schon einmal hier waren, gehörte es dazu, meinte Manu. Dieses Mal war es Sophie, die sich überwinden musste.

Die Einrichtung ist die eines gutbürgerlichen Wohnzimmers in den dreißiger Jahren. Sie setzen sich auf das Sofa.
Der als Kaffeetafel eingedeckte Tisch und der Schrank aus dunklem Holz stehen hinter einer Glaswand.
Man hört Stimmen. Eine Frau und ein kleiner Junge unterhalten sich. Das Kind will nach draußen gehen, um zu spielen.
Er solle sich nicht so weit entfernen, da die Großeltern zum Kaffee erwartet werden, mahnt die Mutter. Eine Tür fällt ins Schloss.
Ein kleines Mädchen quengelt, ein Mann sagt etwas.
Geschirr klappert, Wasser wird in ein Gefäß geschüttet.
Dann eine Sirene! Schrill und laut unterbricht sie die sonntägliche Stimmung.
Einmal! Zweimal! Dreimal!
Die Mutter erschrickt und greift das Mädchen. Man hört die Panik in ihrer Stimme und die Angst, die augenblicklich alle erfasst.
Der Vater läuft nach draußen, um den Jungen rein zu holen.
Hektisch weist er die Mutter an, sofort in den Keller zu gehen.
Eilige Schritte, die eine Treppe hinunter gehen. Eine knarrende Tür.
Plötzlich hört man das Dröhnen der heranfliegenden Bomber.
Erst leise, dann immer lauter. Es müssen viele sein.
Angstvolle und beruhigende Stimmen im Keller.
Erste Einschläge, Explosionen, krachende Geräusche, Feuer.
Weinende Kinder, schreiende Menschen.
Totenstille.

Sophie und Manu war das Grauen in die Glieder gefahren. Sie saßen nebeneinander und ließen die Tränen fließen.
„War wohl doch nicht so eine gute Idee", sagte Manu nach einer Weile und nahm ihre Schwester in den Arm. Schweigend machten sie sich auf den Weg zurück durch die Stadt. Es regnete immer noch.

Beim Betreten der modernen Jugendherberge zog ihnen der Geruch von hochdosierten Reinigungsmitteln in die Nase. Rucksäcke und Schuhe mussten in einem Vorraum bleiben. Nur Schlafsäcke und Kosmetikartikel durften mit in den Schlafsaal genommen werden, und für die Matratzen gab es hier Einmallaken.

„Sicherlich eine effektive Methode, um Parasiten fern zu halten, die sich im Wald auf Schuhsohlen oder Rucksäcken breit gemacht haben", meinte Manu.

„Hier könnten die Mönche mal in die Schule gehen", sagte Sophie. „Ich werde nach der Wäsche den ganzen Rucksack mit einem Sagrotantuch auswischen. Falls sich da doch irgendetwas versteckt haben sollte."

Sie war bereits frisch geduscht und cremte ihre Stiche sorgfältig ein, die sich an Kinn, Hals und Nacken ausgebreitet hatten. Außerdem schluckte sie eine Allergietablette gegen den Juckreiz.

Der Museumsbesuch beschäftigte die Schwestern auch noch am Abend, als sie in dem kleinen Restaurant einer Holländerin vor einem großen Teller Pommes frites mit Currywurst saßen.

„Ich hab die ganze Zeit an Mama denken müssen", sagte Manu. „Sie hat so etwas Ähnliches in ihrer Jugend erlebt. Vielleicht hatte sie deshalb so eine furchtbare Angst vorm Sterben."

„Hat sie dir das gesagt?", fragte Sophie überrascht. Mit ihr hatte Mama nie über solche Dinge gesprochen.

„Ja, das hat sie." Manu sah Mama vor sich, wie sie im Bett lag. Abgemagert, die schlaffen Arme übersät mit Blutergüssen. Die großen Augen in dem schmalen Gesicht angstvoll geöffnet.

„Ich habe nicht gewusst, dass Sterben so schwer ist", hatte sie gesagt. „Es macht mir Angst."

Manu hatte ihre Mutter jeden Tag besucht. Sie war bei ihr, als die Schmerzen begannen und keine Hoffnung mehr bestand. Sie hatte mit ihr das Gefühl geteilt, der Krankheit hilflos ausgeliefert zu sein.

Sophie entgegnete: „Ich hatte eher den Eindruck, dass das Sterben zum Schluss auch für sie Erlösung war. Sie stand doch nur noch unter Morphium." Sie erinnerte sich an einen Besuch, wenige Wochen vor Mamas Tod. Sie hatte ruhig da gelegen, die Augen fast immer geschlossen, wie in einem Dämmerschlaf. Vorsichtig nahm Sophie ihre abgemagerten Füße in die Hand und massierte sie sanft. Lächelnd hatte Mama die Berührung genossen.

Manu versicherte: „Das war es sicherlich auch. Sie ist ja ganz ruhig eingeschlafen." Sie dachte daran, wie sie sich auf das Kissen gelegt, ihren Kopf dicht an Mamas geschmiegt und mit einer Hand deren Hände gehalten hatte. Da war eine wunderschöne Vertrautheit gewesen. Aber das konnte sie Sophie nicht erzählen. Genauso wenig wie die Tatsache, dass sie die Minuten allein mit Mama ausgekostet hat, auch als Mama schon längst aufgehört hatte zu atmen.

Sophies Stimme klang bedauerlich: „Ja! Nachdem ich in die Cafeteria gegangen war, um etwas zu essen." Zuvor war Manu in der Kantine gewesen, und Sophie hatte an Mamas Bett gesessen. Sie hatte mit einer Hand ganz leicht deren Hand gestreichelt. Alles war friedlich und still gewesen, bis Mama sich plötzlich regte und mit aller Kraft ihre Hand weg schob. Dabei zitterte sie so schlimm, dass Sophie die Krankenschwester rufen musste.

„Das sind die Nerven", hatte diese gesagt, „da kann man nichts machen. Das hat nichts zu bedeuten."

Sophie sah das anders. Sie fühlte sich abgewiesen. So, als hätte die Mutter: „Geh doch endlich!" zu ihr gesagt.

Vielleicht war Mama ja enttäuscht von ihr, weil sie sie so selten besucht hatte? Ein unausgesprochener Vorwurf, weil die Mutter sie gern öfter gesehen hätte?

Als hätte Manu ihre Gedanken erraten, sagte sie: „Mama hat oft nach dir gefragt. Sie wollte immer wissen, was du machst und wie es dir geht, als sie nicht mehr in der Lage war, mit dir zu telefonieren."

„Ja, ich hätte öfter nach Lemgo kommen müssen, aber..."

„Ich weiß", unterbrach Manu sie, „der Buchladen, Martin, die Enkelkinder. Gründe hattest du immer genug, nicht zu kommen."

„Hättest du mich denn öfter sehen wollen?"

„Es ging nicht um mich, sondern um Mama."

„Mama war doch froh, dass du ständig bei ihr warst."

„Ja, das war sie. Aber du warst immer ihre erste Tochter. Daran hat sich nie etwas geändert", sagte Manu betont langsam.

Sophie war sprachlos. Hatte sie all die Jahre einen falschen Eindruck gehabt? Warum hatte Mama ihr das nie gezeigt? Und warum hatte sie nie etwas davon gemerkt?

Als hätte sie ihre Gedanken erraten, sagte Manu: „Du hast dich von ihr entfernt. Nicht sie von dir. Ich war nur die Kleine, der Ersatz sozusagen."

Als Manu sie anrief, dass es mit Mama zu Ende ging, war Sophie allein im Buchladen gewesen. Karin lag irgendwo auf Teneriffa in der Sonne. Die Aushilfskraft, die sie angestellt hatten, konnte nicht sofort einspringen. Deshalb war sie erst drei Tage später nach Lemgo gefahren. Es war ihr gar nicht in den Sinn gekommen, den Laden für zwei Tage zu schließen. Immer war ihr etwas anderes wichtiger gewesen.

„Ihre Mutter hat mit dem Sterben gewartet, bis Sie bei ihr gewesen sind. Sie wollte sich von beiden Töchtern verabschieden", hatte die Krankenschwester gesagt.

Und dann war sie gestorben, als nur Manu bei ihr war. Das ungute Gefühl bei diesem Gedanken war auch nach zwei Jahren noch nicht verschwunden.

„Trinkst du auch noch ein Bier?", unterbrach Manu ihre trüben Gedanken.

„Ja, gerne!", sagte Sophie und sah von ihrem Teller auf. Sie hatte kaum etwas gegessen.

„Schmeckt es Ihnen nicht?", fragte die Wirtin, als sie die Getränke auf den Tisch stellte.

„Doch, doch, alles in Ordnung!", beeilte Sophie sich zu sagen und schob demonstrativ ein Stück Pommes in den Mund.

Glücksmomente im Regen

Gleichmäßig pochten die Regentropfen gegen die Fensterscheiben. Manu blinzelte zu Sophie, die auf ihr Handy-Display starrte und kommandierte: „Komm, wir müssen aufstehen! Wir haben heute dreiunddreißig Kilometer vor uns, wenn wir nach Bilbao wollen."

„Dreiunddreißig Kilometer durch den Regen?"

„Nein, heute Mittag hört es auf, sagt der Wetterbericht." Sophie klappte die Schutzhülle zu, nahm ihr Handtuch und die Zahnbürste und verschwand im Bad. Niemand da! Sie hatten das Acht-Bett-Zimmer mit Bad die ganze Nacht allein zur Verfügung gehabt.

Lediglich in der Küche der Herberge saßen zwei Polinnen beim Frühstück. Sophie schüttete kochendes Wasser auf den Pulverkaffee und stellt eine Tasse vor Manu hin. Dazu gab es Baguette mit Butter und Marmelade.

Der Regen machte eine kurze Pause, als die Schwestern ihre Rucksäcke schulterten und die Herberge verließen. Der Himmel war wolkenverhangen und verhieß nichts Gutes. Noch bevor sie den Wald erreichten, entlud er sich ein weiteres Mal. Glücklicherweise hatten sie ihre Pelerinen früh genug angezogen. Es war fast unmöglich, dieses „Ein-Frau-Zelt" allein überzuziehen. Man brauchte unbedingt eine zweite Person, die das Teil über den Rucksack stülpte. Für Alleinwanderer eine kniffflige Angelegenheit.

Da es fast die ganze Nacht geregnet hatte, waren die Waldwege matschig. Der weiche Lehmboden klebte unter den Schuhsohlen. Mit jedem Schritt blieb ein bisschen mehr an ihnen hängen.

„Ich laufe wie auf Stelzen." Sophie lachte.

„Dann bist du bald so groß wie ich, denn meine Klumpen sind gerade wieder abgefallen", prophezeite Manu.

Immer wieder führte der Weg sie an einem Bachlauf entlang. Sie wanderten durch Wald und Feld, überwanden leichte Hügel und gewöhnten sich an den Regen. Die zarten Frühlingsblumen neigten ihre nassschweren Köpfe, und ein grauer Schleier versperrte den Blick in die Ferne.

Irgendwann wurden ihre langsamen Bewegungen mechanisch. Schritt für Schritt, Stock für Stock. Den Kopf gesenkt halten, damit das Wasser von der Kapuze tropfen kann, und aufpassen, dass kein Fuß in einem Wasserloch landet.

Der Weg forderte ihre ganze Aufmerksamkeit. An eine Unterhaltung war nicht zu denken. Nur die Wanderstöcke klackerten, wenn sie gegen einen Stein stießen.

Dann eine Straße, eine Ortschaft. Der Anblick eines überdachten Wartehäuschens an einer Bushaltestelle war der Sichtung einer Oase in der Wüste gleichzusetzen. Ein Blick auf die Uhr zeigte ihnen, dass sie fast fünf Stunden lang ununterbrochen gelaufen waren.

Das Häuschen war mit zwei Bänken ausgestattet und regendicht! Ihre Herzen schlugen höher! Die Bewegungen wurden zackig: Ruckzuck hingen die Pelerinen am Fahrplan, und die Schwestern saßen sich gegenüber auf den Bänken, Fuß an Fuß, ein Stück Baguette mit Käse und eine Banane auf dem Schoß ausgebreitet.

Wie ein Vorhang platschte der Regen vom Dach.

Plötzlich begann Manu zu kichern. „Wenn ich mir vorstelle,…", begann sie, konnte aber nicht weitersprechen, weil ein Lachanfall sie daran hinderte. Sophie konnte nicht anders, als mitzulachen, obwohl sie gar nicht so recht wusste, was den Heiterkeitsausbruch ihrer Schwester ausgelöst hatte.

„…Kollegen würden mich jetzt hier so sehen,…" sie krümmte sich vor Lachen, „…verrückt halten", sie kiekste einmal und prustete weiter. Die ganze Situation war so was von schräg! Da saß sie mit ihrer Schwester in einem Bushäuschen, Schuhe und Hosenbeine schlammverschmiert, die klatschnassen Haare tropften ins Gesicht, hatte ein spärliches Brot zu essen und Wasser zu trinken und - war glücklich! Es war nicht zu erklären und einfach nur zum Lachen, fand sie. Sophie konnte nicht anders, als mitzulachen.

Schräg gegenüber parkte ein Omnibus. Wie vom Himmel gefallen stand plötzlich ein Mann davor, stieg ein und ließ den Motor laufen. Er drehte das riesige Gefährt auf der Straße, öffnete die Beifahrertür und fragte, ob sie mitfahren oder auf den nächsten Bus warten wollten. Der käme ungefähr in einer halben Stunde.

„Muchas gracias!", bedankten sie sich zwischen Lachen und Kauen.

Aber die Idee war geboren: sie würden mit dem nächsten Bus die ungefähr fünf Kilometer lange Strecke bis Zamudio fahren, anstatt an der Straße entlang zu laufen und sich von vorbeirasenden Autos mit Schmutz und Regenwasser bespritzen zu lassen.

Sophie fragte sich, ob Martin wohl auch in einen Bus eingestiegen wäre? Sie konnte es sich nicht vorstellen. – Oder ob sie mit ihm über ihre Situation auch so befreiend herzhaft gelacht hätte? Sie wusste es nicht.

Bewusst wurde ihr allerdings, dass diese Etappe sie von ihren juckenden Wanzenbissen abgelenkt hatte.

Der Bus kam pünktlich!

Als sie ausstiegen, regnete es nicht mehr. Der Wind lockerte die Wolkendecke in Sekundenschnelle auf. Ein Sonnenstrahl fiel vom Himmel.

Der Anstieg auf den 382 m hohen Monte Avril zog sich über kleine Sträßchen, Schotter- und Waldwege durch ein Naherholungsgebiet bis zum höchsten Punkt. Ab und zu blieben sie stehen, um zu verschnaufen. Oben erwartete sie ein wunderbarer Ausblick auf Bilbao und das grüne Baskenland. Am Horizont breitete sich das Kantabrische Gebirge aus. Dicke weiße Wolken zogen vorüber und hüllten im Vorbeiflug die Bergkuppen wie in Watte ein.

Der Abstieg in die Stadt zog sich, und der Rucksack drückte wieder einmal schwer auf die Schultern. Über einen langen Treppenweg erreichten sie die Altstadt und die Kathedrale von Bilbao. Viele Menschen verließen das Gotteshaus. Sophie ging hinein. Es roch nach Weihrauch. Sie nahm ihren Rucksack ab und setzte sich in eine Bank. Sie war überrascht von dem großen Innenraum der Kirche, der man diese Dimensionen von außen nicht ansah.

Es gibt Kirchen, dachte sie, die kalt sind und die in ihrem Prunk zu erstarren scheinen, und es gibt solche, in denen ich mich wohl fühle. Diese Kirche war eine Wohlfühlkirche, und das machte sie dankbar.

Manu schlenderte indessen durch die gotische Catedral de Santiago und nahm die eindrucksvolle, schlichte Schönheit dieses Monumentes in sich auf.

Ein Kirchendiener beendete die kurze Besichtigung und bat sie beide, das Gebäude unverzüglich zu verlassen, da er es verschließen müsse. Schade, wirklich sehr schade!

Schon bei ihrem ersten Besuch in Bilbao war die Kathedrale verschlossen gewesen, so wie leider die meisten Kirchen in Spanien.

„Was nun?", fragte Manu, nachdem sie auf die Uhr geblickt hatte. „Es ist sieben Uhr, und wir haben noch kein Quartier. Was hatte Martin eigentlich geplant?"

„Er hätte die kleine Pension von unserer ersten Übernachtung in Bilbao noch einmal gebucht."

„Haben wir aber nicht!"

„Wir wollten doch weiter in den Süden Bilbaos, damit wir morgen schneller aus der Stadt heraus sind."

Sie diskutierten für und wider, lasen im Wanderführer, studierten den Stadtplan und die Busverbindungen.

Es war fast acht Uhr, als sie schließlich im Bus saßen, um sich im südlichen Teil der Stadt in einer Jugendherberge einzuquartieren. Natürlich lag diese oben auf einem Berg, die Bushaltestelle jedoch unterhalb der Anhöhe. Als sie um neun Uhr endlich eingecheckt hatten, die Betten in ihrem sauberen Zweibettzimmer bezogen waren und sie frisch geduscht an der Rezeption nach einem Restaurant in der Nähe fragten, bekamen sie zur Antwort, dass es hier nur eine Bar gäbe; etwa eine Viertelstunde zu Fuß, in der Nähe der Bushaltestelle.

Draußen empfing sie eine unerwartete Kälte. Die nackten Füße in den Badesandalen froren. Ihre nassen Wanderschuhe standen, dick mit Zeitungspapier ausgeschlagen, im Abstellraum der Herberge zum Trocknen. Auch hier durften sie ihre Schuhe und Rucksäcke aus hygienischen Gründen nicht mit in den Schlafbereich nehmen.

In der kleinen Bar war noch eine Bank frei. Eng aneinander gekuschelt, bibberten die Schwestern einem heißen Tee entgegen. Die junge Wirtin flitzte zwischen Kaffeeautomat, Theke und Tischen hin und her. Sie war voll damit beschäftigt, alle Gäste mit Getränken zu bedienen und versprach, ihnen so bald wie möglich auch etwas Essbares zuzubereiten. Leider kam sie erst dazu, nachdem die meisten Gäste das Lokal schon wieder verlassen hatten.

Sophie und Manu wurden von ihren Tischnachbarn mit so vielen Fragen bombardiert, dass die Zeit trotz des Hungers wie im Flug verging. Wie immer, wenn sie von ihrer Wanderung erzählten, ernteten sie bewunderndes Staunen. Offenbar landeten nicht viele Jakobspilger in diesem Stadtviertel.

Die Wirtin zauberte ihnen aus allen Resten, die sie in ihrer Kochecke finden konnte, ein kleines Menü, das aus einem Stück Baguette mit Käse und Schinken, verziert mit Gurken, Tomaten und Paprikastreifen, und Pommes frites bestand. Inzwischen waren sie mit der Spanierin allein im Lokal. Sie räumte auf und stellte viele Fragen. Immer wieder blieb sie an ihrem Tisch stehen, um sich zu unterhalten. Als sie ihnen ein weiteres cerveza servierte, erzählte sie von ihrer kleinen Tochter, die jetzt bei der Großmutter schlafen, und von einem Onkel, der in München leben würde, … und die Uhr tickte...

Bis Mitternacht war die Rezeption besetzt. Um pünktlich zu sein, hätten sie im Dauerlauf bergauf rennen müssen. Aber das ließen ihre Kräfte nicht zu. In einem gemächlicheren Tempo erreichten sie zwei Minuten vor zwölf die Herberge.

Zweifel

Sophie stand vor dem Spiegel und betrachtete sich. So ein Doppelkinn hatte sie gestern noch nicht! Die untere Gesichtshälfte und der Hals waren angeschwollen, ringsum reihte sich eine rote Beule an die andere. Außerdem brannte die Haut, sobald sie die Bissstellen mit dem Finger berührte. Sie fühlte sich miserabel.

„Willst du zu einem Arzt gehen?", fragte Manu besorgt.

„Ich gehe erst mal in die nächste Apotheke", antwortete Sophie, „vielleicht gibt es ja ein Mittel gegen diese Beulenpest."

Der Apotheker betrachtete sie mitleidig und kramte eine hoch dosierte Cortison-Salbe aus der Schublade.

„Ich schlafe nie mehr bei alten Mönchen!", schwor Sophie.

„Ich auch nicht!", erklärte Manu solidarisch.

„Und ab sofort lege ich mein Regencape auf jede Matratze, die nicht mit frischer Bettwäsche bezogen ist, und Kopfkissen werde ich nie mehr benutzen."

„Das ist eine gute Idee!", sagte Manu und cremte die Bissstellen in Sophies Nacken ein. „Die Viecher haben es aber gut mit dir gemeint", stellte sie sarkastisch fest.

„Ungefähr eine Woche wird es dauern, bis es abgeheilt ist", versprach der Apotheker.

Sophie war zum Heulen zumute.

Sie und Manu verließen die Apotheke und wurden Teil des morgendlichen Gemenges auf den Gehsteigen und viel befahrenen Straßen. Sophie war genervt vom Betrieb der Großstadt und dem Nieselregen. Sie fühlte sich schlapp und lustlos.

„Ich überlege die ganze Zeit, ob ich unsere Wanderung abbrechen und mit dem nächsten Flieger nach Hause fliegen soll", sagte sie.

Manu war entrüstet. „Nein! Das willst du nicht wirklich!"

„Doch! Ich fühle mich so richtig mies. Ich glaube, ich habe Fieber."

„Lass mal fühlen." Manu betastete Sophies Stirn. „Das glaube ich nicht. Was hältst du davon, wenn wir Martins Vorgaben ignorieren und uns die hässliche Etappe durch das Industriegebiet sparen? Wir könnten zur nächsten Metrostation laufen und nach Portugalete fahren. Ich habe mir das heute Morgen schon mal im Reiseführer angesehen." Manu legte ihren Arm um Sophies Schultern. „Vielleicht scheint dort ja auch wieder die Sonne."

Sophie schniefte und nickte stumm.

In Portugalete schien zwar nicht die Sonne, aber es regnete auch nicht mehr. Die Wolken hingen tief und tauchten die letzten großen Industrieanlagen auf der anderen Seite der Ria in ein trübes Grau. Bis hierher reichte das große Industriegebiet Bilbaos.

Sie standen an der Uferstraße und bestaunten die größte Sehenswürdigkeit der Stadt: Die Schwebefähre Puente Colgante. An einem riesigen Stahlgerüst befestigt transportiert eine Gondel seit 1893 Tag und Nacht Menschen und Fahrzeuge von einer auf die andere Flussseite. Die Pläne für die 160 m lange Hochbrücke wurden von einem Schüler Gustave Eiffels entworfen.

„Wenn wir durch das Industriegebiet gelaufen wären, hätten wir die Fähre nehmen müssen", überlegte Sophie. „Sollen wir jetzt einmal hin und her fahren?"

„Nein!", sagte Manu mit Bestimmtheit. „Ich fotografiere die Hängegondel, das reicht. Wir wollen doch heute noch ein Stück weiterkommen."

„Sieht beeindruckend aus, das Teil!" Sophie dachte an Martin. Mit ihm hätte sie sich das riesige, technische Meisterwerk mit Sicherheit aus der Nähe angesehen. Aber Manu hatte ja Recht. Sie wollten heute noch sechzehn Kilometer bis Pobeña laufen, und es war schon fast Mittag. In ihrem Zustand sollte sie eigentlich froh sein über jeden Kilometer, den sie nicht laufen musste. Sie betastete ihr Kinn.

Ein paar hübsche alte Häuser säumten den schmalen Aufstieg zur Basilica de Santa Maria, deren Türen verschlossen waren. Schon bald danach ging es weiter durch Geschäftsstraßen mit gewöhnlichem Alltagsrummel. Fast wären sie achtlos an einer weiteren Sehenswürdigkeit vorbeigelaufen: Einem der gläsernen U-Bahn-Eingänge von Sir Norman Foster, Fosteritos genannt, der sich wie eine durchsichtige Raupe über den Treppenabgang stülpte.

Am Stadtrand entflohen sie für einige Minuten der Hektik durch den Besuch eines wunderschönen alten Friedhofes. Einem Park voller Skulpturen und Mausoleen. Die prächtigen Grabmäler waren umrahmt von verschiedenen Bäumen, kunstvoll geschnittenem Buchsbaum und immergrünen Sträuchern.

Schon wieder sind wir vom Tod umgeben, dachte Sophie. Ich will jetzt nicht an ihn erinnert werden. Ich muss hier weg! Ich will wieder ans Meer! Sie verließ die Anlage und wartete vor dem Tor auf Manu.

Gut gelaunt erschien diese wenig später und verkündete fröhlich, dass sie trotz des Foto-Verbotes etliche tolle Bilder geschossen habe.

Der Weg nach Pobeña zog sich weiter über einen kurvenreichen, asphaltierten Radweg, der nicht enden wollte, bevor es durch ländliches Gebiet leicht bergauf und bergab ging. Zu allem Überfluss fing es auch wieder an zu regnen. Nein, heute war kein guter Tag für Sophie.

„Wenn hier doch wenigstens ein Café käme, in dem man einen anständigen Kaffee trinken und ein Stück Kuchen essen könnte", wünschte sie sich nach zweistündiger Wanderung.

„La Arena ist ja der Badeplatz von Bilbao. Da gibt es bestimmt so etwas", vermutete Manu.

Der Anblick des Meeres war selbst im feuchten Regendunst eine Freude. Die Bucht lag abwartend da, wohl vorbereitet auf den baldigen Ansturm der Sonnenanbeter.

Kaffee und Kuchen gab es in einem Café mit Blick auf den langen Sandstrand. Der Wind blies die Regenwolken fort und machte der Sonne Platz.

Sophies Befinden änderte sich schlagartig und Manu schwärmte: „Wie schön ist es doch, durch die Dünen zu laufen, den Wind zu spüren und Zeit zu haben." Sie reckte die Arme in die Luft und drehte sich einmal um die eigene Achse. „Ich bin froh, dass wir diese Reise zusammen machen", ergänzte sie und sah ihre Schwester an.

„Ich auch." Sophie nickte.

Am Spätnachmittag erreichten sie die albergue in Pobeña. Der nette hospitalero steckte Sophies Sachen komplett in die Waschmaschine. Während Sophie und Manu ein leckeres Pilgermenü einschließlich einer Flasche Rotwein verspeisten, trockneten Abendsonne und Wind ihre Garderobe.

Im einzigen Restaurant des Dorfes lernten sie ein älteres deutsches Ehepaar kennen, das ihnen auf unterhaltsame Weise ihre Lebensgeschichte erzählte. Außerdem trafen sie Barbara wieder, die zu ihren kaputten Füßen jetzt auch noch Rückenbeschwerden hatte. Aber sie wollte nicht aufgeben.

„Ich will unbedingt zu Fuß in Santiago de Compostela ankommen!", sagte sie.

„Dagegen sind meine Wanzenbisse ja gar nichts", dachte Sophie zufrieden, bevor sie ein paar Stunden später leicht angesäuselt und hundemüde in ihr Bett fiel. Ihr Schlaf währte nicht allzu lang. Dann weckte der Juckreiz sie wieder auf.

„Frohe Pfingsten!", wünschte Sophie ihrer Schwester, als sie, wieder einmal in ihre Regenpelerinen gehüllt, auf einem schmalen Weg an der Küste entlang wanderten. Es nieselte leicht vom Himmel, und das Meer schaukelte seine Wellen ruhig gegen die Felsen.

„Woher weißt du, dass heute Pfingsten ist?", wunderte sich Manu.

„Mein Handy hat es mir gesagt!"

„Ach, das habe ich heute noch gar nicht in der Hand gehabt. Würde mir zu Hause nie passieren!" Manu kickte einen Kiesel vor sich her. „Sag mal, ich hab eine blöde Frage an dich: Würdest du heute in die Kirche gehen, wenn du in Mainz wärst?"

Sophie musste nicht lange überlegen. „Wahrscheinlich ja", antwortete sie.

„Und, fehlt dir das hier?"

„Nö, kann ich nicht sagen. Hier sind andere Dinge wichtig. Allerdings würde mir ab und zu ein bisschen Spiritualität, zum Beispiel ein Impuls oder ein gemeinsames Lied am Abend, gut gefallen."

„Martin war da anders, oder?"

„Ja, war er. Er hätte bestimmt in Castro-Urdiales nach einer Kirche gesucht, die heute einen Abendgottesdienst anbietet", vermutete sie. „Ihm wäre der Besuch einer heiligen Messe an Pfingsten ganz wichtig gewesen. Da hätte er hier auch keine Ausnahme gemacht. Er hatte so seine Prinzipien. War manchmal ganz schön anstrengend mit ihm." Ihr fielen seine Geldtransaktionen ein, die ihr wie ein Stein im Magen lagen, sobald sie daran dachte. Vielleicht war er doch nicht immer so ein korrekter Prinzipienreiter gewesen? Ärgerlich, dass dieser Mist nicht aus ihrem Kopf verschwinden wollte. Sollte sie Manu davon erzählen? Vielleicht würde es ihr gut tun, darüber zu sprechen. – Was hatte ihre Schwester gerade gesagt?

„… Er hat auch seine Schwächen gehabt. Immer korrekt, geht doch gar nicht. Du solltest ihn nicht als Heiligen verehren."

„Tu ich doch gar nicht! Außerdem: Woher willst du wissen, dass er Schwächen hatte?"

„Hat doch jeder!", rief Manu über die Schulter und stapfte an Sophie vorbei. Der Pfad war so schmal geworden, dass sie hintereinander laufen mussten. Das Gespräch war somit beendet und Sophie um eine Entscheidung herumgekommen.

Immer wieder zwang der Weg sie dazu, Dinge anzusehen und wieder loszulassen. Sein unwegsames Gelände durch herrliche Vegetation oder seine anstrengenden Höhenmeter mit phantastischem Küstenpanorama erforderten ihre ganze Aufmerksamkeit und stellten alles andere in den Schatten. Das mit Leben erfüllte Meer an ihrer Seite schenkte ihnen Flügel und drängte die Dinge, die im Moment unwichtig waren, in den Hintergrund.

Eine Autobahnbrücke wand sich schwungvoll über ihren Köpfen durch die Landschaft. In der Ferne verlief sie leicht gedreht wie ein Band im Wind, passte sich den Hügeln an und überbrückte spielerisch große Täler, von riesigen Säulen getragen. Daneben rauschte der Atlantik.

„Ich bewundere die Ingenieure, die solche Brücken berechnen und bauen", sagte Sophie und reckte ihren Kopf in die Luft, um die Schwingungen zu verfolgen.

„Gleich wird dir schwindelig!", warnte Manu lachend.

Wenig später verließen sie das Baskenland und kamen nach Kantabrien.

Längst hatte es aufgehört zu regnen, und die Sonne gab ihr Bestes, um die letzten Dunstwolken zu vertreiben. Langsam verschwand das Grau und verwandelte sich in ein Blau. Himmel und Meer hatten ihre Farben gewechselt. Sophie stellte fest, dass sie noch nie so bewusst wahrgenommen hatte, wie Himmel und Meer ihre Farben einander anpassten. Genauso weiß, wie die Gischt aus dem tiefblauen Ozean gegen die Felsen schäumte, zogen die Wolken über den tiefblauen Himmel.

Als Kontrast leuchteten die Ginsterbüsche am Weg sonnengelb.

„Martin würde jetzt sagen: ‚Dass ich das noch erleben darf‘!", sagte Sophie und fühlte genauso.

Ein Wegweiser führte sie für einige Kilometer noch einmal weg vom Meer, bergauf durch einen Eukalyptuswald, in dem der Regen die Erde aufgeweicht hatte. In den Spurrillen großer Fahrzeuge stand das Wasser. Die lehmige Erde war glitschig.

Durch die dünnen Blätter der hohen Bäume schien die Sonne. Nach dem Regen verbreiteten sie einen besonders intensiven Eukalyptusgeruch. Manu atmete ihn in tiefen Zügen ein. Heute war das Wandern eine wahre Freude. Sogar ihre Schultern schienen sich langsam an die Belastung gewöhnt zu haben. Sie spürte das Ungetüm auf ihrem Rücken kaum noch.

Bereits am frühen Nachmittag erreichten die Schwestern Castro-Urdiales, bis Ende des 19. Jahrhunderts eine der vier wichtigsten Hafenstädte Kantabriens. Wie eine Trutzburg ragte die mächtige Iglesia de Santa Maria de la Asunción von einem Felsen über Stadt und Hafen. Die verspielten Fassaden der vier- bis fünfstöckigen, weiß und gelb gestrichenen Häuser leuchteten in der Sonne. Weiße Rahmen teilten große Fenster in viele kleine Scheiben ein, und zierliche Girlanden schmückten die Erker. Hinter verschnörkelten Balkongeländern saßen Leute unter gestreiften Markisen. Bunte Frühlingsblumen blühten in Rabatten entlang der Uferpromenade. Auf einer breiten Steintreppe, die zum Wasser hinunter führte, sonnten sich Jung und Alt.
Manu schlug vor, ebenfalls Siesta in der Sonne zu machen und suchte ein Plätzchen am äußersten Rand der Treppe aus, wo sie allein waren. In Windeseile zog sie sich Wanderschuhe und Hose aus und legte sich in Slip und Top auf ihre blaue Mülltüte. Ihr Kopf rutschte auf dem Rucksack hin und her bis er eine Kuhle gefunden hatte. Wohlig seufzend räkelte sie sich in der Sonne.
„Hier, creme dich erst mal ein", ermahnte Sophie die „kleine" Schwester und drückte ihr eine Tube Sonnencreme in die Hand. Dann streckte auch sie sich auf den warmen Steinen aus.
Als sie eine Stunde später vor einem dicken Eisbecher in der Altstadt saßen, blätterte Manu im Reiseführer und schlug vor, weitere acht Kilometer bis Islares zu laufen, anstatt in die zwei Kilometer entfernte Herberge zu gehen, die Martin vorgeschlagen hatte.
Sophie schluckte ihre Bedenken mit einem Löffel Eis hinunter.
Sie folgten den rot-weißen Zeichen des Europäischen Küstenwanderweges E9 am Meer entlang. Der schmale Trampelpfad führte sie im Zickzackkurs oberhalb der Klippen, mal auf stei-

nigem Grund, mal auf sandigen Wiesenwegen weiter. Immer entlang der wilden Atlantikküste mit zerklüfteten Felsen, an denen die Gischt zerschellte. Das Meer lag ihnen in den verschiedensten Blau- und Türkisfarben zu Füßen. Eine leichte Brise fächelte angenehme Kühle und milderte die heißen Sonnenstrahlen.

Die Schwestern blieben immer wieder stehen. Sie waren wie berauscht von der gewaltigen Schönheit des Meeres.

Mit seiner Kraft hatte der Ozean mächtige Felsblöcke glatt geschliffen und andere abgespalten, so dass sie allein aus dem Wasser ragten. Es hatte in vielen Jahrmillionen Kerben geschaffen, in die sich kleine Sandbuchten schmiegten. Weit draußen glitzerte der Wasserspiegel silbern in der Sonne.

Meeresrauschen und leiser Wind waren wie Musik, die sie auf ihrem Weg begleitete. Niedrige weiße Blüten und hohe Gräser säumten die andere Seite, an der sich in der Ferne die grünen Hügel des Kantabrischen Gebirges ausbreiteten. Manchmal wussten sie vor Begeisterung nicht, wohin sie zuerst schauen sollten.

„Diese Landschaft ist einfach atemberaubend!" Manu zückte wieder und wieder ihr Handy, um zu fotografieren.

Auf Wegweiser hatten sie schon lange nicht mehr geachtet. Plötzlich versperrte ihnen eine laienhaft gehauene Steinskulptur mit Dornenkrone den Weg. Ein Denkmal zur Erinnerung an einen Verunglückten. Sie schoben sich vorbei. Ungefähr zehn Meter weiter lagen dicke Steine quer, wie eine niedrige Mauer, und erschwerten das Weitergehen um eine Biegung. Neugierig stiegen sie darüber und standen an einem felsigen Abgrund. Laut und warnend krachte die Brandung gegen die Wand. Zwei Möwen zogen ihre Runden und ließen sich vom Aufwind in die Höhe tragen.

„Das ist kein schönes Ende", sagte Manu und fotografierte das Denkmal.

Es dauerte lange, bis sie an eine Abzweigung kamen, die sie auf eine Straße führte. Schilder kündigten noch vier Kilometer bis Islares an. Das Straßenpflaster unter ihren Füßen war heiß. Von der kühlen Meeresbrise war hier nichts mehr zu spüren.

Über Asphalt- und Schotterwegen gelangten sie wieder ans Meer und in eine ländliche Idylle. Sie wanderten an blühenden

Wiesen vorbei und mitten durch eine Schafherde. Die friedlichen Tiere blökten, machten Platz und grasten weiter.

Ziegen waren da ganz anders. Eine Herde von ungefähr zwanzig Tieren verfolgte sie über einen Wiesenweg.

„Die suchen wohl einen Leithammel!" Manu lachte und schob eine Ziege zur Seite, die sich zu dicht an sie herangemacht hatte.

Sophie blieb stehen und ließ die Herde an sich vorbei ziehen. Sie beobachtete ihre Schwester, die lachend mit den Ziegen unterwegs war, als würde sie dazugehören. Sie streichelte ihnen das glänzend schwarze oder braune Fell und wartete geduldig, bis sich die Tiere von ihr entfernten und sich auf einer angrenzenden Weidefläche versammelten.

Und plötzlich waren es nur noch fünfhundert Meter bis zur Herberge! Jeden Tag die gleiche Freude, wenn das Ziel in greifbare Nähe gerückt war.

Mehrere peregrinos saßen auf den Bänken neben dem Haus und genossen die letzten Sonnenstrahlen. Sophie und Manu wurden freundlich von einem jungen hospitalero empfangen, der bedauerte, dass alle Betten bereits belegt seien. Er bot ihnen aber an, zwei Matratzen im Aufenthaltsraum auf den Fußboden zu legen.

Wunderbar! Nach der dreißig Kilometer langen Etappe waren sie müde und freuten sich umso mehr über die Aussicht auf eine schnarchfreie Nacht im Nebenraum.

Während sie ihre Personalien in das Anmelderegister eintrugen, stand Barbara plötzlich hinter ihnen.

„Wo kommst du denn so plötzlich her?", wunderte sich Manu.

„Aus der Dusche!" Barbara kicherte.

„Bist du mit deinen kaputten Füßen bis hierher gelaufen?", fragte Sophie.

„Nicht ganz. Ich habe vor zwei Tagen einen Ruhetag eingelegt und bin mit dem Bus gefahren, damit sich meine Füße und der Rücken mal erholen können. Heute bin ich nur von Castro-Urdiales bis hierher gelaufen. Ich hoffe, dass ich dann morgen wieder ein paar Kilometer mehr schaffe. Und was machen deine Wanzen?"

„Schau mich an! Ich blühe!", sagte Sophie, und ihre Finger wanderten an den Unterkiefer. „Eine Woche wird es dauern, bis die Bissstellen verheilt sind, meinte der Apotheker. Aber seine Cortisonsalbe lindert wenigstens den Juckreiz, und ich hoffe, dass auch die Schwellungen bald verschwinden. Ich mag gar nicht in den Spiegel gucken."

„So schlimm siehst du aber gar nicht aus", fand Barbara.

„Gehen wir später zusammen zum Essen?", klinkte Manu sich in das Gespräch ein. „Im Ort gibt es ein Restaurant, das ein Pilgermenü anbietet."

„Gute Idee. Ja, da komme ich gerne mit."

Die langen Tische waren allesamt mit Pilgern besetzt. Man hörte sie erzählen und lachen, und der Geruch von würzigem Essen durchzog das kleine Restaurant. Sie hatten gerade ihre Teller geleert, als ein ohrenbetäubender Knall alles erschütterte. Eine Explosion? Aufgeregt erhoben sie sich von den Stühlen, einige schauten aus den Fenstern, andere liefen nach draußen. Manche standen starr, hielten sich die Hände vor die Augen oder fassten sich an den Kopf. Lautes Stimmengewirr erfüllte den Raum.

Die Wirtin verschaffte sich Gehör und fragte laut, ob ein Arzt unter den Gästen sei, vor dem Haus sei ein Unfall passiert. Ein Mann war beim Überqueren der Straße von einem Auto erfasst worden. Der Autofahrer war einfach weitergefahren.

Barbara lief nach draußen, um zu sehen, ob ihre Hilfe gebraucht wurde. Eine pilgernde Ärztin beugte sich bereits über den Verunglückten. Barbara kniete sich daneben und sprach mit ihr. Es sah so aus, als sei die Ärztin froh, Unterstützung durch eine Krankenschwester zu bekommen. Unter dem Kopf des Mannes hatte sich eine Blutlache gebildet. Manu beobachtete das Geschehen aus dem Fenster. Einige Spanier waren aus ihren Häusern geeilt und standen auf der Straße.

Manu setzte sich wieder hin und sah zu ihrer Schwester. Sophie hatte die Arme auf dem Tisch verschränkt und ihren Kopf hineinsinken lassen. Plötzlich war alles wieder da. Der Schock, der Tod, der Schmerz, das Alleinsein.

„Sophie?" Manu strich ihr behutsam über die Haare.

Langsam hob Sophie den Kopf. Ihr Gesicht war kreidebleich. Sie zitterte am ganzen Körper.

„Ich…", begann sie.

„Psst, ich weiß", sagte Manu beruhigend und nahm sie in den Arm. Die Berührung öffnete Schleusen. Wie ein Sturzbach flossen die Tränen aus Sophies Augen. Manu fühlte mit ihr. Ich kann sie ja so gut verstehen, dachte sie und schluckte ihre Tränen herunter. Sophie löste sich langsam aus der Umarmung und schnäuzte in ein Taschentuch. Schon lange hatte sie nicht mehr so intensiv gespürt, wie gut es tat, in den Arm genommen zu werden.

„Danke!", lächelte sie Manu an.

Die Wirtin stellte zwei Gläschen Kräuterlikör auf den Tisch.

„Sehr gut gegen Kummer!", sagte sie freundlich. „Ihr müsst es trinken, auf einmal!"

Von draußen hörte man das Signal des Rettungswagens. Autotüren wurden geöffnet und wieder zugeschlagen. Das Blaulicht flackerte unaufhörlich in den Raum.

„Trinkst du noch einen mit mir?", fragte Sophie. „Der tut wirklich gut."

„Wenn es dir hilft, von mir aus", sagte Manu und winkte der Wirtin zu.

„Mir ist grad alles egal", brummelte Sophie und strich mit den Fingern über ihre geschwollene Kinnpartie.

Auf der Straße fuhr der Krankenwagen weg.

Barbara setzte sich wieder zu ihnen. Der Mann habe wahrscheinlich Glück im Unglück gehabt, erzählte sie. Der Notarzt habe neben einer Gehirnerschütterung und Schnittwunden an der Schulter noch ein gebrochenes Bein festgestellt. Also Verletzungen, die reparabel seien. Außerdem sei der Autofahrer zurückgekommen. Er stand unter Schock. Die Sanis hätten ihn ebenfalls mit ins Krankenhaus genommen.

Auch die Ärztin kam mit einigen anderen Gästen wieder in die Gaststätte zurück. Die Wirtin spendierte jedem Gast ein Glas ihres guten Kräuterlikörs. Sie prosteten „chinchin" auf den Verletzten, damit er bald wieder gesund würde.

In dieser Nacht träumte Sophie nach langer Zeit wieder einen Traum, der sie in den Wochen nach Martins Tod immer wieder verfolgt hatte. Aber er hatte sich verändert:

Sie rennt über eine grüne Wiese. Der Gegenwind ist so stark, dass sie kaum von der Stelle kommt. Atemlos steht sie plötzlich vor einer hohen Mauer und sieht sich um. Ringsum bröckelt der Putz von den alten Steinen. Sie ist eingekesselt in einen Brunnenschacht und allein. Moos und Kletterpflanzen quetschen sich durch die offenen Fugen. Das Wasser reicht ihr bis zu den Knien. Ihr ist kalt. Feuchte Blätter fallen von oben herab und hüllen sie ein, werden immer dichter. Efeu wächst in Windeseile um sie herum. Sie wehrt sich dagegen, will sich nicht einklemmen lassen von dichtem Efeu und alten Mauern. Mit ganzer Kraft drückt sie die Ellenbogen nach außen und schaut hoffnungsvoll nach oben. Ein Lichtstrahl weckt sie auf.

Fesseln fallen

In der Herberge gab es keinen Kaffeeautomaten. Die einzige Bar im Ort öffnete erst am Mittag. Wieder einmal machten sich die beiden Schwestern mit leerem Magen auf den Weg. Sie trösteten sich mit der Aussicht, bald an einem Campingplatz mit Kiosk und Restaurant vorbei zu kommen. Aber auch der war fest verschlossen. Die Saison hatte noch nicht begonnen.

Über schmale Sträßchen führte der Weg sie durch das hügelige Hinterland, durch kleine Wäldchen und idyllische Weiler mit Dorfbrunnen und Waschplatz, vorbei an satt grünen Wiesen, auf denen Kühe und Pferde grasten. Der Himmel war bewölkt, es gab keine anstrengenden Steigungen. Eigentlich hätten sie ganz entspannt wandern können, wenn da nicht Hunger und Durst gewesen wären.

Nach zweieinhalb Stunden strahlte ihnen endlich das Hinweisschild auf einen Supermarkt entgegen. Sie waren nicht die einzigen Pilger, die sich hier mit Baguette, Käse und Obst versorgten und den Kaffeeautomaten nicht kalt werden ließen. Der angrenzende Picknickplatz war ideal, um in aller Ruhe und mit Genuss zu frühstücken, auch wenn das Gras kniehoch wucherte und die Holzmöbel morsch waren. Die blauen Mülltüten erfüllten hier zum x-ten Mal ihren Zweck als perfekte Unterlagen.

Während Sophie eine Paprika in Stücke schnitt, beobachtete sie, wie Manu eine Papiertüte zerriss, um das Baguette darauf zu legen.

„Weißt du, dass ich es unheimlich toll finde, dass dich das einfache Leben und das ständige Improvisieren unterwegs nicht stören? Ich hatte da schon meine Bedenken, vor unserer Abreise", sagte Sophie.

„Ach, weißt du, ich kann zwar nicht sagen, dass ich das jetzt besonders prickelnd finde, aber wir haben ja keine andere Möglichkeit." Sie stand auf. „Ich hole uns noch einen Kaffee aus dem Supermarkt."

„Gute Idee!" Sophie brach ein Stück Baguette ab und blätterte in Martins Aufzeichnungen. Die kleine Herberge, die er in Laredo ausgesucht hatte, besaß nur acht Schlafplätze, Anmeldung war deshalb dringend erforderlich.

Als Manu mit zwei dampfenden Kaffeebechern zurückkam, erzählte sie ihr davon.

Doch die winkte ab. „Wenn es nach mir geht, brauchst du jetzt nicht dort anzurufen. Laredo ist ein großer Urlaubsort, in dem es bestimmt viele Pensionen und kleine Hotels gibt. Was hältst du davon, wenn wir uns mal ein Zweibettzimmer mit eigenem Bad gönnen?"

„Sehr viel!" Sophie packte die Pläne wieder in den Rucksack zurück. „Außerdem sollten wir einen Umweg über den La Atalaya machen, bevor wir in die Stadt gehen. Die Aussicht dort soll phantastisch sein."

Nach dem erquickenden Frühstück ging es aber erst einmal weiter durch grüne Landschaften und Eukalyptuswald. Ein endlos langer, steiler Anstieg trieb ihnen den Schweiß aus allen Poren. Danach war sogar die morsche Holzbank auf der Höhe eine Belohnung. Allein die Möglichkeit, sich hinsetzen zu können, war grandios. Das lauwarme Wasser rann durch ihre durstigen Kehlen, und ihr Blick fiel auf eine kleine Kirchenruine. Aus dem alten Mauerwerk wuchsen Efeu und Steingewächse mit winzigen Blüten. Die Reste des Glockenturmes gaben einer jungen Birke Halt und Nahrung. Neugierig streckte sie ihre feinen Zweige gen Himmel.

Sophie erinnerte der Anblick an ihren Traum. Sie erzählte Manu davon.

„...und als ich wach wurde, drückten meine Ellenbogen so fest gegen die Schlafsackhülle, als wollten sie sie sprengen", beendete sie ihre Erzählung.

„Soll ich den Traum jetzt deuten?" fragte Manu und grinste.

„Nein, lass das lieber. Ich glaube, das weiß ich selbst", antwortete Sophie.

„Immerhin hast du ja versucht, dich zu befreien!" Manu konnte sich die Feststellung nicht verkneifen. „Die Frage ist nur, wovon willst du dich im richtigen Leben befreien?"

„Ach, lass das!", bat Sophie. Es tat ihr schon wieder leid, dass sie ihrer Schwester von dem Traum erzählt hatte. „Das bringt doch nichts."

Aber Manu ließ nicht locker. „Vielleicht von Martins Präsenz in deinem Leben oder von der Einsamkeit, in die dich sein Tod gestürzt hat?"

„Ich weiß es nicht", murmelte Sophie. Doch dann hob sie den Kopf und sah ihre Schwester an. „Jemand anderen zu verlassen oder selbst verlassen zu werden sind zwar zwei verschiedene Dinge, aber ich glaube, allein oder einsam fühlt sich jeder nach einer Trennung. Egal ob durch Tod oder durch Scheidung. Oder hast du da andere Erfahrungen gemacht?"

Manu schwieg.

„Warum bist du eigentlich damals so Hals über Kopf mit Tim ausgezogen?", wollte Sophie jetzt wissen.

„Das war nicht Hals über Kopf", erwiderte Manu, „sondern wohl überlegt. Ich habe nur mit niemandem darüber gesprochen. Auch nicht mit Mama. Deshalb war es für euch alle so überraschend."

„Warst du nicht glücklich mit Bastian?"

„Was heißt schon ‚glücklich'. Als ich schwanger wurde, haben Bastian und ich sofort geheiratet, obwohl jeder von uns eine andere Zukunftsplanung hatte. Ich glaube schon, dass Bastian mich geliebt hat. Auf jeden Fall war die Heirat für ihn eine Ehrensache. Und für mich und das Kind war es eine Absicherung." Sie zuckte mit den Achseln. „Ganz pragmatisch gesehen", ergänzte sie.

„Hast du ihn nicht geliebt?", fragte Sophie verwundert.

„Auf eine gewisse Weise schon, aber wir hatten ja kaum Gelegenheit, uns richtig kennenzulernen. Die Schwiegermutter war immer dabei." Sie lachte spöttisch auf. „Sie war die Fleisch gewordene Liebenswürdigkeit und aufopfernde Hilfsbereitschaft in einer Person. Was sie alles für uns tat, posaunte sie jedem, der es hören wollte oder auch nicht, in die Ohren." Manu ereiferte sich. Einmal angefangen, sprudelten die Erinnerungen aus ihr heraus. Dank der Hilfe der Schwiegermutter konnte sie zwar ihre Ausbildung beenden und in ihrem Beruf arbeiten, die ständige Einmischung in ihr Ehe- und Familienleben aber machte sie krank. Bastian nannte sie undankbar, wenn sie sich über seine Mutter beschwerte.

Das Schlimmste war jedoch, dass der kleine Tim seine Oma und seinen Opa mindestens genauso lieb hatte wie seine Mama und seinen Papa. Manu aber wollte ihren Tim mit niemandem teilen. Sie war auf jeden eifersüchtig, der es gut mit ihm meinte.

Nach fünf Jahren Ehe hielt sie es nicht mehr aus. Sie schrieb Bewerbungen und klapperte sämtliche Praxen für Physiotherapie in der weiteren Umgebung ab. Sie gab sich als alleinerziehende Mutter aus und unterschrieb nur mit ihrem Mädchennamen. Da sie einen Doppelnamen trug, war dies sogar nur eine halbe Lüge, fand sie.

Als sie in Lindau eine Anstellung als Physiotherapeutin fand, machte sie Nägel mit Köpfen. Sie erzählte Bastian, dass sie für ein paar Tage mit Tim zu ihren Eltern fahren würde und packte die Koffer. In Lemgo kam sie aber nie an.

Stattdessen fuhr sie nach Lindau und zog mit Tim in eine kleine Mansardenwohnung. Sie hatte für ihn einen Platz bei einer Tagesmutter bekommen, ganz in der Nähe ihrer Arbeitsstelle.

In Lemgo hatte sie angerufen und ihren Eltern gesagt, dass es ihr und dem Kind gut gehe; sie sollten Bastian sagen, dass er nicht nach ihr suchen solle. Sie bräuchte Zeit und würde sich irgendwann wieder melden.

Bastian schaltete einen Privatdetektiv ein. Es dauerte mehrere Monate, bis dieser sie gefunden hatte. Bastian verstand die Welt nicht mehr, wollte sie und Tim zurückhaben. Aber sie reichte die Scheidung ein.

Bastian bestand auf seinen Rechten und Pflichten als Vater, zahlte Unterhalt und holte Tim so oft es ging nach Konstanz.

Zwei Jahre nach der Scheidung heiratete Bastian eine Kollegin und baute für seine zweite Familie ein Haus. Tim bekam zwei Halbgeschwister. Er war gerne bei seiner neuen Familie, obwohl seine Brüder acht und zehn Jahre jünger waren als er.

„Wenn er nach einem Wochenende oder –noch schlimmer– nach einem gemeinsamen Urlaub wieder zu mir kam, war er immer total verdreht, und ich kam nicht mehr an ihn ran", erinnerte sie sich. „Außerdem konnte ich ihm aus finanziellen Gründen die Annehmlichkeiten nicht bieten, die sein Vater ihm bot. Ich hatte das Gefühl, dass er sich immer mehr von mir entfernte. Die intensive Nähe gab es irgendwann nicht mehr. Ich war eifersüchtig, und wir hatten ständig Streit, was die Beziehung natürlich immer mehr belastete."

Für ihn stand früh fest, dass er wie sein Vater Medizin studieren würde. Sie konnte nicht verhindern, dass er das in Konstanz tun wollte. Sein Vater war sein großes Vorbild und das Medizinstudium für ihn eine Selbstverständlichkeit. „Deshalb ist er bereits mit sechzehn nach Konstanz gezogen", erzählte sie ihrer Schwester, auch wenn das nur die halbe Wahrheit war. „Da habe ich mich sehr einsam gefühlt", sagte sie traurig und dachte daran, wie sehr sie Bastian deswegen gehasst hatte. Sie gönnte ihm Tims Liebe nicht. Er hatte sie nicht verdient!

Sophie legte ihre Hand auf Manus. „Das habe ich so im Einzelnen alles nicht gewusst. Tut mir leid!"

Manu spürte, wie die schwesterliche Wärme von der Hand auf ihren ganzen Körper ausging. „Nachdem Papa tot war und Mama krank wurde, habe ich gedacht, dass es meiner Beziehung zu Tim helfen könnte, wenn ich vom Bodensee weg ziehe, und mehr Abstand habe. Ich wollte meinen Sohn doch nicht verlieren, weil ich seine Entscheidung nicht akzeptieren konnte und so eifersüchtig war, dass ich ihm und mir jedes Treffen verdorben habe", gestand sie. „Ich habe ihn mit meiner Affenliebe zugeschüttet, ihm keine Luft zum Atmen gelassen, verstehst du? So, und jetzt beenden wir das Thema."

So schnell wie sie es beenden wollte, gelang es ihr aber nicht. Ja, sie kannte die Einsamkeit und das Alleinsein. Sie kannte die Sehnsucht nach einem geliebten Menschen und den Schmerz des Verlustes. Die vielen enttäuschten Hoffnungen, die sie in ihrem Innern vergraben hatte, konnte sie nicht alle mit Sophie teilen.

„Warum haben wir uns früher bloß so wenig füreinander interessiert?", fragte Sophie.

„Ich weiß nicht, vielleicht, weil jeder mit sich selbst genug zu tun hatte?", antwortete Manu. Sie stand auf und schwang ihren Rucksack auf den Rücken.

Der schmale Schotterweg führte bergab. Schweigend liefen sie nebeneinander her. Manus Gedanken kreisten weiter in ihrer Vergangenheit.

Ach Schwesterchen, wenn du wüsstest..., dachte sie, es gab noch einen anderen Grund! Jetzt bin ich mit dir schon eine ganze Woche unterwegs und habe dir immer noch nicht das erzählt, was mir so auf der Seele brennt. Aber vielleicht ist es ja auch besser, wenn ich es für mich behalte.

Sie wusste einfach nicht, was richtig war.

In einer kleinen Ortschaft blieb Sophie vor einem Stall stehen, der mit Gerümpel vollgestopft war. „Schau dir das an!", forderte sie ihre Schwester auf. Bei näherem Hinsehen entpuppte sich diese Ansammlung von rostigen Arbeitsgeräten aus Landwirtschaft und Haushalt als Skulpturenpark der besonderen Art. Die Gegenstände waren zu Tieren, Menschen und abstrakten Gebilden zusammengenagelt und geschweißt. Auf einem Holzpfeiler thronte ein Stahlhelm auf dem Schädelknochen eines Pferdes. Ein Motor und eine Gartenharke waren mit anderen Gegenständen so zusammengesteckt, dass man mit etwas Phantasie einen Tierkörper erkennen konnte.

„Ein bisschen verrückt, aber auf jeden Fall eine ausgefallene Idee", fand Manu und machte mehrere Fotos.

Ein hügeliges Sträßchen führte sie weiter durch ländliche Idylle. Das Bimmeln der Kuhglocken war lange zu hören. Wieder schlängelte sich eine Autobahnbrücke hoch über die grüne Ebene, aus der hier und da ein grauer Fels ragte.

„Wir sind wieder am Meer!", freute sich Manu, als der Meeresspiegel in der Ferne zu erkennen war. Daneben breitete sich ein riesiger Berg aus hellgrauem Felsgestein aus. Sie waren am La Atalaya angekommen, dem imposanten alten Burgberg Loredos, bekannt für seine herrliche Aussicht. Seine Felsen ragten weit ins Meer, das zwischen ihnen raue Buchten geschaffen hatte, in denen die Gischt spritzte. Langsam und stetig führte der Weg hoch zum Aussichtspunkt.

Zur Meerseite reckte ein Fels seine gewölbte, bemooste Brust der Sonne entgegen. Seine steil abfallende Rückseite zeigte er nur dem Atlantik. Es sah aus, als sei er durchgeschnitten worden. Dazwischen breitete sich endloses Blau aus. Meer und Himmel waren wieder miteinander verschmolzen. Über einen breiten Schotterweg wanderten sie der Weite entgegen, bis ein Zaun sie am Weiterkommen hinderte.

Brandgeruch lag in der Luft. Auf dem gerölligen, alten Berg, der sich aus Asche und Vulkangestein aufgeschichtet hatte, streckten verkohlte Sträucher ihre schwarzen Zweige aus. Unter dem toten Holz gab es bereits neues Leben. Mutig zeigten Gräser und Moose ihr kräftiges Grün, und kleine gelbe Blüten leuchteten zwischen grauen Steinbrocken in der Sonne.

Sophie und Manu kraxelten über das Geröllfeld. Eine breite Schlucht öffnete sich zur Meerseite. Das schroffe Vulkangestein hatte hier besonders bizarre Formen angenommen. Stellenweise war es mit Moos bewachsen.

Auf der Höhe bot sich ihnen ein herrlicher Blick auf Laredo und seine lange Sandbucht. Hier blühten Enzian, Arnika und Disteln neben flachwüchsigen Sedumpflanzen. Manu entdeckte sogar ein Edelweiß.

Sophie summte leise die Melodie des Liedes „Mein Gott, wie schön ist deine Welt". Manu hatte dreißig Fotos gemacht.

Die Fesseln der Vergangenheit waren wieder einmal der Freiheit der Gegenwart zum Opfer gefallen.

Den Abstieg in das mittelalterliche Zentrum der Stadt hatten sie bald geschafft. Über der Altstadt thronte die bedeutende gotische Iglesia de Santa Maria de la Asunción, die ihre Türen geöffnet hatte. Sophie freute sich, endlich einmal wieder in ein Gotteshaus eintreten zu können, nahm ihren Rucksack vom Rücken und setzte sich in eine Bank. Sie betrachtete lange das alte, flämische Gemälde der Jungfrau Maria über dem Altar. Ihre Gedanken wanderten von Martin zu ihren Kindern Anna und Heiko mit seiner Familie, zu Manu und Tim.

Eigentlich habe ich allen Grund, dankbar für mein Leben zu sein, dachte sie, auch wenn ich traurig bin, weil Martin tot ist. Ich bin so froh, diese wunderbare Pilgerreise mit meiner Schwester machen zu können.

Ihr Körper war müde von der heutigen Anstrengung, aber im Herzen fühlte sie sich stark und von Gott gesegnet. Langsam erhob sie sich und ging auf den Ausgang zu. Manu wartete bereits draußen.

Es war schon später Nachmittag, und es wurde Zeit, sich ein Zimmer zu suchen. Deshalb stellten sie sich in einer Bar an die Theke, tranken einen café con leche und fragten den Wirt nach einer Pension.

„Kein Problem! Esmeralda wohnt gleich nebenan und hat noch Zimmer frei", war die Antwort.

Rosa Tapeten und zwei Einzelbetten, mit frisch duftender Wäsche in himmelblau und weiß bezogen, warteten dort auf sie. Die Dusche war defekt, aber die Badewanne in Ordnung.

Das Bad wurde noch von einem anderen Gast mit benutzt, deshalb wollten sie ihre Wäsche dort nicht zum Trocknen aufhängen. Manu entwickelte Kreativität. Sie klemmte einen Wanderstock so in einen Stuhl ein, dass er stehen blieb. Die Leine spannte sie vom Fenstergriff zum Stock. Das reichte für die kleinen, leichten Sachen. Ihre Shirts hängten sie auf Bügel in den Kleiderschrank. Darunter breiteten sie ihre Mülltüten aus, damit die Wassertropfen nicht auf das Holz tropften.

Als sie eine Stunde später, frisch gebadet und in ein leichtes Sommerkleid gehüllt, durch die Altstadt schlenderten, waren sie von einem Hochgefühl beseelt, das durch nichts zu toppen war. Arm in Arm klapperten sie sämtliche Restaurants ab und lasen alle Speisekarten. Gut gelaunt entschieden sie sich für ein Fischmenü in einem gemütlichen Restaurant mit Meerblick.

Morgen würden sie an dem langen Sandstrand von Laredo ihren Weg fortsetzen.

Küstenimpressionen

Laredo war noch nicht aufgewacht, als Manu und Sophie die Stadt verließen. In der Mitte der breiten Strandpromenade standen Denkmäler, Springbrunnen und Skulpturen. Sie endete in einem sechs Kilometer langen Sandstrand.

Der feuchte Sand war fest, so dass die dicken Wanderschuhe nur kleine Vertiefungen hinterließen, die sich genauso schnell wieder schlossen. Das Meer rauschte sanft und schickte glucksende Wellen ans Ufer. Sie verloren sich leicht schäumend im Sand und flossen wieder zurück, um dem nächsten Schwall Platz zu machen. So bewegten sie sich gleichmäßig und ruhig, immerzu und unendlich.

Der Wind wehte kühl, und der Himmel war bewölkt. Die Füße gewöhnten sich wieder ans Laufen und der Rücken an die Last, die er zu tragen hatte.

Die lange Bucht endete in einer breiten Flussmündung. Am anderen Ufer wartete eine Fähre auf ihren Einsatz. Sie setzte sich sofort in Bewegung, als die Frauen dem Fährmann zuwinkten. Wartend stellten sie sich an den Anleger.

Aber das kleine Schiff ignorierte die übliche Art und Weise des Festmachens. Es tockerte neben dem Anleger langsam mit dem Bug in den Sand. Einer der beiden schrotigen Seemänner befestigte eine breite Holzbohle mit Geländer als Gangway zwischen Schiff und Sandstrand. Mit fröhlichem Grinsen bot er den Fahrgästen seine helfende Hand beim wackeligen Einstieg an.

„Das wäre in Deutschland undenkbar!", meinte Sophie.

„Die Spanier lassen sich eben nicht so schnell aus dem Gleichgewicht bringen", lachte Manu.

Das blau-weiße Schiffchen sah aus wie ein Spielzeug, das jemand herausgeputzt hatte. Bunte Fahnen flatterten im Wind, knallrote Rettungsringe baumelten dicht nebeneinander an der Reling. Die Bänke leuchteten ebenfalls fröhlich rot, und der Fährmann pfiff eine muntere Melodie. Die Überfahrt nach Santoña war viel zu schnell vorbei.

Der hübsche Urlaubsort präsentierte sich allerdings mit verschlossenen Türen und Fensterläden. Sophie gefiel das gar nicht. Sie hatte gehofft, noch ein paar Leckereien für das mittägliche Picknick einkaufen zu können.

„Wenn wir bis in die Innenstadt laufen, finden wir bestimmt noch einen Laden", meinte sie hoffnungsvoll.

„Dass du immer ans Essen denken musst!", hielt Manu dagegen. „Wir haben doch gut gefrühstückt und noch Müsliriegel im Rucksack. Verhungern tun wir nicht, und Wasser haben wir auch genug."

Ihr Geplänkel wurde von einer Männerstimme unterbrochen.

„Hallo ihr zwei", grüßte Simon. Sie hatten ihn im Monasterio kennengelernt. Eine aufwändige Fotoausrüstung baumelte über seiner Schulter.

„Wollt ihr auch über den Monte Buciero laufen?", fragte er.

„Wir haben uns noch nicht entschieden", antwortete Sophie. Martin hatte diesen Umweg nicht in seiner Planung vorgesehen. Er wollte gleich bis Güemes wandern und an dem hier ins Meer ragenden Berg unbeachtet vorbeilaufen.

„Es wird etwas anstrengend, aber es lohnt sich ganz bestimmt", meinte Simon. „Das herrliche Panorama solltet ihr euch nicht entgehen lassen. Es sind nur dreihundertfünfzig Höhenmeter, die sich über gut sechs Kilometer verteilen. Das packt ihr doch!" Er blickte aufmunternd von Manu zu Sophie.

„Warum eigentlich nicht?", fragte Manu achselzuckend.

Sophie zögerte. Eigentlich würde sie diesen schönen Umweg auch gerne gehen. Aber wie jedes Mal, wenn sie von Martins Vorgaben abwichen, meldeten sich Zweifel.

Sie fühlte sich wie ein Trotzkopf, als sie sagte: „Okay, laufen wir also über den Monte Buciero!"

Martin hätte sich bestimmt streng an seine Pläne gehalten. Da war sie sich sicher. Eigentlich wollte sie den Weg doch für ihn laufen, oder…? Musste sie sich da nicht auch an seine Pläne halten? Früher wollte sie doch auch immer das, was Martin wollte! – Meistens jedenfalls! Auf jeden Fall hatte sie so gut wie nie Gegenvorschläge gemacht. - Und jetzt? Jetzt war sie hier und Martin irgendwo hinterm Horizont. War es überhaupt möglich, seinen Weg zu ihrem Weg zu machen? Sie war sich nicht mehr sicher. Aber wenn sie seine Vorschläge annahm, fühlte sie sich mit ihm verbunden! Über den Tod hinaus. Und das war gut so.

Sie beobachtete Manu und Simon, die einige Schritte vor ihr herliefen und sich angeregt miteinander unterhielten. Der Anstieg war steil, und sie kamen nur langsam voran.

Aus dem Asphaltsträßchen wurde ein Schotterweg, aus einzelnen Bäumen ein Wald. Eine hölzerne Brücke führte über eine schmale Schlucht. Zwischen den Baumstämmen blitzte das Meer. Eine Plattform. Sophie blieb stehen und lehnte sich an die Absicherung, die vor einem gefährlich steilen Abhang schützte. Der Ausblick auf die Küste war grandios. Zwischen langen Sandstränden räkelte sich das türkis- und dunkelblaue Meer in der Sonne. In der Ferne waren die Häuser von Laredo zu erkennen. Es wäre schade, hier nicht gewesen zu sein. Trotzdem fiel es ihr schwer, zu ihrer eigenen Entscheidung zu stehen. Martin war nicht mehr an ihrer Seite. Sie konnte nur ihren Weg gehen. Er war seinen Weg bereits zu Ende gegangen. Ihr Verstand tickte anders, als ihr Gefühl.

Der Weg forderte ihre Aufmerksamkeit. Hinter Simon und Manu kraxelte sie über schmale, steinige Auf- und Abstiege. Dicke Seile erleichterten ihnen die Besteigung über schroffe Felsen. Windschiefe, knorrige Eichen und Lorbeerbäume wuchsen zwischen dem Gestein. Ihr Blattwerk schützte vor der heißen Mittagssonne.

Das Gebäude des Caballo-Leuchtturmes strahlte zwischen den Baumstämmen in leuchtendem Weiß. Es hob sich ab vom dunklen Blau des Meeres. Ein Postkartenpanorama!

Manu fotografierte eifrig alles nach, was Simon vor die Linse nahm. Ihm entging nichts. Mit Argusaugen sammelte er Eindrücke: Steine, Baumrinde und Blätter, weiße Schäfchenwolken und Himmelsblau, Wellen und Meer, Möwen und Käfer. Es schien ihn glücklich zu machen, die Kostbarkeiten der Natur festzuhalten.

Er erzählte, dass er unterwegs sei, um für seinen Arbeitgeber Landschaftsbilder und Traveller-Fotos zu schießen, die im nächsten Katalog des großen Outdoor-Ladens gedruckt werden sollten. Ob er sie auch fotografieren dürfe?

„Na klar, aber nur wenn du uns das Foto auch schickst", lachte Manu und stellte sich neben Sophie in Pose.

„Lass mich mal sehen", bat Sophie. „Ich will schauen, ob man die roten Beulen an meinem Hals noch erkennt. Dann musst du das Foto nämlich gleich wieder löschen."

„Sind das immer noch die Wanzenbisse vom Monasterio?", fragte Simon.

„Ja. Sie schmerzen zwar nicht mehr, aber die Schwellung ist noch nicht ganz abgeklungen und jucken tun sie auch noch."

„Okay. Ich mache keine Nahaufnahme. Schau her, man sieht nichts Ungewöhnliches auf dem Foto. Du siehst gut aus", beruhigte Simon sie.

„Gott sei Dank!"

Die Umrundung des Monte Buciero endete mit einem Weg durch dichten Eichenwald auf herrlich weichem Waldboden. Eine Wohltat für die strapazierten Füße. Sie liefen durch einen Tunnel von ineinander gewachsenen Baumkronen und traten wie durch ein Tor hinaus. Zu ihren Füßen lag der herrliche Strand von Berria, an dessen Ende sich die Landspitze El Brusco erhob. Weit dahinter konnten sie die nächste Bucht und einen weiteren Urlaubsort durch einen zartgrauen Dunstschleier erkennen. Noch war auch hier kein Mensch zu sehen. In den Sommermonaten würden sicherlich einige tausend Touristen die vielen Strände beleben.

Der Weg führte ein Stück weit landeinwärts am Waldrand vorbei. Hinter einer Biegung blickten sie auf einen riesigen Gebäudekomplex, der mit hohen Mauern eingefasst war. Stacheldrahtrollen und Wachtürme ließen erahnen, dass es sich hier um eine Gefängnisanlage handelte.

Zur Meerseite hin grenzte ein Friedhof an dieses Areal. Der Weg führte hinunter an den Strand und zwischen Gefängnis- und Friedhofsmauer weiter zum Eingang eines Campingplatzes.

„Wie krass ist das denn!", stieß Manu hervor. „Gefängnis, Friedhof und Campingplatz direkt nebeneinander am Strand!"

„Tja, die Spanier fürchten weder Tod noch Teufel", amüsierte sich Simon.

Sie stapften durch den Sand am Meer entlang. Große und kleine Gästehäuser säumten den Strand und zeugten von einem regen Betrieb in der Hauptsaison. Berria war ein beliebter Urlaubsort.

„Hurra! Da vorne ist ein Restaurant geöffnet!" Sophie wies mit dem Finger in die Ferne. „Ich könnte eine Kleinigkeit essen. Wie sieht es mit euch aus?"

Auch Manu war hungrig. Simon wollte noch ein paar Fotos machen und dann weiterlaufen. Er verabschiedete sich mit dem schönen Pilgergruß „buen camino" von ihnen und ging mit geschulterter Kamera ans Wasser.

Manu und Sophie holten sich an der Theke ein Stück Kuchen und einen Milchkaffee und setzten sich an einen der vielen leeren Tische, die unter den Sonnenschirmen auf der Terrasse dazu einluden.

„Mensch, was geht es uns mal wieder gut!", freute sie sich und legte ihre Beine auf einen freien Stuhl.

„Und außerdem ist dieser Küstenweg einfach eine Wucht!", schwärmte Sophie und fragte sich ein weiteres Mal, wie es wohl gewesen wäre, hier mit Martin zu sitzen? Wäre sie genauso zufrieden gewesen? Oder hätte sein ständiges Plan-Einhalten sie genervt, so wie damals auf dem portugiesischen Jakobsweg?

Mit Manu war alles viel entspannter. Sie blickte zu ihrer Schwester, die genüsslich in den Mandelkuchen biss und zum Strand blickte, wo Simon im Sand kniend irgendetwas fotografierte. Ja, es war gut, dass sie hier waren und den Umweg gemacht hatten.

Das Meer schaukelte weiße Schaumkrönchen ans Ufer. Sein nimmermüder Gesang war eine lieb gewordene Begleitmusik auf ihrer Wanderschaft.

„Bisher war das Meer immer ruhig. Bin gespannt, ob wir es auch noch stürmisch erleben werden", sagte Sophie.

„Brauchen wir aber nicht unbedingt, oder?", entgegnete Manu.

„Nö, eigentlich nicht!" Sophie trank einen Schluck Kaffee. „Obwohl es auch seinen Reiz hätte", ergänzte sie und grinste.

„Aber nicht, wenn man mit dem Rucksack unterwegs ist. Da verzichte ich gerne auf den Reiz." Während Manu sich noch über Sophies plötzlichen Anflug von Abenteuerlust wunderte, zeigte die Schwester auf den Berg am Ende der Bucht und sagte: „Es würde mich reizen, über den Punta del Brusco zu steigen, anstatt unten herum zu gehen. Was hältst du davon? Man hat bestimmt wieder einen tollen Blick."

„Von mir aus, gerne!"

Ein dicker Stein mit gelbem Pfeil markierte den sandigen Pfad, mit dem der Aufstieg begann. Ihre Füße versanken in dem weichen Untergrund und bei jedem Schritt rieselten ein paar Körnchen von oben in die Schuhe. Doch schon bald wurde der Sand fester und der Weg felsiger. Der schmale Pfad führte steil bergauf über dicke Steine, die aus rotbraunem Grund ragten. Sie kraxelten langsam vorwärts, vorbei an kleinwüchsigen, gelb blühenden Ginsterbüschen und niedrigem Dornengestrüpp, zwischen dem sich hier und da ein paar Farne verirrt hatten.

Die Sonne schien warm, und der leichte Wind trocknete die Schweißperlen sofort wieder.

An manchen Stellen gähnte der Abgrund ins Meer direkt neben ihnen. Dort riskierte keine der beiden einen Blick nach unten. Vorsichtig kletterten sie über die nackten Felsbrocken des Berges, der sich hier so vorwitzig ins Meer streckte. Manchmal zogen sie sich mit Händen und Füßen von Fels zu Fels. Einen höheren Vorsprung erklomm Manu mit einem großen Schritt und viel Schwung.

„Pass auf, dass dich der Rucksack nicht nach hinten zieht", warnte sie ihre Schwester.

Sophie beäugte kritisch das Hindernis. „Ich glaube, für diesen Absatz sind meine Beine eindeutig zu kurz. Da muss ich mich kniend hochziehen."

„Ganz schön anstrengend!", stöhnte sie und zog ein Bein nach dem anderen auf den Stein. Beim Aufrichten wurde ihr schwindelig. Sie schwankte. Eine schreckliche Sekunde lang! Dann sah sie Manus Hand. Erleichtert fasste sie zu.

„Danke!", sagte sie.

„Ist ja noch mal gut gegangen", meinte Manu und grinste. „Die Erdanziehungskraft ist nicht zu unterschätzen."

Vom Gipfel aus war der Blick auf die langen Sandstrände rechts und links der Punta einfach phantastisch. Der grün, türkis und blau gemusterte Rock des Meeres hatte einen Saum aus weißen Rüschen, die sich im Sand kräuselten. Das dunkle Blau des tiefen Ozeans verlor sich in der endlosen Weite am Horizont.

Auf der anderen Seite lebten die Menschen in ihren weißen Häusern, deren rote Dächer als lustige Farbtupfer ins Auge fielen. In jeder Bucht war ein Ort, der sich dem Meer zuwandte. Alle waren umgeben von zahlreichen grünen Tälern und Hügeln, die sich weit ins Landesinnere erstreckten. Für die Betrachterinnen endeten sie in endlosen Bergketten an der anderen Seite des Horizontes.

Das berauschende Panorama, das sich zu allen Seiten ausbreitete, brauchte Zeit. Und die schenkten sie ihm jetzt.

Manu schloss die Augen und begann, leise ein Mantra zu singen. Es war eine kleine, ruhige Melodie, die sich immer wiederholte.

Sophie lauschte ihrer Schwester. Nach einer Weile hörte sie den Einklang des Gesangs mit dem Rauschen von Wind und Wellen. Sie begann, mit zu summen. In ihrem Innern wurde es still. Glücksgefühle breiteten sich aus.

Ein jäher, kalter Windstoß riss sie aus ihrer Harmonie. Die Sonne verschwand hinter dunklen Wolken.

Das friedliche Gefühl des Miteinanders blieb.

Der Abstieg war zwar weniger spektakulär als der Aufstieg, aber trotzdem war Vorsicht geboten. Kurzes Dornengestrüpp ließ kaum einen Weg erkennen. Langsam stiegen sie über die kratzenden und stechenden Hindernisse.

Unten erwartete sie eine rund fünf Kilometer lange Etappe am Saum des Meeres entlang bis Noja. Es war herrlich, das Meer so dicht neben sich zu haben und den kühlen Wind zu spüren. Doch schon bald wurde die Freude getrübt. Schlagartig verdichtete sich die Wolkendecke, der Himmel ergraute, die Temperatur sank von Minute zu Minute. Sophie holte als Erste ihre warme Fleece-Jacke aus dem Rucksack.

Schroffe, durchlöcherte Felsen wuchsen erst vereinzelt und dann immer zahlreicher aus dem Sand empor. Das Wasser hatte ihre bizarren Formen an manchen Stellen abgerundet. Einige von ihnen lagen da wie dicke, schwarze Schwämme, die auf einen Meeresriesen warteten.

Die steinigen Impressionen am Strand von Noja passten zu den dunklen Wolken. Selbst das Meer hatte sein herrliches Blau in ein trübes Grau verwandelt, und auch der gelbe Sand hatte seine Farbe verloren.

Weder an den Stränden noch in der Stadt waren Menschen unterwegs. Das Städtchen wirkte trostlos und wie ausgestorben.

Sophie und Manu wanderten an etlichen Hotels, Pensionen und Restaurants vorbei, die noch geschlossen waren. Die ersten Regentropfen fielen vom Himmel, als sie auf ein orangerot gestrichenes Haus mit blauen Fensterrahmen zuliefen, über dessen Eingangstür eine gelbe Jakobsmuschel auf blauem Grund gemalt war. „Bed & Breakfast" kündigte ein Schild daneben an.

In der Eingangshalle saßen mehrere junge Leute an kleinen Tischen und tranken Zitronenwasser, das als Willkommensgruß für die Gäste bereit stand.

Es war noch genau ein Doppelzimmer frei! Die junge Frau, die sie durch das Haus führte, trug ihr Baby in einem Tragetuch mit sich. Alles war blitzsauber und freundlich eingerichtet. In jedem Raum gab es eine farbige Wand, große Fenster ließen viel Licht hinein. Jetzt prasselte der Regen gegen die Scheiben. Die hellen Kiefernholzmöbel hätten auch in einem bayrischen Hotel stehen können und die rotkarierte Bettwäsche passte dazu. Sophie und Manu genossen die Gemütlichkeit ihres Zimmers und den Luxus einer funktionierenden, warmen Dusche im eigenen Bad. Nur mit dem Abendessen haperte es ein wenig. Aber immerhin gab es in der Nähe ein Schnellrestaurant, mit nur wenigen Gästen. Der Wirt zauberte ihnen zwei leckere Hamburger mit Pommes.

Satt und glücklich sanken sie irgendwann in die weichen, kuscheligen Betten und schliefen tief und fest.

Niemand ist allein

Flotte Gute-Laune-Musik und Kaffeeduft erfüllten den Frühstücksraum. Die Sonne grüßte durch die großen Fenster. Toast und Croissants, Marmelade, Joghurt und frisches Obst standen auf den Tischen, an denen munter plaudernde Gäste saßen. So ein gemütliches desayuno war in Spanien außergewöhnlich, und nicht nur für Sophie und Manu ein guter Start in den neuen Tag.

Die kleine Stadt war bereits aufgewacht. Das geschäftige Treiben hätte gestern Abend keiner für möglich gehalten. Aber heute war Markttag! Nicht nur für spanische Frauen eine gute Gelegenheit, Obst einzukaufen.

Manu verstaute zwei Bananen in ihrem Rucksack und blickte fragend zu ihrer Schwester: „Wir könnten heute bis Santander laufen. Das sind zwar zweiunddreißig Kilometer, aber es gibt keine schwierigen Steigungen, so wie gestern. Was meinst du?"

Sophie zögerte. „Ich würde aber gerne den kleinen Abstecher in die Kultherberge von Pater Ernesto in Güemes machen, in der Martin übernachten wollte", wandte sie ein. „Ich möchte sie mir mindestens ansehen."

Manu war nicht sonderlich begeistert von der Idee, die heutige Etappe noch durch einen Umweg zu verlängern. Sie hatte ausgerechnet, dass sie bei direkter Wanderung die rund zweihundertsechzig Kilometer bis Gijón in zehn Tagen schaffen könnten. Bei einer Übernachtung in Güemes blieb ihnen dafür nicht so viel Zeit.

Als sie Sophie davon erzählte, meinte die ganz lapidar: „Wenn wir es nicht schaffen, dann fahren wir eben das letzte Stück bis Gijón mit dem Bus."

Manu wunderte sich über ihre Schwester. Sie hatten sich inzwischen ja bereits einige Male nicht an Martins Ausarbeitungen gehalten. Aber Bus fahren? Sie war skeptisch.

Noja war von herrlichen Sandstränden umgeben, die noch einsam da lagen und dem sommerlichen Touristenandrang ruhig entgegen sahen. Die gelben Wegweiser führten daran vorbei und aus dem Städtchen hinaus in das grüne Hügelland.

Die im Reiseführer hübsch beschriebene Kirche Santa Maria de la Merced, in der Nonnen angeblich Gebäck verkaufen, war verschlossen; genauso wie die anderen Kapellen am Wegrand. Sophie hätte gerne hineingeschaut und wäre für einen Moment in Andacht versunken, um sich Martin nahe zu fühlen.

Manu reichte der Weg, dessen Wechsel von den gestern berauschenden und meditativen Küstenimpressionen zu den heute grünen Wiesen und Wäldern fast radikal war. Die Sonne versteckte sich immer häufiger hinter dicken Quellwolken.

Nach drei Stunden entspannten Wanderns erreichten sie die Herberge von Güemes. Es war Mittagszeit, und der würzige Duft eines herzhaften Gerichtes schlug ihnen entgegen. Im Windfang standen ein paar Rucksäcke, und auf den Bänken vor dem Haus saßen einige Pilger. In dem großen, rustikalen Gemeinschaftsraum deckten junge Leute einen langen Holztisch für ungefähr zwanzig Personen. Manu und Sophie wurden herzlich von Anna begrüßt, einer jungen deutschen Pilgerin, die ihren Weg für eine Woche unterbrochen hatte, um in der Herberge von Pater Ernesto zu helfen.

„Möchtet ihr zum Essen bleiben?", fragte sie sofort. „In einer halben Stunde gibt es Linsensuppe."

Sophie sah Manu fragend an und sagte spontan: „O ja, gerne!" Die Zeit bis zum Essen verbrachten sie damit, über das weitläufige Gelände der Herberge zu bummeln. Kleine Schlafeinheiten mit vier bis acht Etagenbetten waren aneinandergereiht, von geräumigen Sanitäranlagen und einem großen Waschraum unterbrochen. Überdachte Terrassen mit Bänken und Tischen luden zum Gespräch, und eine große Bibliothek mit Literatur in den verschiedensten Sprachen lud zum Schmökern ein. Manu setzte sich in einen der kleinen Sessel und vertiefte sich in ein Buch.

Sophie schlenderte weiter durch den großen Garten und bewunderte die Obstbäume, Sträucher und eine Vielzahl von Kräutern und Pflanzen. In seiner Mitte stand eine kleine, achteckige Ermita. Sie ging hinein. Ihr Blick blieb an den bunten Pilgermotiven hängen, die ringsum an die Wände gemalt waren. In kräftigen Farben leuchteten die Gewänder der Wanderer, die aus aller Welt kamen. Unter ihnen waren Europäer und Afrikaner, Chinesen und Japaner, Eskimos und Indianer, die alle mit ausgestrecktem Arm auf das nebenstehende Bild hinwiesen: Ein Engel schwebte über zwei Pilgern, die einem Dritten, der auf dem Boden lag, etwas zu trinken gaben. Auf einem weiteren Bild saßen alle zum gemeinsamen Mahl um einen Tisch versammelt.

Im großen Halbrund standen gemütliche Holzbänke um einen Tisch, auf dem eine aufgeschlagene Bibel zwischen zwei dicken Kerzen lag.

Sophie setzte sich und schloss die Augen. Außer ihr war niemand im Raum. Sie genoss die Ruhe und spürte eine wunderbare Geborgenheit. Hier fühlte sie sich Zuhause. Bis in ihre kleinsten Körperzellen sog sie dieses Gefühl auf.

Danke, Gott, dachte sie. Ich werde hier bleiben, werde heute nicht bis Santander laufen. Wenn sie will, kann Manu ja allein weitergehen. Wir können uns mit dem Handy verständigen und uns in ein oder zwei Tagen wieder treffen.

Als sie kurze Zeit später ihrer Schwester von dem Entschluss erzählte, war Manu wenig überrascht. „Du willst hier bleiben, weil du mit Martin auch hier übernachtet hättest. Stimmt's?"

„Nein! Ich möchte einfach hier bleiben, weil ich mich hier wohl fühle", sagte Sophie. „Ich habe seit drei Tagen kein Tagebuch mehr geschrieben, weil unsere Tage so ausgefüllt waren, dass keine Zeit dafür blieb. Wir sind einfach so losgelaufen und rennen seit zehn Tagen durch diese wunderschönen Landschaften. Ich brauche einfach mehr Zeit, um all die herrlichen Eindrücke zu verarbeiten. Jeden Tag kommen neue dazu, und die von gestern und vorgestern verblassen viel zu schnell. Wenn du willst, kannst du ja allein weitergehen, und wir treffen uns in ein oder zwei Tagen wieder."

Manu überlegte einen Moment. „Ich lasse mir deinen Vorschlag durch den Kopf gehen. Nach dem Essen sage ich dir Bescheid."

Als sie zum Essen an dem großen Tisch Platz nahmen, saß Simon bereits dort. Manu und Sophie setzten sich ihm gegenüber, während Anna die Vorspeise verteilte: Teller mit grünen Blattsalaten, Ei und Thunfisch.

Anna fragte Sophie, ob sie es sich überlegt hätte.

„Ja, ich möchte gern hierbleiben", antwortete diese.

„Das habe ich gewusst!", sagte Anna und lächelte. „Du auch?", wandte sie sich an Manu.

„Das weiß ich noch nicht genau." Manu sah Simon fragend an. Anscheinend verstand er ihren Blick sofort, denn er sagte: „Ich will nach dem Essen weiterlaufen und den morgigen Tag in Santander verbringen. Wenn du willst, können wir zusammen gehen."

„O ja, das würde ich gerne", freute sich Manu.

Sophie winkte den beiden nach, als sie die Herberge verließen und schlenderte zurück durch den Garten zu der kleinen Kapelle. Sie hatte ihr Tagebuch mitgenommen und legte es auf ihre Knie.

Heute ist mein Tag, schrieb sie. Ich muss meinen Weg gehen, nicht Martins und nicht Manus. Hier ist ein schöner Ort. Ein Ort der Stille, ein Ort, um Kraft zu tanken. Ich werde Martins Pläne ganz unten in meinen Rucksack verbannen. Es sind nicht meine, noch nicht einmal unsere gemeinsamen gewesen. Er hat sie ganz allein ausgearbeitet. Er war meine Säule, an die ich mich angelehnt habe. Er hat es mir bequem gemacht, und ich habe es so akzeptiert.

Immer war es Martin gewesen, der ihr Mut gemacht hatte, etwas Neues auszuprobieren. Mit ihm hatte sie zum ersten Mal eine Bergwanderung in den Alpen gemacht und einen Zweitausender erklommen. Er hatte sie für das Skilaufen und das Segeln begeistern können. Ohne seinen Zuspruch hätte sie wahrscheinlich auch nicht mit fast vierzig Jahren angefangen, Klavierunterricht zu nehmen.

Sie hatte, so lange sie denken konnte, kleine Monster im Kopf, die sie abhalten wollten, etwas Unbekanntes zu entdecken: „Das geht doch nicht!" „Das kannst du nicht!" „Das ist viel zu gefährlich!" „Was sollen die Leute denken!" Eindeutig kam dabei die Stimme ihrer Mutter durch.

Martins Slogan war: „Mach's doch einfach! Du hast doch nichts zu verlieren!"

Ja, mein Lieber da oben. Ich werde es einfach machen! Du hast mir so oft geholfen, meine Vorbehalte abzustreifen und offener zu sein. Jetzt muss ich es ohne deine Motivation schaffen. Ich will die Bedenken meiner Mutter nicht ein Leben lang mit mir herumschleppen.

Am Abend versammelten sich dreiundfünfzig Pilger aus fünfzehn Nationen im großen Veranstaltungsraum, um die Geschichte von Pater Ernesto zu hören, dem weißhaarigen fast achtzigjährigen Mann, dessen Familie die Pilger sind. Er wirkte bescheiden, wie er so da stand. Das braune, handgewebte Cape fiel von seinen Schultern über die graue Cordhose. Er schaute mit wissendem, freundlichem Blick in die Runde. Die Ruhe, die er ausstrahlte, füllte den Raum. Seine Stimme klang eindringlich und auffordernd, als er von seiner Mission erzählte. Sein Herz schlug für das, was ihm wichtig war.

„Wir alle sind ein Volk!", war seine Devise. „Alle Menschen sind füreinander verantwortlich. Niemand ist allein."

Als junger Mann war Ernesto mit einem als Wohnmobil ausgebauten Kleinlaster durch die Welt getingelt und hatte, wie er lächelnd betonte, die Menschen studiert. Später kamen Philosophie und Theologie an einer Hochschule dazu. Er betreut immer noch soziale Projekte in Venezuela, die er damals ins

Leben gerufen hat. Die Spenden der Pilger gehen nach Abzug der Unkosten komplett dorthin.

Vor knapp vierzig Jahren hat er sein Elternhaus zu einer Pilgerherberge umfunktioniert. Im ersten Jahr kamen rund zweihundert Pilger zu ihm, im Jahr 2015 waren es neuntausend.

Als Sophie am späten Abend in einem unteren der vier im Raum stehenden dreistöckigen Etagenbetten lag, fühlte sie sich rundum zufrieden. Mit ihr schliefen nur sechs Pilger im Raum. Durch das große Fenster in der Eingangstür konnte sie den Himmel sehen. Immer wieder blitzten Sterne zwischen den vom Wind getriebenen Wolken auf.

Morgen würde es Regen geben, hatte Gerd erzählt. Ein deutscher Pilger, der mit seiner Frau Irene unterwegs war. Von ihm hatte sie auch erfahren, dass sie bisher 6.800 Höhenmeter überwunden hatten. Er war einer von denen, die alles planten und festhielten.

Wie Martin, dachte sie. Aber mir selbst ist das nicht so wichtig. Viel wichtiger ist mir das, was ich sehe, rieche und spüre. Das, was ich mit meinen Sinnen in mich aufnehmen kann und das, was mir begegnet und lebt. All das, was ich lieben kann. Mit dieser Erkenntnis schlief sie ein.

Naturgewalten

Der Regen klatschte gegen die Fensterscheiben. Drinnen war es kuschelig und gemütlich. Es roch nach Kaffee und frischem Brot. Die wenigen Pilger, die noch um den großen Tisch saßen, kosteten jede Minute aus, bevor sie sich ihre Rucksäcke auf den Rücken schnallten und die Pelerinen darüber warfen.

Auch Sophie saß noch unter ihnen und unterhielt sich mit Lena. Die junge Frau stand vor einem Berufswechsel. Sie hatte sich nach zehn Arbeitsjahren im Management einer großen Autofirma ein Sabbatjahr genommen, um durch die Welt reisen zu können. Bei ihr war der Zeitpunkt gekommen, an dem sie die Gier nach Macht, Geld und Luxus so anwiderte, dass sie am Sinn ihres eigenen Lebens zweifelte.

„Es gibt unter den Superreichen einige Männer, die glauben, sie könnten sich für ihre Millionen alles kaufen, was sie wollen. Sie haben häufig keinerlei Respekt und Achtung vor Frauen. Aber weißt du, andererseits gibt es auch genügend Frauen, die sich für ein paar Klunker erniedrigen lassen und noch stolz darauf sind, auf diese Art und Weise Beachtung zu finden. Aber das ist nicht meine Welt. Die Machtgier und Unzufriedenheit der Unersättlichen, deren einziges Problem das Design ihrer nächsten Luxuskarosse oder das des nächsten Partygirls ist, hat mich derart angewidert, dass ich dort nicht mehr arbeiten konnte. Wobei ich natürlich nicht alle über einen Kamm scheren möchte. Ausnahmen gibt es überall.“

Sie hatte ein Jahr lang bei verschiedenen Hilfsorganisationen geholfen, die Armut und das Elend in vielen Teilen der Welt kennengelernt und beschlossen, nicht mehr an ihren Arbeitsplatz zurückzukehren. Es war leicht gewesen, eine andere Tätigkeit zu finden. Eine, mit der sie sich identifizieren konnte. Der Jakobsweg war der letzte Teil ihrer Auszeit, bevor sie ihre neue Tätigkeit bei der Umweltorganisation WWF aufnahm.

„Ich werde wesentlich weniger verdienen, aber ich freue mich auf eine sinnvolle Arbeit und glaube, dass ich damit zufriedener sein werde“, sagte sie.

Gemeinsam verließen sie die Herberge. Der Regen hatte sich in ein leichtes Nieseln verwandelt, das wie ein grauer Schleier über Felder und Wiesen waberte. Glücklicherweise war es nicht kalt.

Sophie merkte bald, dass sie mit Lena nicht Schritt halten konnte, und so verabschiedeten sie sich voneinander.

Bald war die junge Frau aus ihrem Blickfeld verschwunden. Sophie war allein, und es war gut so. Das Gespräch mit Lena ging ihr nicht aus dem Kopf.

„Viele merken doch schon gar nicht mehr, dass eine neue Anschaffung nur kurzzeitig zufrieden macht, denn nach der Anschaffung orientieren sie sich schon wieder auf etwas anderes Neues“, hatte sie gesagt. „Manchmal fragen wir gar nicht mehr, ob wir das wirklich brauchen. Und das gilt nicht nur für die Menschen, die finanziell unabhängig sind. Das fängt mit dem Einkauf beim Discounter an und hört nicht mit den Billigflügen nach Übersee oder All-Inclusive-Kreuzfahrten auf den Weltmeeren auf. Die regelmäßigen Sonderangebote und Schnäppchen sind einfach zu verführerisch. Werbung schafft Bedürfnisse, die nur der Konsum befriedigen kann. Der Glaube an das materielle Glück ist oftmals stärker als der Glaube an Gott."

Sophie fiel ein Zitat des Heiligen Augustinus von Hippo ein, das sie in der Bibliothek von Pater Ernesto gelesen hatte: „Suche nichts außer IHN. Er genügt dir! Du magst habgierig sein, soviel du willst: GOTT ist genug!"

Eigentlich unvorstellbar, in unserer Welt des Konsums und des Genusses, Gott einen so hohen Stellenwert einzuräumen. Aus ihrem eigenen Denken verschwand er immer wieder und tauchte erst wieder auf, wenn es ihr besonders gut oder besonders schlecht ging. Nach Martins Tod hatte sie sich von Gott verlassen gefühlt. Jetzt wanderte sie hier mit ihrem Ungetüm auf dem Rücken durch Gottes herrliche Natur, und plötzlich fühlte sie sich behütet. Martin ging nicht neben ihr, aber etwas von ihm begleitete sie. Sie war nicht einsam.

Zigtausend Menschen waren auf der Flucht vor Krieg und Folter. Viele hatten noch nicht einmal einen Rucksack, sondern schleppten ihre Habe in Tüten und Säcken verpackt mit sich. Sie liefen ebenso durch Gottes herrliche Natur. Ob sie sich mit Gott oder Allah verbunden fühlten? Ob er ihnen die Kraft für ihren Weg gab? Sie wusste, dass sie nach dieser Pilgerreise wieder in ihr Zuhause kommen würde, zu ihren Kindern, Freunden und ihren Büchern. Flüchtlinge hatten dies alles verloren. - Ihr ging es gut!

Sophie sah die Regentropfen, die sich scheinbar an den Gräsern festhielten, und hörte das Rauschen des Meeres in der Ferne. Es übertönte bald das Rascheln ihrer Regenbekleidung, das jeden ihrer Schritte begleitete.

In ihr war es ruhig. Glück und Dankbarkeit strömten warm durch ihren Körper. Der Regen wurde stärker. Die nassen Haarsträhnen klebten an ihrer Stirn. Es störte sie nicht. Sie war weitab von den Wünschen und Bedürfnissen, mit denen sie zuhause konfrontiert wurde.

Der Weg durch das ländliche Hügelland endete an einer Steilküste. Sie wanderte weiter über schmale Wiesenpfade, oberhalb der herabfallenden Felsen.

Die mächtigen Felswände lagen kilometerweit im Regendunst. Seit ewigen Zeiten arbeitete sich das Meer an ihnen ab. Es spritzte seine Gischt hoch über einige von ihnen hinaus. Andere ähnelten eher einer unberührbaren Festung, deren Burgmauern Halbkreise bildeten, um die Sandbuchten zu schützen. Vor ihnen breitete das Meer Teppiche aus weißen Schaumkronen aus.

Immer wieder blieb Sophie stehen, um zu dem majestätischen Schauspiel hinunterzublicken. Sie war fasziniert von der ungeheuren Kraft der Naturgewalten und ihrer atemberaubenden Schönheit.

Ihr Blick fiel auf weiße Margeriten am Wegrand, die ihre triefendnassen Blütenköpfe tief gesenkt hielten. Genauso wie sie selbst. Der Regen ließ nichts anderes zu. Der Wind verstärkte sich, und eine Böe plusterte ihre Pelerine auf. Sie musste lachen und drehte sich einmal um ihre eigene Achse. Weder vor noch hinter ihr waren Menschen unterwegs.

Der Wind riss Löcher in das undurchschaubare Grau des Himmels. Es dauerte ziemlich lange, bis er den Regen vollends weggeblasen hatte.

Für Sophie hatte die Küste heute einen ganz besonderen Reiz. Alles fühlte sich absolut stimmig an. Noch nie war sie so vergnügt durch „Schietwetter" gewandert. Grau waren der Himmel und das Meer, dunkel die Felsen und weiß die Gischt. Farbe hatten nur die grünen Wiesen und der gelbbraune Sand in den Buchten. Vielleicht lag es an ihnen, dass die Landschaft trotz des trüben Wetters nicht trostlos wirkte?

Frische Böen fegten ihr immer wieder die Kapuze vom Kopf. Sie erinnerten sie an ihren Enkel Fabian, als er noch im Kinderwagen lag. Er hatte vor Vergnügen gequiekscht, wenn sie sich über ihn gebeugt hatte und er ihr die Mütze vom Kopf ziehen konnte. Sie sah ihre Enkelkinder vor sich. Wie mochte es ihnen wohl gehen? Am Abend würde sie ein Foto an Fabian und Charlotte schicken.

Ein gelber Pfeil zeigte auf eine Holztreppe, die zu einem schmalen Strand hinabführte. Zwischen dicken Steinen sammelte sich dort das Wasser. Sie kletterte über Felsbrocken und watete durch die ansteigende Flut. Mit jedem Schritt sackten ihre Schuhe mehr in den Sand ein. Dicke Klumpen blieben an den Sohlen hängen. Es war, als hätte sie Blei an den Füßen. Auch der Rucksack wurde immer schwerer.

Sie schnaufte erleichtert auf, als der Strand breiter wurde und sie wieder festen Sand unter den Füßen spürte. Das Glück währte jedoch nicht lange; denn plötzlich wehten ihr stürmische Böen entgegen. Mit vollem Körpereinsatz musste sie sich dagegen stemmen. Das Meer trieb meterhohe Brecher an den Strand. Weit in der Ferne fuhren große Schiffe über den Atlantik. Wie betrunken wankte sie am Ufer entlang und schmeckte das Salz auf ihren Lippen.

Als die Leuchtreklame eines Cafés vor ihren Augen auftauchte, setzte ihr Körper letzte Energien frei. Nach der dreieinhalbstündigen, anstrengenden Wanderung war diese Aussicht ein wahrer Lichtblick.

Nasse Jacken hingen draußen über den Stühlen und trockneten im Wind. Ihre Besitzer drängten sich um die kleinen Tische in der warmen Gaststube.

Sie müssen alle vor mir hergelaufen sein, ohne dass ich sie gesehen habe, dachte Sophie, und ließ ihren Rucksack mit einem erleichterten Seufzer vom Rücken gleiten, während sie einen freien Stuhl suchte.

„Du kannst dich hierhin setzen", sagte eine Frauenstimme hinter ihr. Als Sophie sich erstaunt umblickte, war Lena bereits aufgestanden. „Ich will jetzt weiter. Vielleicht treffen wir uns ja in Santander noch einmal."

„Ja, das wäre schön!", antwortete Sophie. Eine kurze Umarmung und ein „buen camino", und schon war Lena wieder verschwunden.

Sophie holte sich einen café con leche und ein Stück tortilla an der Theke und setzte sich auf den freien Platz. Sie wärmte ihre Hände an der heißen Tasse und streckte ihre Beine aus. Tat das gut! Das kleine Stückchen Kartoffel-Omelett stillte leider nicht ihren großen Hunger. Sie würde in Santander mit Manu noch etwas „Richtiges" essen gehen, nahm sie sich vor. Von der Fähre aus wollte sie mit Manu telefonieren, um mit ihr einen Treffpunkt auszumachen.

Manu war heute Vormittag mit Simon im Museo Municipal de Bellas Artes gewesen und hatte sich die dortige Gemäldesammlung angesehen. Für sie war dieser Besuch eine Notlösung wegen des Regenwetters gewesen. Leider konnte sie aber Simons Begeisterung für die dortigen Kunstwerke nicht teilen. Viel lieber wäre sie an einem der langen Strände, die Santander umspülen, ohne Rucksack spazieren gegangen. Dafür war gestern Abend leider keine Zeit mehr gewesen. Zu spät waren sie in der Stadt angekommen.

Sie hatte sich von Simons Fotoleidenschaft mitreißen lassen und mit ihm nach Motiven gesucht. Seine Aufmerksamkeit für die winzigen Schönheiten am Wegrand, sein Blick für Licht und Schatten, für die verschiedenen Perspektiven auf die Dinge, die sich durch eine andere Sichtweise ständig veränderten, hatte sie fasziniert. Dabei hatten sie beide nicht auf die Uhr geschaut.

Die Herberge war bereits completo, als sie ankamen. Sie hatten sich zwangsläufig ein Zweibettzimmer in einer einfachen Pension geteilt und waren in einem guten Restaurant mit Meerblick essen gegangen.

Im Laufe des Abends waren ihre Gespräche persönlicher geworden. Simon hatte von seinem sechzehnjährigen Sohn erzählt, den er seit der Scheidung nur noch selten zu Gesicht bekam. Seine Frau hatte vor drei Jahren wieder geheiratet und war mit dem Sohn nach Detmold gezogen. Simon wohnte in Freiburg, war aber aufgrund seines Berufes viel unterwegs. Besuche seines Sohnes waren daher zu einem Problem geworden. Zwar waren die modernen Medien ein Vorteil, aber die Gespräche via Internet doch eher mager. Im vergangenen Jahr war er in den großen Ferien mit ihm zwei Wochen in die Berge gefahren. Es war eine intensive Zeit gewesen, und er hoffte, dass das in diesem Jahr wieder gelingen würde.

„Wir mögen uns, und das ist wichtig!", beendete er seine kurze Erzählung. „Ich hoffe sehr, dass der zwar seltene, aber gute Kontakt auch weiterhin bleibt."

„Ich habe auch einen Sohn", hatte Manu gesagt. „Unsere Beziehung ist leider nicht so gut. Er ist einige Jahre nach unserer Scheidung zu seinem Vater gezogen. Jetzt ist er vierundzwanzig und studiert in Konstanz. Ich wohne übrigens in Lemgo, ganz in der Nähe von Detmold."

„Aha", erwiderte Simon, „schönes Städtchen." Dann schwieg er und sah sie einfach nur an. Und sie sah ihn an.

Und dann waren aus ihrem Mund Dinge herausgesprudelt, die sie noch niemandem anvertraut hatte: Dass sie von einem verheirateten Mann schwanger gewesen war, als sie geheiratet habe. Ihr Verlobter habe das nicht gewusst. Ihr Exmann sei zwar der rechtliche Vater von Tim, aber für sie sei Tims Vater immer der andere Mann gewesen.

Sie erzählte, warum sie bei Nacht und Nebel mit Tim ausgezogen sei, und dass ihr Ex-Mann und seine Mutter auf ihrem Recht bestanden hatten, Tim regelmäßig nach Konstanz zu holen. Anfangs habe Tim oft geweint, wenn ihr Ex ihn abgeholt habe, sagte sie. Oder er habe sich versteckt, weil er nicht mit wollte. Er habe gemerkt, dass es ihr wehtat, wenn er nicht bei ihr war. Aber das habe sich im Laufe der Jahre leider verändert. „Ich konnte ihm nicht das Leben bieten, das ihm sein Vater bot. Dafür fehlten mir die finanziellen Mittel. Als Tim in die Pubertät kam, hatte ich manchmal das Gefühl, dass er mich mitleidig anschaute, wenn er zu seinem Vater fuhr", erzählte sie.

„Warum hast du deinem Exmann nicht erzählt, dass er nicht Tims Vater ist?"

„Ich habe es Tim erzählt, als er sechzehn war. Er hat es nicht geglaubt und mir krankhafte Eifersucht vorgeworfen. Er hat gesagt, dass ich lüge, um ihn wieder ganz für mich zu gewinnen. Dann hat er seine Sachen gepackt und ist nach Konstanz zu seinem Vater gezogen. Seitdem haben wir nur noch selten Kontakt miteinander."

Simon nickte verständnisvoll und legte seine Hand auf ihre.

„Er hat seinem Vater davon erzählt und Bastian hat angeblich sofort einen Vaterschaftstest machen lassen. Ein paar Wochen später hat er mich jedenfalls angerufen und gesagt, dass er der Vater von Tim sei und ich aus seinem und Tims Leben verschwinden solle." Manu löste ihre Hand und trank einen kräftigen Schluck Rotwein. „Ich habe den Test nie gesehen!"

Sie blickte aus dem Fenster. Zwei Segelboote fuhren in wunderschöner Schräglage am Wind.

Sie sah sich selbst als Neunzehnjährige in einem der Boote sitzen und über den Bodensee segeln. Mit im Boot waren Bastian und Martin. Sophie war schwanger und hatte deshalb auf den Törn verzichtet.

Es war ein sonniger Frühlingstag, und die leichte Brise versprach ein entspanntes Segeln. Bastian stand am Ruder und gab die Kommandos, die Manu und Martin ausführten.

Im Nachhinein wusste sie nicht einmal mehr genau, wie es passiert war, dass Martin plötzlich über Bord gegangen war. Sie hatten ein Wendemanöver nicht richtig ausgeführt, und der Baum war umgeschlagen. Er hatte Martin erwischt und ihn rückwärts ins eiskalte Wasser gestoßen.

Zuerst hatte sie gelacht. Martin war ein guter Schwimmer. Doch dann kam die Angst. Ihr Herz pochte wie ein Raketenfeuer.

Bastian leitete sofort das Mann-über-Bord-Manöver ein.

Die Rettungsweste hielt Martin zwar über Wasser, aber der nasse Overall an seinem Körper wurde immer schwerer. Dazu kam der Schreck, der ihm seine Kraft raubte.

Es dauerte ewig, bis das Boot Martin erreichte und er sich mit beiden Händen an der Leiter festhalten konnte. Er musste all seine noch verbliebenen Energien mobilisieren, um sich daran hochzuziehen. Oben angekommen, ließ er sich erschöpft auf den Schiffsboden fallen.

Noch nie war sie so froh gewesen. Sie umarmte ihren Schwager so lange, bis Bastian an ihre Schulter tippte. Er brauchte ihre Unterstützung beim Manövrieren. Nur wenig später hatte die Erleichterung sie alle drei in ein urkomisches Gelächter ausbrechen lassen.

Sie brauchten eine halbe Stunde, um in den nächsten Hafen zu segeln.

In Friedrichshafen ging Bastian von Bord, um für seinen zukünftigen Schwager trockene Kleidung zu besorgen. Er hatte bereits mit Freunden telefoniert, die hier wohnten und ihm damit aushelfen konnten.

Martin lag in der winzigen Kajüte unter einer Wolldecke. Er hatte seine nassen Sachen ausgezogen. Manu wrang sie aus und legte sie auf den Bootsrand zum Trocknen. Dann kroch sie zu ihm und rubbelte seinen kalten Körper mit einem Handtuch ab.

„Danke!", sagte Martin.

„Ich habe solche Angst um dich gehabt!", gestand sie und küsste seine Stirn. Am Haaransatz war eine leichte Hautabschürfung zu sehen. Vorsichtig legte sie sich auf ihn. Sie zog ihr Shirt über den Kopf und flüsterte ihm ins Ohr: „Du weißt gar nicht, wie sehr ich dich liebe."

„Ich liebe Sophie!"

„Ich weiß!", hatte sie geantwortet und ihn leidenschaftlich geküsst. Sie hatte seinen Körper liebkost, bis er ihre Zärtlichkeiten erwiderte. Sie hatte sich ihm mit der ganzen Lust ihrer Jugend und ihrer Liebe hingegeben und fühlte sich am Ziel ihrer Träume. Sie war der glücklichste Mensch auf der ganzen Welt. Es gab für sie keinen Zweifel, dass dies der Anfang einer herrlichen Affäre sein würde. Sie liebte den Mann ihrer Schwester über alles.

Aber Martin liebte Sophie.

Simon hatte sie aus ihren Gedanken gerissen: „Woran denkst du?"

„Ach, nichts Besonderes. Ich habe die beiden Segelboote beobachtet", hatte sie geantwortet.

Jetzt lief Simon wieder mit der Kamera durch Santander, um Besonderheiten zu fotografieren. Nach dem Museumsbesuch hatten sie sich voneinander verabschiedet.

Schlecht gelaunt machte Manu noch einen Stadtbummel und stellte fest, dass ihr die Großstadt auf den Keks ging. Sie hoffte, dass es Sophie ebenso ergehen würde und machte sich auf den Weg zum Anleger.

Sophie strahlte, als sie die Fähre verließ und ihre Schwester sah. „Na, meine Liebe, ich hoffe, du hattest einen guten Tag ohne mich."

„Wie man's nimmt!" Manu hielt mit ihrer miesen Laune nicht hinterm Berg und klärte Sophie darüber auf, dass es in Santander nicht viel Schönes zu sehen gäbe. „Ich glaube, die Kathedrale ist das einzig Sehenswerte. Sie soll einen schönen Kreuzgang haben, und für Kirchen bist du doch immer zu haben. Sie wurde bei dem großen Brand im Jahr 1941 mit vielen anderen Gebäuden in der Innenstadt vollständig zerstört und ist wieder aufgebaut worden. Es gibt ein paar ganz nette Fassaden, aber im Großen und Ganzen ist es halt eine Großstadt wie viele andere. Von mir aus können wir noch einen Bummel machen, damit du dir auch einen Eindruck verschaffen kannst, und dann mit dem Bus aus der Stadt hinausfahren. Ich habe keine Lust, zehn Kilometer an einer viel befahrenen Autostraße entlang zu laufen. Wenn wir aus dem Industriegebiet herausfahren und dann zwei Stunden laufen, kommen wir nach Bezana. Dort gibt es eine Herberge, die recht ordentlich sein soll. Was hältst du davon?"

Sophie überlegte nicht lange. Sie hatte bisher einen so eindrucksvollen und wunderschönen Tag erlebt, dass sie keine Lust auf lange Diskussionen hatte.

„Ich glaube, das ist eine gute Idee", sagte sie deshalb. „Ein kleiner Rundgang und ein Blick in die Kathedrale müssen aber sein."

Sophie sog die Stadt in sich auf. Die Kathedrale mit ihrem wunderschönen Kreuzgang begeisterte sie. Martin wäre bestimmt genauso beeindruckt gewesen.

Danke, lieber Gott für den heutigen Tag, dachte sie und zündete eine Kerze an.

Ihr gefiel Santander, im Gegensatz zu ihrer Schwester. Aber vielleicht lag das auch nur an ihrer guten Stimmung?

Sie fuhren mit dem Bus entlang großer Industriestraßen und gingen die letzten zehn Kilometer durch landwirtschaftliches Gelände und mehrere Ortschaften bis nach Bezana zu Fuß.

An der Herberge hing ein Schild: „Wegen Renovierung geschlossen!"

„Heute ist aber auch wirklich ein blöder Tag!", schimpfte Manu.

„Finde ich nicht!" Sophie streichelte wie zum Trost Manus Arm. „Wir werden schon noch was finden. Aber weit laufen muss ich heute auch nicht mehr. Meine Füße qualmen schon."

Sie zog gerade ihren Reiseführer aus der Tasche, um nach der nächstmöglichen Unterkunft zu suchen, als die hospitalera vor die Tür trat. In fünf Kilometer Entfernung gäbe es eine neue, moderne Herberge, sagte sie und erklärte ihnen den Weg nach Bóo de Piélagos.

Sie bot sich an, ihnen telefonisch zwei Betten zu reservieren, damit sie sich dessen sicher seien und nicht umsonst eine weitere Stunde laufen würden.

„Wollt ihr auch das Pilgermenü essen?", fragte sie und nahm ihr Handy vom Ohr.

„O ja, gerne!", beeilte sich Sophie zu sagen. In ihrem Magen war eine gähnende Leere.

Die Strecke zog sich über größere und kleinere Asphaltstraßen, durch mehrere moderne Wohngebiete und über grüne Hügel. Zweimal überquerten sie ungesicherte Bahngleise. Verwundert stellten sie fest, dass der Weg auf der anderen Seite der Schienen weiterging. Wie oft hier wohl ein Zug verkehrte?

Sophie war müde. Sie war heute ein weiteres Mal dreißig Kilometer gelaufen. Da tat es gut, in der Herberge so herzlich empfangen zu werden. Die junge hospitalera reichte ihnen ein Netz für die Schmutzwäsche und zeigte ihnen den Schlafsaal mit vier Etagenbetten. Das angrenzende Bad war sauber und geräumig.

Als die Schwestern sich an den hübsch gedeckten Tisch setzten, stellten sie fest, dass sie die einzigen waren, die noch nicht gegessen hatten. Kein Wunder! Es war 21.00 Uhr, als ein junges Mädchen ihnen dampfende Schnitzel mit Pommes und Salat servierte.

Ab und zu kamen Gäste in den Aufenthaltsraum, um sich ein Getränk aus dem Kühlschrank zu holen. So auch Gerd und Irene, die Sophie in Güemes kennengelernt hatte, und die sie freudig begrüßten.

Während Sophie sich mit ihnen ausgiebig über die heutige Wanderung im Regen unterhielt, wurde Manu von Unzufriedenheit gequält. Sie wusste nicht so recht, warum, aber irgendetwas hatte sie aus dem Gleichgewicht gebracht. Sie aß ihren Teller nur halb leer, murmelte etwas von Kopfschmerzen und Verspannungen und ging die Treppe hinunter, um sich ins Bett zu legen.

Sie versuchte, mit langsamer Yogaatmung zur Ruhe zu kommen, aber es fiel ihr schwer, ihre Gedanken loszulassen.

Nachdenklich strich Manu sich Marmelade auf das Toastbrot. Sie hatte kaum geschlafen und sich die ganze Nacht von einer Seite auf die andere gewälzt. Durch das gestrige Gespräch mit Simon war ihr so vieles durch den Kopf gegangen, dass sie nicht zur Ruhe kam.

Sie betrachtete ihre Schwester. Sophie stand am Tresen und wartete darauf, dass die Mikrowelle frei wurde und sie zwei Tassen Kaffee aufwärmen konnte. Sie war gestern so voller Lebensfreude in Santander angekommen, dass Manu sie beneidete.

Sie selbst fühlte sich miserabel. Ihre anfängliche Euphorie für die Pilgerwanderung war total verflogen. Wie war sie nur auf das schmale Brett gekommen, ihrer Schwester vorzuschlagen, mit ihr den Jakobsweg zu laufen? Welcher Teufel hatte sie da geritten? Was hatte sie sich eigentlich dabei gedacht? Hatte sie gehofft, mit Sophie über ihre Liebe zu Martin reden zu können? Gemeinsam mit ihr um den Geliebten zu trauern? Oder eine nie gehabte Nähe mit seiner Seele aufzubauen, weil sie sich einredete, mit ihm hier zu sein? So ein Blödsinn! Was machte sie eigentlich hier? Sie war eine Traumtänzerin! Ja, das war sie! Sie würde nie eine wirklich enge Beziehung zu ihrer Schwester aufbauen können, so lange die Sache mit Martin zwischen ihnen stand. Sie musste mit ihr darüber reden.

Sophie stellte die dampfenden Tassen auf den Tisch: „Wir müssen gleich eine Station mit dem Zug fahren. Hat mir der Typ da drüben erzählt." Sie wies mit dem Finger auf einen älteren Mann, der gerade den Raum verließ.

„Und warum?"

„Zwischen Bóo und Mogro gibt es eine Brücke, die man nicht zu Fuß überqueren soll, weil dort die Züge direkt an einem vorbeirasen."

Manu stierte gelangweilt in ihre Kaffeetasse. „Ach ja?", sagte sie nur.

Eine halbe Stunde später rumpelten sie in einer Art Schienenbus über die Brücke. Sie war höchstens hundert Meter lang, und ein schmaler Fußweg führte an den Schienen vorbei.

„Die 1,70 Euro hätten wir uns sparen können und die Viertelstunde Wartezeit auch", moserte Manu, nachdem sie ausgestiegen waren und auf einer kleinen Straße durch eine Wohnsiedlung liefen.

„Macht doch nix! Die Viertelstunde wären wir sonst gelaufen oder sogar länger. Zeitlich macht das keinen Unterschied", versuchte Sophie sie zu beschwichtigen.

„Das sehe ich anders!"

„Jetzt sei doch nicht so motzig! Was ist dir denn eigentlich über die Leber gelaufen?"

„Warst du eigentlich glücklich mit Martin?", schoss es aus Manu heraus.

Überrascht blieb Sophie stehen. „Wie kommst du denn jetzt da drauf?", fragte sie verdutzt.

„Nur so. Jetzt sag schon!", sagte Manu ungeduldig.

„Ja, wir waren glücklich!", beantwortete Sophie ihre Frage.

„Immer?", bohrte Manu weiter. „Ihr hattet doch bestimmt auch Krisen."

„Mein Gott, sag mal, worauf willst du eigentlich hinaus?" Sophies Stirn kräuselte sich unwillig. „Natürlich hatten wir auch Krisen, wie in jeder Ehe halt! Aber wir haben sie alle überstanden, weil wir uns geliebt haben. Und das, meine kleine Schwester, ist das Wichtigste!" Sie baute sich vor ihrer Schwester auf und drohte mit dem Zeigefinger: „So, und jetzt hör bitte auf, mir so blöde Fragen zu stellen. Ist schließlich nicht mein Problem, wenn deine Ehe nur fünf Jahre gehalten hat!" Dann drehte sie sich auf dem Absatz um und marschierte an Manu vorbei. In ihrem Innern brodelte es.

Große Bäume schenkten Schatten. Ein gelber Pfeil wies bergauf zur Ermita de la Virgen del Monte. Ein mit Gold verziertes Marienbild war hoch oben neben der Tür befestigt. So sehr Sophie auch rüttelte, die Tür bewegte sich kein Stück. Der Eingang zur Wallfahrtskirche blieb verschlossen.

Schade, da hätte ich meine kleine Schwester mal mit dem Kopf ins kalte Weihwasser tunken können, dachte sie genervt.

Manu trat neben ihre Schwester. „Tut mir leid, ich wollte dich nicht provozieren", sagte sie.

„Hast du aber", sagte Sophie schnippisch. „Und wenn du darauf hinaus willst, dass Martin kein Engel war, das weiß ich! Aber darüber möchte ich nicht mit dir sprechen!"

„Wirklich nicht?"

„Nein!" Sophie schloss für einen Moment die Augen. Jetzt nur nicht die Beherrschung verlieren!

Sie drehte sich um, zog mit beiden Händen die Rucksackgurte fester und stampfte an ihrer Schwester vorbei, weiter auf dem Weg, den gelben Pfeilen hinterher über kleine Dorfstraßen und durch neue Wohnsiedlungen. Die Sonne schien vom blauen Himmel, vom gestrigen kühlen Regenwetter war nichts mehr zu spüren.

Warum nur fiel es ihr so schwer, mit Manu über Martin zu sprechen? Und was wusste Manu eigentlich über ihn? Warum stellte sie solche Fragen? War sie die Erpresserin? Vielleicht sollte sie sie später darauf ansprechen. Aber nicht jetzt, nicht, wenn sie unterwegs waren. Da wollte sie ihren Kopf frei halten für alles, was sie umgab und sich mit nichts belasten.

Sie sah die schneebedeckten Picos in der Ferne und das Meer am Horizont. Sie blieb stehen und schaute in die Weite. Dann atmete sie ein paarmal kräftig ein und aus. Langsam kehrte ihre Ruhe zurück. Sie wartete auf ihre Schwester.

„Wir sollten lieber diesen herrlichen Weitblick genießen, als uns zu streiten oder in der Vergangenheit zu wühlen", sagte sie versöhnlich.

„Ja, vielleicht hast du Recht", erwiderte Manu. Sie zögerte einen Moment, bevor sie fortfuhr: „Aber ich muss dir unbedingt etwas erzählen."

„Okay! Verschieben wir das auf heute Abend?"

Manu nickte.

Da war der Schotterweg mit seinen Stolpersteinen, das leuchtend blaue Haus in der Dorfmitte, der Brunnen, der kaltes Wasser spendete, der Hügel, der erklommen werden musste, die bunte Blumenwiese, über die Schmetterlinge kreisten, die Ruine einer kleinen Kapelle und der Blick auf die Atlantikküste. Das, was sie umgab, war das, was zählte und ihre Aufmerksamkeit forderte. Jeden Augenblick neu.

Als ihnen rot leuchtende Sonnenschirme über weißen Plastikmöbeln und die Leuchtreklame einer Bar zuwinkten, waren sie bereits drei Stunden unterwegs und hatten dringend eine Pause nötig. Die Cola war eisgekühlt und das Stückchen Tortilla noch lauwarm. Sie legten ihre Füße auf zwei freie Stühle und genossen den schattigen Sitzplatz.

Manu blätterte im Reiseführer. „Ich glaube, wir haben jetzt noch ein weniger schönes Stück Weg vor uns. Überwiegend Straßen und ein Chemiewerk."

Sophie stöhnte: „Und das bei der Hitze! Wie weit ist es denn noch bis Santillana del Mar?"

„Zwölf Kilometer, knapp drei Stunden, sind hier angegeben."

„Gibt es vorher noch eine Herberge?"

„Ja, nach ungefähr zwei Stunden!"

„Okay. Entscheiden wir das in zwei Stunden?"

„Ja!"

Schön, dass sie sich in diesen Dingen einig waren. Sie schenkten sich ein Lächeln.

Ein Schotterweg verlief neben Abwasserrohren und führte sie an Werkshallen vorbei. Die Straße nach Requejada wurde breiter und verkehrsreicher, die Sonne wärmer. Die großen Schornsteine des Chemiewerkes stießen weißen Rauch in den blauen Himmel. Ein undefinierbarer Geruch lag in der Luft.

„Da müssen wir jetzt durch!"

„Schön ist anders, aber auch das ist der Camino", sagte Sophie.

Die überhitzten Gemüter der Schwestern kamen ein wenig aus dem Gleichgewicht, als sie die Industrieanlagen passierten.

Das Trinkwasser hatte sich in eine lauwarme Brühe verwandelt und schmeckte widerlich. Aber sie besaßen nichts anderes gegen den Staub auf den Lippen und die Trockenheit in der Kehle. Unter einer langen Eisenbahnbrücke warteten etliche Waggons, mit Containern beladen, auf ihren Abtransport. Andere wurden hin und her rangiert. Es rammte und quietschte. Dazu kamen Lärm und Gestank der Autos und Laster, die an ihnen vorbeifuhren.

Durch Wohnsiedlungen gelangten sie langsam aus der Stadt hinaus. Eine Ortschaft grenzte an die andere.

Zwei Stunden später waren sie immer noch nicht an einer Herberge vorbeigekommen. Gelbe Pfeile hatten sie auch schon lange nicht mehr gesehen. Dafür tauchte eine Bushaltestelle auf, an der manchmal ein Bus nach Santillana del Mar hielt.

Leider heute nicht mehr. Aber immerhin war dies ein Ort, an dem sie eine Viertelstunde ohne Rucksack sitzen, einen Schluck aus der Flasche nehmen und zu der Erkenntnis gelangen konnten, dass sie wohl einen Wegweiser übersehen hatten.

Außerdem gab ihnen die Haltestelle die Sicherheit, dass sie nicht in die falsche Richtung gelaufen waren, auch wenn hier nicht der Jakobsweg verlief.

Noch fünf Kilometer bis Santillana del Mar. Immer schön an der Straße entlang, auf heißem Asphalt und ohne Meerblick. So ein Mist! Kleine Schweißperlen sammelten sich unter ihren Sonnenhüten. Ihre Schritte wurden immer langsamer.

Schade, dass keine Autos über diese Straße fahren. Sonst würde ich mal den Daumen herausstrecken, dachte Manu.

„Aber wenn wir da sind", sagte sie laut, „lassen wir es uns so richtig gut gehen!"

„Worauf du dich verlassen kannst!", antwortete Sophie.

„Übrigens gibt es dort in der Nähe eine Höhle, die Cueva de Altamira, die mit 14.000 Jahre alten Zeichnungen von Bisons bemalt ist. Vielleicht können wir die ja besichtigen", schlug Manu vor.

„Jetzt lass uns doch erst mal ankommen, in der Stadt der drei Lügen!", bat Sophie.

„Wieso Stadt der drei Lügen?"

„Weil der Name Santillana del Mar drei Dinge verspricht, die aber nicht zutreffen: Sie ist weder heilig (santa), noch eben (llana), noch liegt sie am Meer (mar). Das habe ich in Martins Aufzeichnungen gelesen."

„Interessant", sagte Manu und dachte an das Gespräch, das sie heute Abend mit ihrer Schwester führen wollte. Die Zeit dafür schien gekommen.

Die Straße war endlos. Das einzig Schöne waren die unzähligen, rot blühenden Stauden im Straßengraben. Sie nahmen dem grauen Asphalt etwas von seiner Trostlosigkeit. Die kräftigen Dolden wucherten ineinander und prahlten mit ihrer intensiven Farbe.

Irgendwann tauchten die Dächer der historischen Stadt auf. Endlich! Ein Aufatmen. Am Stadtrand wies ein gelber Pfeil den Weg zur städtischen Herberge. Es war 15.00 Uhr, und ihre Türen waren noch geschlossen.

Mittelalterliche Bauwerke und kleine Fachwerkhäuser säumten die holperigen Straßen und Plätze. Eine Fülle von Andenkenläden, Bars und Restaurants ließ vermuten, dass hier in der Hauptsaison eine Menge Touristen die Gassen füllten. Noch waren glücklicherweise nur wenige von ihnen unterwegs. Die Schwestern blieben vor einem großen Gebäude stehen, an dem der Schriftzug „Hospederia" zu lesen war.

Manu öffnete die schwere Holztür. Neugierig traten sie in einen langgestreckten, dunklen Flur voller Antiquitäten. Es roch muffig. Nach alten Mauern und Möbeln, nach Staub und Undefinierbarem. Langsam gewöhnten sich ihre Augen an das Dämmerlicht. Sie sahen einen Mann hinter einem Tresen. Sein rundes Gesicht wurde von einer braunen Kapuze eingerahmt. Er erinnerte Manu an den lachenden Dominikanerpater einer Bierwerbung. Der kleine Dicke winkte sie zu sich.

Seine Schweinsäuglein leuchteten, als sie ihn nach einem Zimmer fragten. Stolz stampfte er vor ihnen die breite Holztreppe hinauf. Ein dicker Schlüsselbund klapperte an seinem Gürtel. Sophie und Manu waren auf alles Mögliche gefasst, während sie hinter ihm treppauf stiegen.

Auf dem Treppenabsatz standen verstaubte, antiquierte Kleinmöbel, Lampen und Statuen. Von den Wänden blickten in Gold gerahmte Porträts und Stillleben auf sie herab. Ein mit schnörkeligem Porzellan eingedeckter Esstisch, ein rotes Sofa und ein altes Klavier, ein Schaukelpferd und mehrere Standuhren, Ritterrüstungen und ähnliche Raritäten standen in Nischen und Ecken.

Der Kapuzenmann öffnete eine Zimmertür. Sofort wurden sie von hellem Sonnenlicht geblendet. Doch dann blieb ihnen der Mund vor Staunen offen stehen. Sie befanden sich in einem stilvoll eingerichteten, geräumigen Schlafzimmer. Das dunkle Holz der Schränke und Stühle glänzte. Auf den beiden Eisenbetten in der Mitte des Zimmers verbarg eine rot-bunte Seidendecke die herrlich weiße Bettwäsche darunter. Das rotbraune Holz des Fußbodens glich einem Tanzparkett. Der Geruch nach Jahrhunderte altem Staub war hier wie weggeblasen. Durch das geöffnete Fenster stieg der Duft von frisch gemähtem Gras ins Zimmer.

Stolz öffnete der Braune die Tür zu dem angrenzenden, groß-zügigen Badezimmer, dessen Highlight filigran geschmiedete Messinghalter für Klopapier und Handtücher waren. Eine bar-busige Messingschönheit breitete ihre Arme aus, und hielt ein kuscheliges Badetuch bereit. Die weiß gekachelten Wände wurden durch eine zart blau gemusterte Bordüre unterbrochen. Eine große Badewanne und Dusche lockten verführerisch.

Der Pilgerobolus für diese außergewöhnliche Unterkunft war überraschend niedrig. In einem Gartenhaus seien zwei größere Schlafräume mit Etagenbetten für Pilger, erzählte der Hausherr. Ob sie diese auch besichtigen wollten?

Nein danke, heute nicht!

Heute nutzten sie das großzügige Badezimmer und freuten sich auf eine ruhige Nacht in komfortablen Betten.

Nachdem sie ein erfrischendes cerveza con limón auf der Ter-rasse eines Gartenlokals getrunken hatten, spazierten sie ge-mütlich die drei Kilometer zur Cueva de Altamira. Es war erst 16.00 Uhr. Um Essen zu gehen, war es noch zu früh.

In einem Museum ist dort die Neocueva, eine wirklichkeitsge-treue Nachbildung der Originalhöhle und ihrer Zeichnungen, zu sehen. Die im Jahre 1902 entdeckte Originalhöhle ist für Besucher nicht mehr zugänglich. In akribischer Kleinarbeit wurden die Zeichnungen von Bisons, Hirschen und Wildpfer-den nachgearbeitet und beeindruckten die beiden Schwestern.

Zurück in Santillana del Mar fanden sie ein hübsches Restau-rant, das leckere Fischgerichte zu Pilgerpreisen anbot.

Nachdem sie das Hauptgericht gegessen hatte, lehnte Manu sich bequem zurück, erhob ihr Weinglas und prostete ihrer Schwester zu. Den ganzen Tag hatte sie auf diesen Augenblick gewartet.

„Auf unsere Pilgerreise und unsere große Liebe!", sagte sie.

Es dauerte eine Weile, bis Sophie begriff, was ihre Schwester da gesagt hatte.

„Wieso….unsere…?", stotterte sie.

„Ja, unsere. Ich habe Martin geliebt."

Sophie schluckte. „War es das, was du mir sagen wolltest?"

„Ja! Tut mir Leid. Trotzdem musst du nicht erschrecken! Meine Liebe war einseitig. Er hat dich geliebt. Aber ich wollte trotzdem, dass du weißt, dass ich mit dir um ihn trauere."

„Und warum? Warum ist es dir so wichtig, dass ich das weiß? Ich verstehe dich nicht. Hattest du etwas mit ihm?"

„Nein! Ich sagte dir doch schon: Er hat dich geliebt, nicht mich!"

Sophie schwieg. Sie dachte an seine vielen Dienstreisen in die Schweiz. Wäre doch ein Kinderspiel gewesen, sich mit Manu zu treffen, als sie noch in Lindau wohnte. „Ich will trotzdem wissen, ob du mit ihm geschlafen hast!", sagte sie.

„Nein!", antwortete Manu mit fester Stimme.

Eine Lüge ist manchmal die bessere Wahrheit, fand sie. Die eine Stunde des Glücks mit ihm im Segelboot wollte sie für sich behalten. Es war ihr gemeinsames Geheimnis gewesen, das einzige, das sie hatten. Und das sollte es auch nach seinem Tod bleiben.

„Weißt du, ich habe Martin geliebt, seit du ihn zum ersten Mal mit nach Hause gebracht hast", fuhr sie langsam fort. „Aber er wollte mich nicht! Er hat dich geliebt!" Nach diesem ehrlichen Bekenntnis sah sie ihre Schwester lange an.

Sophie war perplex.

„Ich weiß!", sagte sie, nachdem sie sich wieder gefangen hatte. „Früher haben wir uns manchmal über deine Teenagerschwärmerei unterhalten. Martin hat das gefallen. Wahrscheinlich hat es seiner männlichen Eitelkeit geschmeichelt. Aber ich habe nicht gewusst, dass aus deiner Schwärmerei mehr geworden ist. Du hast ihn doch nur so selten gesehen."

„Das war es doch gerade! Aber das kannst du wahrscheinlich nicht verstehen. Ich bin eine Traumtänzerin, weißt du das nicht?", scherzte sie ausweichend und dachte daran, wie sehr sie die wenigen Treffen genossen hatte. Aus jedem freundlichen Wort ihres Schwagers hatte sie in ihrer Phantasie eine Liebeserklärung gemacht. Sophie würde das niemals verstehen.

„Und Bastian war nur die Notlösung?", hörte sie ihre Schwester fragen.

„War er. Natürlich war ich auch ein bisschen verliebt in ihn. Ich war stolz, fühlte mich geschmeichelt. Schließlich war er ein von vielen begehrter junger Arzt. Aber das vermeintliche

Glück hat nicht lange gehalten, wie du weißt. Ich war bald sehr unglücklich, und die anfängliche Verliebtheit war schnell wieder verschwunden."

„Und nachdem du dich von Bastian getrennt hattest?"

„Habe ich mich sehr einsam gefühlt. Obwohl Tim ja bei mir war. Aber ein Kind ist kein Partner. Ich war neidisch auf dich und Martin. Immer habe ich von Mama zu hören gekriegt, was ihr für eine vorbildliche Familie seid. Von ihr wusste ich auch, dass Martin öfter beruflich in der Schweiz zu tun hatte. Einmal habe ich ihn angerufen und ihm angeboten, bei mir zu übernachten, um die Hotelkosten zu sparen, aber er hat es abgelehnt. Er hätte schon ein Bett, hat er gesagt." Sie trank einen Schluck Rotwein und sah ihrer Schwester in die Augen. Sophie stieg die Zornesröte ins Gesicht.

„Was hast du?" Sie hatte Mühe, ihre Stimme unter Kontrolle zu halten.

„Beruhige dich doch! Es wäre schon nichts passiert! Er stand nicht auf ‚kleine Mädchen'!" Manus provozierende Art brachte Sophie aus der Fassung. Sie hatte Mühe, ihre Entrüstung unter Kontrolle zu halten. Mit klopfendem Herzen hörte sie Manu weiterreden. „Es gibt da nämlich noch etwas, worüber ich mit dir sprechen wollte. Weißt du, dass dein vielgeliebter Ehemann uns beide betrogen hat?"

Sophie war irritiert. „Wieso uns beide? Ich denke, du hattest nichts mit ihm!"

„Hatte ich auch nicht! Trotzdem habe ich mich von ihm betrogen gefühlt!" Sie knüllte die Serviette mit einer Hand zusammen. „Er hatte einen schwulen Freund in Lindau!" So, jetzt war es heraus! Manu fühlte sich erleichtert und strich die Serviette wieder glatt.

Sophie wurde blass. Sie nahm einen großen Schluck Rotwein, bevor sie antwortete: „Wie kommst du denn darauf?"

„Ich habe ihn gesehen, damals! Zusammen mit diesem jungen Typen!"

„Was für ein Typ?"

„Ein schlanker, vielleicht so Anfang dreißig. Blonde Locken, knallbunt gekleidet und mit diesem Schlendergang." Sie deutete eine entsprechende Bewegung mit der Hüfte an. „Martin hatte ständig den Arm um seine Schulter gelegt und dann sind

sie zusammen ins „Anders" gegangen. Das ist eine Schwulen-
kneipe!"

„Warum hast du ihn nicht angesprochen?"

„Ich war in Schockstarre!"

Sophie kräuselte die Stirn. Ihre Gedanken überschlugen sich.
„Wann war das?", fragte sie gespannt.

„Kann schon vier oder fünf Jahre her sein", antwortete Manu.

„War der Typ relativ klein und schmächtig, ging Martin ungefähr bis zur Schulter? Hatte er vielleicht sogar Schuhe mit etwas Absatz an?", wollte Sophie wissen.

„Ja! Kennst du den etwa?"

„Und ob ich den kenne!" Sophie nahm ihr Glas in die Hand
und lachte. Es war ein spöttisches Lachen. Eines, das ihre Erleichterung verbergen sollte.

Manu verstand die Welt nicht mehr. „Was hast du?", wollte sie
wissen.

Sophie nahm einen Schluck Wein. „Das war Karsten! Martins
Sohn aus erster Ehe", sagte sie.

Manu war sprachlos.

Sophie erzählte weiter: „Er war damals für ein Jahr in Lindau,
um als Clown kranke Kinder und Erwachsene zum Lachen zu
bringen. Er ist Ergotherapeut und hat zusätzlich diese Clowns-
ausbildung gemacht. Martin hat ihn immer getroffen, wenn er
in die Schweiz musste. Ich kann mich sogar erinnern, dass
Karsten dort seinen Freund kennengelernt hat und ihn Martin
vorstellen wollte. Er hat in dem Bistro gearbeitet."

„Ich fass es nicht! Ich glaub, ich brauch jetzt einen Schnaps."
Manu winkte dem Kellner. „Dos grappa, por favor."

Glück und Glas

Obwohl sie nach zwei Grappas einen bedingten Frieden miteinander geschlossen hatten, bohrte sich Manus Geständnis tief
in Sophies Gedächtnis ein. Mitten in der Nacht wurde sie wach
und hätte ihre Schwester am liebsten geweckt, um sie zu fragen, ob und mit wem sie Martin sonst noch gesehen, und ob sie
nicht doch etwas mit ihm gehabt hatte.

All die Jahre hatte sie an seiner Seite gelebt. Nie hatte sie befürchtet, dass so etwas passieren würde. Dabei war seine erste Ehe aus diesem Grund geschieden worden!

Martin hatte ihr gegenüber stets versichert, dass er zwar einen schwulen Freund hatte, aber nicht mit ihm liiert gewesen sei. Justus und Martin kannten sich seit ihrer Schulzeit. Als Justus sich zu seiner Homosexualität bekannte, hatte das die Freundschaft nicht belastet. Martins erste Frau hatte daraus wohl andere Schlüsse gezogen und die Scheidung eingereicht.

Die Männer hatten sich aus den Augen verloren, als Justus nach Spanien gezogen war. Das musste kurz vor ihrer eigenen Hochzeit mit Martin gewesen sein. Später hatten die beiden über Soziale Medien wieder Kontakt aufgenommen. Sie hatte Justus kennengelernt, als er zum 30-jährigen Abiturtreffen in Mainz zu Besuch war. Hatte Martin nicht sogar erzählt, dass Justus in Spanien einen Lebenspartner habe?

Danach hatten sich die Männer einige Male zu viert getroffen, um einen sportlichen Kurzurlaub miteinander zu verbringen. Martin, Justus, Richard und Fritz. Freunde aus der Studienzeit. Die alte Clique. Sie kannte Richard und Fritz nur von Fotos. Sie wusste noch nicht einmal genau, wo sie lebten. In Süddeutschland oder in der Schweiz? Auf jeden Fall hatten sie sich immer im Süden getroffen. Zum Skifahren in Tirol, zu einer Paddeltour in Südfrankreich oder mit den Mountainbikes über die Alpen.

Justus schrieb ihr nach Martins Tod einen rührenden Brief und versprach, die anderen Freunde zu unterrichten. Martin hatte es nie geschafft, ihr die ganze Clique vorzustellen. Warum auch? Sie hatte nie danach gefragt.

Jetzt war er tot. Warum sollte sie nachträglich in seiner Vergangenheit wühlen? Nein, und nochmal nein! Sie hatte ihm vertraut und würde dieses Vertrauen nicht wegen Manus Geständnis in Misstrauen verwandeln!

Und was war mit dem Geld? Mit den 50.000 Euro an MATI? Verdammt noch mal! Erregt stand sie auf, schlich leise ins Bad und ließ kaltes Wasser über ihre Handgelenke laufen.

Sollte sie Manu davon erzählen? - Oder besser nicht?

Sie wollte ihre glücklichen Erinnerungen mit Martin nicht durch irgendetwas oder irgendwen beschmutzen lassen. Niemals!

Entschlossen legte sie sich wieder ins Bett, drehte sich auf die Seite und zog die Bettdecke über die Ohren.

Und wenn doch etwas dran war an dem, was Manu erzählt hatte? Erinnere dich Sophie! Du hast doch oft genug auf ihn gewartet! Konntest nicht schlafen, wenn ein Arbeitsessen bis spät in die Nacht dauerte! Hast dir die schlimmsten Szenarien ausgemalt, wenn Dienstreisen nicht pünktlich endeten. Einen Beweis für deine Eifersucht hat es aber nie gegeben! Und jetzt? Jetzt wo er tot ist, lässt du dich von Manus Gerede verunsichern? Sei doch nicht blöd! Du warst glücklich mit Martin! Vergiss das nicht!

„Glück und Glas, wie leicht bricht das", lautete ein altes Sprichwort. Glück sah für jeden anders aus. Was war Glück eigentlich für sie?

Ein Moment, der vergeht. Ein Lächeln, ein Kuss, eine Umarmung. Ein Geschenk, ein Sonnenstrahl. Martins Liebe. Gesundheit. Kinder und Enkel. Freude in den Augen eines geliebten Menschen. Nähe. Lachen. Familie. Wiedersehen. Beisammensein. Ein gelungenes Vorhaben. Eine helfende Hand. Musik. Ein gutes Buch. Eine überstandene Krankheit. Ein liebes Wort. Freunde. Blumen im Garten. Sternschnuppen. Weihnachtsplätzchen. Kerzenduft. Zuhause. Ferien. Der Wind und das Meer. Dünen und Klippen. Berge und Täler. Flüsse und Bäche. Waldwege und Vogelgezwitscher. Ein gelber Pfeil. Eine Jakobsmuschel. Eine warme Dusche. Ein gutes Essen. Kaltes Wasser. Ein weiches Bett. Unterwegssein. Mein Rucksack und ich.

Als sie aufwachte, machte Manu bereits vor dem offenen Fenster ihre Yogaübungen. Sophie räkelte sich und sprang aus dem Bett.

„Gut geschlafen?", fragte Manu.

„Ja, bestens!", log Sophie. „Ich war nur einmal kurz wach, bin aber gleich wieder eingeschlafen." Sie sah hinunter in den Garten. Auf der grünen Wiese breitete ein Baum seine Zweige über einem runden Tisch mit vier Stühlen aus. Kleine Blüten reckten ihre Köpfe aus dem Gras, irgendwo quakte ein Frosch. Alles sah so friedlich aus. Und sie wollte Frieden. Auch in ihrem Innern und mit ihrer Schwester.

Sie drehte sich zu Manu um. „Würdest du mit mir gemeinsam den Sonnengruß praktizieren?", fragte sie. „Hier haben wir so herrlich viel Platz für die Asanas."

„Ja, gerne!", antwortete Manu.

Sie stellte sich aufrecht vor ihre Schwester hin und sprach leise: „Beide Füße sind fest mit dem Boden verwurzelt. Die Wirbelsäule streckt sich nach oben. Der Bauchnabel zieht leicht nach innen, das Becken sinkt nach unten. Die Schulterblätter sinken nach unten. Die Handflächen drücken vor der Brust gegeneinander. Namaste! - Ich grüße das Göttliche in dir."

Ein schöner Gruß, dachte Sophie.

„Tief einatmen, tief ausatmen. Einatmend die Arme in U-Form ausbreiten und den Oberkörper nach hinten beugen, ausatmend in die tiefe Vorbeuge gehen…"

Jede versuchte, sich ganz auf sich selbst und ihren Körper zu konzentrieren. Und dennoch suchten sie den Einklang ihrer Atmung bei den verschiedenen Übungen. Erst nach dem dritten Sonnengruß gelang ihnen das Miteinander wieder so wie an den Tagen zuvor.

Unweit des Hotels frühstückten sie in einem kleinen Café, bevor sie Santillana del Mar verließen.

Nebel lag noch über den Wiesen und Feldern hinter der Stadt. Lamas grasten auf sattgrünen Weiden. Ein kleiner Zitronenbaum trug tapfer die Last seiner Früchte.

Frisch gepflügte Felder verströmten erdigen Geruch. Der Duft stieg in ihren Nasen hoch. Manu nahm ihn bewusst in sich auf. Er hatte etwas Ursprüngliches, Verbindendes. Erde schenkt Leben und Standfestigkeit, dachte sie. Wir brauchen sie. Aber sie braucht uns nicht.

Liegende schwarze Kühe glotzten träge und kauten unermüdlich. Sträßchen und Schotterwege führten bergauf und bergab durch kleine Ortschaften, vorbei an verschlossenen, alten Kirchentüren. In der Ferne öffnete sich der Blick auf das Meer.

„Endlich!", freute sich Sophie. „Ich habe es schon vermisst."

Die herrliche rot-weiße Kirche der Zisterzienserabtei Santa Maria de Viaceli in Cóbreces sah man schon von weitem. Aber auch sie war verschlossen. Leider! Ein rostiges Pilgerdenkmal davor lockte als hübsches Fotomotiv.

Der Himmel war grau und verhangen, aber die Wolken hielten dicht. Bei gefühlten achtzehn Grad bewegten sich die Füße fast wie von selbst über Wege und Straßen.

Ein vollständig mit Pilgermotiven bemaltes Haus mit Innenhof, alte Pflasterwege zwischen endlosen Mauern, ein halb verfallenes Dorf, dessen hübsche Gebäude ihren Reiz dennoch nicht verloren hatten, und eine Kapelle, deren Türen weit offen standen, begegneten ihnen auf dieser Etappe.

Die winzige Capilla de San Roque war herrlich schlicht. Bunte Blumensträuße standen vor zwei Heiligenfiguren. Ein greller Sonnenstrahl fiel durch das bunte Fenster hinter dem Altartisch, als sich die Schwestern auf eine der hellen Holzbänke setzten. Manu schloss geblendet die Augen. Ihr Oberarm berührte Sophies'. Sie spürte die Wärme. Ein Moment der Vertrautheit.

Als sie die Kapelle verließen, verschwand der Sonnenstrahl hinter grauen Wolken.

Bald war das Meer wieder an ihrer Seite und die alte Universitätsstadt Comillas nicht mehr weit. Sie hatten die entspannte Wanderetappe nur durch eine kurze Ruhepause unterbrochen und ihre Mägen knurrten. Während sie in einem der vielen Restaurants am Marktplatz knusprige Kroketten aßen, prasselte ein kräftiger Regenschauer auf die Sonnenschirme vor dem Haus.

Es war erst ein Uhr am Mittag, und sie waren bereits vierundzwanzig Kilometer gelaufen. Eigentlich sollte ihre heutige Etappe hier in der Stadt mit den schönen Sandstränden, den traditionellen Jugendstilhäusern und monumentalen Gebäuden nach Plänen von Antoni Gaudi, enden. Doch jetzt sahen die Schwestern die Sache schon wieder ganz anders.

Gemeinsam blätterten sie den Reiseführer durch und entschieden sich, noch eineinhalb Stunden bis auf die Anhöhe El Tejo zu laufen, wo es eine private Herberge gab. Ihr Hunger war gestillt, und es hatte aufgehört zu regnen. Wunderbar! Also, Rucksack auf und weiter.

Sophie bestand noch auf einen Blick in die mit weißen Rosen und Gladiolen geschmückte Kirche San Cristóbal. Zwei mit weißen Hussen bedeckte Stühle vor dem Altar ließen vermuten, dass hier bald eine Hochzeit stattfinden würde. Sie zündete eine Kerze vor der wunderschönen Marienstatue an und schickte ein Dankeschön und eine Bitte zum Himmel.

Die Schwestern hatten die Stadt noch nicht ganz verlassen, als es wieder regnete. Also, Pelerinen an und weiter. Es war nur ein kurzer Schauer. Heftiger Wind vertrieb die Regenwolken und machte der Sonne Platz. Innerhalb kürzester Zeit stieg die Temperatur kräftig an. Es wurde heiß.

Langsam wanderten sie jetzt bergauf und bergab durch den Naturpark Oyambre.

Der Park schützt die Küstenregion und beherbergt viele vom Aussterben bedrohte Vogelarten. Es zeigte sich allerdings kein einziges Federvieh. „Vielleicht brennt ihnen die Sonne zu sehr vom Himmel und sie haben keine Lust, gegrillt zu werden", meinte Manu.

Verständlich. Auch zum Wandern war es eigentlich viel zu heiß geworden. Aus den fünf Kilometern wurden gefühlte zehn. Die Vorfreude auf die Herberge wuchs mit jedem Schritt. Doch dann leuchteten ihnen dicke rote Buchstaben entgegen: „Completo!".

„Ungefähr drei bis vier Kilometer weiter gibt es eine Pension", informierte sie die hospitalera.

Manu und Sophie sahen sich an. Hätten sie besser anrufen und vorbuchen sollen?

„Nein! Das wollten wir doch nicht!", sagte Sophie.

„Na dann! Auf geht's!"

Die Sonne hatte sich wieder hinter dicken Wolken versteckt, der nächste Regenschauer kündigte sich an.

Ein riesiger Golfplatz musste überquert werden. Ein Ball rauschte über ihre Köpfe hinweg.

„Geht's noch?" Manu war außer sich. Nicht ein einziger Golfer war zu sehen. „Wahrscheinlich sind sie zwischen den Bodenwellen untergetaucht", meinte sie. Ein Bächlein schlängelte sich durch das hügelige Gelände, dessen englischer Rasen satt grün war. Eine hübsche Holzbrücke unterbrach den feinen Schotterweg, auf dem es sich angenehm laufen ließ.

Trotzdem ruckelte Sophie an ihrem Rucksack. Ihre Schulterblätter schmerzten.

„Und mir tut die Hüfte weh!", stöhnte Manu.

Die empfohlene Pension war offensichtlich für Golfer. Jedenfalls, was ihre Preise betraf. Der unfreundliche Mann, der das leerstehende Gebäude mit Betten bewachte, war nicht bereit, ihnen einen Pilgerpreis anzubieten.

„Der kann allein in seinem Bungalow bleiben!", schimpfte Manu. „Solche Wucherpreise unterstützen wir nicht!"

„Offensichtlich will er keine Pilger in seinem Haus haben", vermutete Sophie. „Dann müssen wir wohl noch bis San Vincente de la Barquera laufen."

„So ist es! Augen zu und durch!", versuchte Manu es mit Humor.

Heute waren sie häufig auf Asphalt gelaufen. Ihre Füße brannten, und die Waden eierten. Langsam schleppten sie sich die letzten vier Kilometer vorwärts.

Erst gegen Abend erreichten sie die touristische Stadt am Meer, mit dem Blick auf die schneebedeckten Picos de Europa, denen sie jedoch noch nicht die gebührende Aufmerksamkeit schenkten.

Ein junges Pärchen mit bepflasterten Fersen lief vor ihnen über die Brücke stadteinwärts. Manu sprach sie an. Die Auskunft nach einer Übernachtungsmöglichkeit war nicht besonders ermutigend: Die Herberge sei überfüllt, und die Notbetten nicht zu empfehlen. Sie hätten deshalb in einem Hotel eingecheckt. Der Preis hinterließ bei Sophie und Manu Stirnrunzeln.

„Wir finden schon noch zwei Betten zu akzeptablen Preisen!" Manu war sich da ganz sicher. „Wir gehen jetzt in eine Bar, trinken ein cerveza und fragen nach einem Zimmer."

Gesagt, getan. Die erste Bar war nicht weit entfernt und ihr Wirt ein freundlicher, junger Mann, dessen Tante Zimmer vermietete.

„Hab ich doch gesagt!", strahlte Manu, als sie wenig später das saubere Doppelzimmer mit eigenem Bad betraten.

Eine Stunde später schlenderten die Schwestern durch die belebten Gassen des Urlaubsortes und landeten in einem Fischlokal mit Blick auf den Hafen. Sardinen, Paella und Schokoladenkuchen hatten sie sich nach fünfunddreißig Kilometern mehr als verdient. Der dazu gehörende Rotwein entkrampfte die strapazierte Muskulatur, und der Espresso vervollständigte den Genuss des Kuchens.

Die Müdigkeit war wie immer verflogen und kam erst wieder, als sie satt und zufrieden in ihren Betten lagen. Sophie dachte an den gestrigen Abend. Sie war froh, dass Manu das Thema heute nicht noch einmal angesprochen hatte.

Ein Sonntag

Die Straßen waren nass vom Regen in der Nacht. Sophie und Manu liefen an der Promenade entlang stadtauswärts. Gelbe Pfeile sahen sie nicht. Die Passanten, die sie fragten, bestätigten ihnen, dass dies der Jakobsweg sei. Die Straße wurde immer breiter. Ein Auto nach dem anderen rauschte an ihnen vorbei bergauf.

Im Tal breitete sich die Ria von San Vincente de la Barquera aus. Über Wasser und Wiesen lag ein grauer Dunstschleier. Ab und zu lichteten sich die Wolken, und gaben den Blick frei auf die schneebedeckten Gipfel der Picos de Europa. Ihre weißen Spitzen ragten majestätisch in den Himmel.

„Ich glaub nicht, dass wir hier richtig sind", meinte Sophie. „Ich frag mal dort drüben an der Tankstelle."

„Und ich lese noch einmal im Reiseführer nach", sagte Manu.

Der Tankwart hatte keine Ahnung.

Zwei Pilger liefen an ihnen vorbei. Sie bestätigten, dass dies der kürzeste Weg nach Colombres sei. Es gäbe zwar einen schöneren, aber der sei einige Kilometer weiter.

Sophie und Manu überlegten nicht lange. Sie wollten auf keinen Fall zwanzig Kilometer an einer viel befahrenen Straße entlang laufen. Lieber ein paar Kilometer mehr.

Sophie schlug vor, in die Stadt zurückzukehren und ab der Kathedrale den gelben Pfeilen zu folgen. An der Kirche gab es immer Wegweiser. Ihrer Meinung nach war die Straßenvariante für die Fahrradfahrer gedacht.

Sie brauchten eine halbe Stunde für den Rückweg. Inzwischen hatte sich die Sonne durchgesetzt. Über den blauen Himmel zogen nur noch wenige Wölkchen. Der Schnee auf den Gipfeln der Picos leuchtete jetzt besonders weiß.

Die riesige Kathedrale thronte wie eine Festung über der Stadt. Die schmale Gasse hinauf war mit dicken Kieselsteinen befestigt. Oben leuchtete ihnen der lang ersehnte gelbe Pfeil entgegen. Er führte sie aus der Stadt hinaus in ein herrlich grünes, welliges Gelände.

Noch einmal gab es einen weiten Blick zum Meer auf der einen und den Bergen auf der anderen Seite des Weges.

Sonne, Wind und Wolken wechselten sich ständig ab. Ein plötzlich auftretender starker Gegenwind machte die vielen kurzen Aufstiege anstrengender, als sie hätten sein müssen.

Da war die Bar in einer kleinen Ortschaft ein willkommener Rastplatz. Sie setzten sich unter das schützende Dach der Holzterrasse.

Es war Sonntag. Der Gottesdienst in der kleinen Kirche am Ende der Straße war vorbei. Der Pfarrer stand an der geöffneten Tür und verabschiedete sich von den Gläubigen. Ein paar Frauen bildeten kleine Grüppchen, um Neuigkeiten auszutauschen. Kleine Kinder wurden an die Hand genommen, größere spielten Fangen. Die Männer kamen ins Gasthaus, stellten sich an die Theke, um bei einem Glas Wein die Welt zu verbessern. Andere setzten sich an einen Tisch und spielten Karten. Frauen und Kinder gingen nach Hause.

„Hier ist die Welt noch in Ordnung!", spottete Manu und fügte nach einem Blick auf ihre Schwester hinzu: „Auf jeden Fall für die Männer."

Sophie überhörte die Bemerkung. „Jetzt schau doch lieber mal, wer da kommt!", sagte sie und wies mit dem Finger Richtung Straße. Langsam kam Barbara auf sie zu. Die Wiedersehensfreude war groß.

Sie erzählte von ihrem Weg, den sie wegen gesundheitlicher Probleme immer mal wieder durch Busfahrten unterbrechen musste. Aber auch so würde sie ihr Ziel erreichen, da war sie sich sicher. Ihre Füße waren immer noch bepflastert, ein Knie bandagiert, und der obere Rücken schmerzte.

„Ich weiß nicht, ob ich das durchhalten würde, wenn ich deine Probleme hätte", sagte Sophie.

„Ich würde mir das auf keinen Fall antun!", war sich Manu sicher.

„Ich habe es versprochen!", sagte Barbara leise und blickte nach rechts und links, als müsste sie sich vor fremden Zuhörern schützen. „Ich rede nicht gerne darüber. Nicht jeder hat Verständnis für solche Gelübde. Meine Tochter hatte Leukämie. Ich habe damals gelobt, dass ich zu Fuß nach Santiago de Compostela pilgere, wenn sie wieder gesund wird. Und sie ist wieder gesund geworden." In ihren Augen glänzten Tränen. „Es geht ihr gut. Sie bekommt in vier Monaten ein Baby. Wir freuen uns alle sehr."

„Das kann ich gut verstehen. Enkelkinder sind etwas sehr Schönes", bestätigte Sophie.

„Ich bete ständig, dass alles gut geht", bekannte Barbara. „Ich habe große Angst, dass doch noch etwas Schreckliches passiert." Sie schien froh zu sein, über ihre Sorgen reden zu können.

Manu wurde ungeduldig. Sie wäre am liebsten aufgestanden und weitergelaufen. Auf keinen Fall hatte sie Lust, sich Barbaras Geschichte bis zum Ende anzuhören. Sie stieß Sophie unter dem Tisch mit einem Fuß gegen das Schienbein, bevor sie sich erhob und zur Toilette ging.

Sophie wandte sich Barbara zu. „Vielleicht kannst du deine Ängste hier auf dem Weg in Vertrauen verwandeln. Du bist so tapfer!" Sie drückte Barbaras Hand. „Du glaubst fest daran, dass du es bis Santiago schaffst. Warum soll deine Tochter es dann nicht schaffen, ein gesundes Kind auf die Welt zu bringen? Sie ist doch deine Tochter! Sie hat bestimmt deine Energie geerbt!"

Barbara lächelte und nickte.

Manu kam zurück und blieb hinter ihrem Stuhl stehen, um sich den Rucksack aufzusetzen. „Gehen wir weiter?", sagte sie zu Sophie und zu Barbara: „Du musst entschuldigen, aber wir wollen noch zwanzig Kilometer laufen."

„Ist schon okay. Bis wohin wollt ihr heute noch?"

„Wissen wir nicht so ganz genau. Vielleicht La Franca oder Buelna."

„Soweit schaffe ich es heute nicht mehr. Ich denke, dass ich mir in Colombres eine Herberge suche." Sie stand auf und

drückte Sophie. „Danke!", flüsterte sie ihr ins Ohr, „ich wünsch euch einen buen camino!"
„Danke, dir auch!"

Kleine Straßen und Wege führten die Schwestern durch eine Landschaft, wie sie sie auch von Süddeutschland her kannten. Blühende Wiesen, bewaldete Hänge und immer wieder das Gebirge im Hintergrund. Anders waren nur die kräftig bunt bemalten Häuser, die hier in jeder Ortschaft auffielen. Eine Vorliebe der hier im Fürstentum Asturien lebenden Spanier. Die roten, blauen, orange oder grün gestrichenen Gebäude verbreiteten auf jeden Fall eine gewisse Fröhlichkeit.
Kurz vor Colombres brachte der Wind eine schwarze Regenwolke. Innerhalb weniger Sekunden rauschte ein wahrer Sturzbach vom Himmel. Sophie und Manu retteten sich in eine kleine Bar. Noch bevor sie die Kaffeetassen geleert hatten, hatte sich die Wolke ihrer Last entledigt, und der Himmel strahlte wieder, als hätte er nie etwas anderes gemacht. Der Wettergott dieser Küstenregion war offensichtlich „mit allen Wassern gewaschen".

Colombres wird geprägt durch einige stattliche Villen in bunten Farben, deren besonderer Baustil auf die Rückkehr wohlhabender Spanier aus Lateinamerika zurückzuführen ist. Sie waren um die Jahrhundertwende vom 19. zum 20. ausgewandert, um ihr Glück auf der anderen Seite des Ozeans zu versuchen. Die reichen Rückkehrer wurden zu Wohltätern für ihre Heimatgemeinden. Man nannte sie Indianos, und ihre Villen waren die Casanos de Indianos.

Hinter der Stadt eröffneten sich wieder herrliche Weitblicke auf das Meer. Die Berge der Sierra de Cuera begleiteten sie auf der anderen Seite des Weges.
Nach mehr als sechsstündiger Wanderung meldeten sich bei Sophie ein paar kleine, schmerzende Schwachstellen, die mit jedem Kilometer ungemütlicher wurden. An ihrer linken Ferse schien sich eine Blase zu bilden. Dazu stellte sich ihnen ein kräftiger Wind entgegen und brachte sie zum Schnaufen.

Reklameschilder hatten immer wieder auf eine private Pilgerunterkunft hingewiesen. Als ein Pfeil dorthin „500 m a la derecha" zu lesen war, kam auch Manu dieser Tipp wie ein Geschenk des Himmels vor. Sie klingelte am Tor des rot gestrichenen Hauses, das neben einer riesigen Palme stand. Die Klingel schrillte laut.

Ein alter Mann öffnete die Tür und freute sich offensichtlich sehr darüber, Gäste begrüßen zu dürfen. Er schlurfte in dicken Pantoffeln die Treppe hinauf und zeigte ihnen voller Stolz die geräumige Ferienwohnung. Die Farbe Rot dominierte hier überall. Die Schranktüren in der Einbauküche und die sanitären Anlagen im Bad leuchteten genauso farbenfroh wie die Teppiche vor dem Bett und die Kissen auf dem Sofa. In der großen Wohnküche hätten zehn Personen um den Esstisch gepasst. Schade, dass sie nur zu zweit waren.

Das Restaurant in der Nähe bot ein Pilgermenü an, das die Anstrengungen des Tages vergessen ließ: eine exquisite Fischsuppe und zarte Schweinebäckchen mit Pommes frites sowie eine Zitronencreme zum Nachtisch.

Nach dem Essen spazierten sie durch einen kleinen Wald hinunter an den Strand. Es dämmerte bereits, als sie dort ankamen. Die Sonne versank hinter den zerklüfteten Felsen, die die Sandbucht eingrenzten. Sie umarmte alles mit ihrem roten Schein und tauchte die Bucht in ein diffuses Licht.

Sophie und Manu wateten barfuß durch das kalte Wasser. Es war herrlich! Das Wasser erfrischte, liebkoste, war da! Umspielte die Füße. Kleine Schaumkronen schwammen leise grummelnd an Land. Dort, wo Meer und Himmel aneinanderstießen, schoben sich Wolkenberge durch einen zartrosa Streifen. Nichts störte den himmlischen Frieden.

Herrlich ausgeschlafen machten sich die beiden Schwestern am frühen Morgen wieder auf den Weg. Sie hofften, spätestens nach einer Stunde in Buelna ein Frühstück zu bekommen. Ihre feuchten Shirts und Socken baumelten am Rucksack und trockneten in der Morgensonne.

Hinter dem langgestreckten Ort führte der Weg sie bergab durch den Wald. Morgentau lag auf den Pflanzen. In der Senke musste ein quirliger Bach überquert werden. Die nassen Steine waren rutschig. Die Luft war feucht und der Geruch erdig. Die Vögel zwitscherten heute Morgen besonders munter. Steil bergauf gelangten die Pilgerinnen wieder aus dem Wald heraus. Hinter der Bergkuppe erwartete sie - wie so oft - der weite Blick auf das blaue Meer.

„Da ist es wieder!", sagte Manu.

„Meinst du das Meer?", fragte Sophie.

„Ja, und das Glücksgefühl in meinem Bauch, wenn ich es wieder an meiner Seite habe", schwärmte Manu. „Es ist so unglaublich schön, und ich fühle mich neben ihm so frei wie noch nie." Sie breitete ihre Arme aus.

Sophie fühlte ähnlich und beobachtete ihre „kleine" Schwester, die sich lachend im Kreis drehte. Wie bereichernd war es doch, gemeinsame Empfindungen zu haben.

Der Weg bis zum Frühstück zog sich mit steilen Auf- und Abstiegen zwar in die Länge, aber er belohnte sie dafür mit seinen schönen Ausblicken. Umso besser schmeckten der Kaffee und das Bocadillo, das sie in einer hübschen Bar verspeisten. Die beschwingte Musik, die dazu aus dem Radio erklang, war wie geschaffen, um das Herz zu erwärmen und den Körper in Bewegung zu versetzen. Die Blase an Sophies Fuß hatte sich von einem Blasenpflaster beruhigen lassen und schmerzte nicht mehr. Überhaupt schienen heute alle Wehwehchen einen Ruhetag einzulegen. Wie schön war das denn!!!

Ab Buelna war der Europäische Küstenwanderweg wieder ausgeschildert, der Jakobsweg wählte die Straßenvariante. Herrlich! Manu und Sophie freuten sich auf den Pfad an der

Küste entlang. Heute Morgen war alles stimmig, ein perfekter Wandertag.

Die Aussicht, wieder einmal den ganzen Tag lang das Meer direkt an ihrer Seite zu haben, jagte den Endorphin-Spiegel der Schwestern so in die Höhe, dass sich die Ungetüme auf ihren Rücken in federleichte Gebilde verwandelten.

Der sandige Pfad schlängelte sich über sattgrüne Wiesen und ließ die bewaldeten Bergketten und felsigen Gipfel links liegen. Ruhig lag das Meer zu ihrer Rechten. Kleine Sandbuchten kuschelten sich zwischen schroffe Felsen. Große Flecken mit weißen Margeriten und gelbem Ginster säumten den Weg. Die alten Mauern einer kleinen Ruine waren fast vollständig mit blühender Kapuzinerkresse überwuchert. Der blaue Himmel schaute durch das Fensterloch, als die Schwestern ein paar der orangefarbenen Blüten naschten. Im Mund entfalteten sie zuerst einen süßlichen und dann einen pikanten Geschmack, der an Meerrettich erinnerte.

In einem Dorf spendete ein Brunnen eiskaltes Wasser. Es war eine Freude, die lauwarme Brühe in den Trinkflaschen durch frisches, kühles Nass ersetzen zu können!

Das Asphaltsträßchen wurde von einem Schotterweg abgelöst. Wieder ging es bergauf.

Schon von weitem sahen sie das markante Felsplateau der Bufones de Arenillas. Diese Brandungshöhlen sind ein Highlight der Natur. Bei aufgewühlter See dringt hier das Wasser mit großer Wucht in das durchlöcherte Kalkgestein ein und schießt mit schaurigem Fauchen als Fontäne wieder in die Höhe. Sophie und Manu liefen über die vom Wasser abgerundeten Steine. Aus den tiefen, zerklüfteten Spalten drang heiseres Grummeln und Ächzen. So, als würde jemand versuchen, einen alten Motor anzuwerfen. Er bemühte sich nach Kräften, aber ihm fehlte der Antrieb. ‚Abstand halten!' war auf mehreren Warnschildern zu lesen, aber heute leider nicht nötig. Das beeindruckende Schauspiel blieb ihnen verwehrt. Friedlich lag ihnen das Meer in einem unergründlich tiefen Blau zu Füßen.

Weiter ging es in einem unablässigen Bergauf und Bergab. Eine Aussichtsplattform belohnte den Aufstieg mit einem weiten Blick über die Küste, die sich bis zum Horizont wie eine grüne Zackenlitze dahinschlängelte. Immer wieder zog die unendliche Weite des Meeres sie in ihren Bann. Sie schenkte ihnen Freiheit und Ruhe, lockte abenteuerlich und besonnen. Das Meer begleitete ihren Weg mit all seinen Gesichtern. Es atmete die Wellen ein und stieß sie wieder aus, gab Bächen und Flüssen ein Ziel. Sie waren wie Adern, die sich durch die Erdteile zogen und sich im Herzen des Meeres vereinten.

Manu steckte ihr Handy gar nicht mehr in die Tasche, sondern behielt es in der Hand, um möglichst viel von der Fülle, die die Natur hier zu bieten hatte, festzuhalten. Sie dachte an Simon. Ob sie ihm noch einmal begegnen würde? Seine ruhige, besonnene Art hatte ihr gefallen.

In fünf Tagen mussten Sophie und sie in Gijón ankommen, um am Samstag ihre Heimreise antreten zu können. Den Gedanken daran schob sie weit von sich.

Noch waren sie unterwegs durch Dörfer mit bunten Häusern, blühenden Gärten und Sträuchern, und das Meer war immer in der Nähe.

Im Tal eines kurzen Waldabschnittes plätscherte ein Bach aufgeregt seinem Ziel, dem Atlantik, entgegen. Inzwischen war es zur alltäglichen Gewohnheit geworden, von einem Stein zum anderen zu hüpfen, um Wasserläufe zu überqueren.

Am Nachmittag erreichten sie Llanes. Das herrliche Küstenstädtchen mit seinen zahlreichen, prachtvollen Indiano-Villen, einer schönen Altstadt und einladenden Stränden war immer wieder Kulisse für Spielfilme und TV-Serien.

„Sollen wir hierbleiben und heute Abend einen Altstadtbummel machen?", fragte Sophie. „Mir gefällt der Ort richtig gut!"

„Ja, mir auch! Aber denk daran, dass wir spätestens am Freitag in Gijón sein müssen. Wir können doch jetzt die schönen Häuser fotografieren und uns die Stadt ansehen. Ich finde, wir sollten danach aber noch bis in den nächsten Vorort gehen. Ich habe gelesen, dass es dort eine alternative Privatherberge gibt, die sehr schön sein soll."

„Wie weit ist das noch?"

„Ich schau nach." Während Sophie den Reiseführer aus Manus Rucksack kramte, stellte sich jemand zu ihnen.

„Hallo ihr zwei!", hörten sie Simons Stimme. Er trug seine komplette Fotoausrüstung am Körper und hatte die Kamera schussbereit in der Hand. Offensichtlich schlenderte er durch die Straßen, um die eindrucksvollen Gebäude und ihre individuelle Einmaligkeit festzuhalten.

Manu verspürte den Wunsch, mit ihm auf Foto-Tour zu gehen. Aber sie sprach den Wunsch nicht aus.

Simon hatte sich bereits in einem kleinen Hotel einquartiert. Er wolle nicht mehr in Herbergen schlafen, sagte er. Er genieße das Alleinsein und ein bisschen Luxus nach der Anstrengung eines Wandertages.

Manu und Sophie verabschiedeten sich wieder von ihm. Simon fragte Manu nach ihrer Mailadresse, falls er mal nach Detmold käme. „Vielleicht können wir uns dann ja treffen?"

„Gute Idee!" Manu strahlte.

Eine knappe Stunde und vier Kilometer weiter erreichten die Schwestern die gemütliche Herberge mit einem herrlich blühenden Garten. Zwei bunte Hängematten waren von Baum zu Baum gespannt und luden zum Entspannen ein. Ein Frosch quakte, und eine Libelle flog über den Gartenteich.

Im Haus lagen Sitzkissen und bunte Matratzen in einer Fensternische und auf den Holzdielen der Flure. Eine schöne Oase, aber auch ein bisschen teurer als andere.

Manus Blick blieb an einem Plakat hängen. Sie überlegte, ob sie das Angebot zu einer Reikistunde annehmen sollte. Sie war neugierig, wie diese esoterische Geistheilung bei ihr ankommen würde. Sophie war entsetzt. „Du weißt, dass es Heiler gibt, die Reiki mit Jesus gleichstellen? Sie behaupten, weil Jesus den Menschen die Hände aufgelegt hat, wäre bewiesen, dass er auch ein Reiki-Meister gewesen sein muss."

„So ein Unfug!"

„Eben! Und hier nenne ich es Geschäftemacherei. Schau dir den schönen Heiler doch mal an. Für mich sieht er eher aus wie ein cleverer Geschäftsmann." Sophie redete ohne Punkt und Komma auf ihre Schwester ein. „Aber Pilger sind wahrscheinlich eine gute Klientel für so etwas. Immer auf der Suche…"

„Ich werde es mir überlegen, große Schwester", räumte Manu ein und ging zur Rezeption, um sich einen Flyer vom Stapel zu nehmen.

Als sie den gutaussehenden Mann hinter dem Tresen mit einem kurzen Blick fixierte, sah er sie kurz an und sagte nur: „But not today!"

Okay, damit hatte sich die Sache von selbst erledigt. Eigentlich schade, ein bisschen Meditation und Handauflegen mit diesem „Sahneschnittchen" wären bestimmt nicht schlecht gewesen, ging es ihr durch den Kopf.

„Sorry, the Master of Reiki is ill", hörte sie den hospitalero im Weggehen sagen.

„Oh! Thank you." Manu drehte sich noch einmal kurz um und schenkte ihm ein Lächeln. War er am Ende gar nicht der Meister?

Sie schlenderte in den Garten und legte sich in eine der Hängematten. Mit geschlossenen Augen genoss sie das selige Gefühl der Ruhe und Zufriedenheit.

Dankbarkeit

Sophie und Manu schliefen gut und lange, denn sie waren allein in einem Dreibettzimmer. Sie waren auch allein am Frühstückstisch. Der hospitalero war nicht im Haus, die andern Pilger längst aufgebrochen. Auf dem Büffet lagen noch ein paar Reste. Immerhin konnten sie sich einen Kaffee kochen und die zwei kleinen Endstücke eines Baguettes mit etwas Marmelade bestreichen.

Gut gelaunt verließen sie die Herberge. Der Küstenweg lockte. Auf der Straße standen Pfützen, und die Luft war kühl. Ein schmaler Pfad führte hinunter zum Strand.

Zwischen Meer und sanften Hügeln, auf deren grünen Weiden braune Kühe grasten, wand sich mal ein Schotterweg, mal ein sandiger Pfad oder ein kleines Sträßchen. Noch einmal waren in der Ferne die schneebedeckten Picos zu sehen. Täglich aufs Neue konnten sie sich nicht satt sehen an dieser herrlichen Landschaft, die sich immer wieder in einem anderen Gewand zeigte.

Ein schroffer Felsen strebte wie eine große Mauer ins Meer. Durch eine spitze Öffnung in seiner Mitte schoss unablässig ein weiß schäumender Schwall und verteilte sich tosend im großen Ganzen. Der ‚Einbrecher' wurde von den Wellen mitgenommen und an den Strand gespült. Das Meer duldete keine Ausnahmen. Jeder Tropfen gehörte dazu.

Eine Klosterruine erzählte von alten Zeiten. Halb verfallene, große Gehöfte ließen auf eine glanzvolle Vergangenheit schließen. Streunende Katzen und Hunde dagegen waren Zeichen der Gegenwart. Sie machten einen traurigen und verwahrlosten Eindruck. In jedem Weiler gab es einige von ihnen. Sie lagen Mitleid erregend in Hausecken oder am Straßenrand.

Den Schwestern blies ein frischer Wind ins Gesicht. Ihre Füße und Beine bewegten sich im Gleichschritt. Ihre Körper hatten sich offensichtlich an die tägliche Belastung gewöhnt, und ihre Gedanken waren mit ihnen auf dem Weg.

Sie liefen durch ein Wäldchen und durchquerten eine Bachsenke. Nach dem nächtlichen Regen war es hier ziemlich morastig. Jeder Schritt musste wohl überlegt werden. Der schwarze Matschboden war heimtückisch und jeder Stein oder Erdklumpen konnte eine Rutschpartie auslösen oder den Fuß im Schlamm versinken lassen. Inzwischen waren sie geübt in der Überwindung solcher Hindernisse und schenkten dem Matsch an ihren Schuhen ein Lächeln.

Zwischen wiederkäuenden Kühen zog sich ein schmaler Wiesenpfad bergauf zu einem Monasterio. Sophie hätte gerne in der Kirche eine Kerze angezündet und „danke" gesagt. Schade, dass die Türen wieder einmal verschlossen waren. Die Dankbarkeit blieb trotzdem in ihrem Herzen.

An einer mittelalterlichen Brücke machten sie eine kurze Pause. Während Manu mit ihrem Handy ein Foto schoss, wanderte ein Paar auf sie zu. Sophie erkannte Gerd und Irene sofort und erinnerte sich an ihre bis ins Detail geplante Pilgerreise.

Sie lächelte, als Gerd sie fragte: „Wollt ihr auch den Rundweg durch das Naturreservat machen?"

„Welches Naturreservat?", fragte Manu, die sich zu ihnen gestellt hatte.

„Es beginnt hier an dem Bachlauf unter der Brücke. Man läuft ungefähr eine bis eineinhalb Stunden lang durch eine völlig naturbelassene Wildnis."

Manu und Sophie mussten nicht lange überlegen. Natürlich wollten sie sich dieses Highlight nicht entgehen lassen.

Hinter einem schmalen Gatter begann der Weg durch die unberührte Natur. Hier durfte sie sich unbegrenzt ausweiten, wachsen und vergehen und immer wieder neu entstehen. Und das tat sie in unbeschreiblicher Üppigkeit.

Ein schmaler Trampelpfad führte am Bachlauf entlang. Über Baumwurzeln und Steine, in einem leichten Auf und Ab. Als ein Sonnenstrahl durch das Laub der Bäume fiel, spiegelte sich das Blau der Akeleien für einen Moment im Wasser wider. Leicht und ruhig bewegte es sich vorwärts, umgeben von Grüntönen in allen Facetten. Eine Fülle von Farnen, Gräsern und Blumen begleiteten den Bach auf seiner Reise.

Ein Fels versperrte ihm den Lauf. Breit und fest ragte er aus dem Wasser heraus. Auf seinem Gipfel reckte sich ein kleiner Baum mutig empor. Er wurzelte in einem Moos-Bett auf steinigem Grund. Winzige weiße Blüten schauten wie kleine Sternchen von unten zu ihm hinauf. Der Bach teilte sich und rauschte mit viel Getöse um das Hindernis herum, um sich hinter ihm wieder zu vereinen.

Neben einer Baumwurzel hatte sich ein großer Busch weiß blühender Calla eingerichtet. Ihre Blüten strahlten im prächtigen Kontrast zu dem satten Grün ringsum.

Wenig später versperrte ein umgestürzter Baumstamm den Wanderern den Weg. Drüber oder drunter? Auf allen Vieren krochen sie unter ihm hindurch, den Rucksack auf dem Rücken.

Nicht weit davon entfernt lag das Geäst einer Baumkrone auf dem Weg. Das trockene Holz knackte, als sie darüberstiegen. Moos wuchs über dem Baumstamm und auf den Steinen, die hinunter zum Wasser führten. Schüchtern versteckten sich zarte weiße und rosa Blüten unter dem schützenden Blattwerk größerer Sträucher.

Sophie und Manu ließen sich verzaubern von diesem Einklang und dem Reichtum der Natur. Mal streifte ein Rankgewächs ihre Wange, mal kitzelten hohe Gräser an ihren nackten Beinen. Hier waren sie mittendrin.

Manu lächelte ihre Schwester an und atmete tief den erdigen Duft ein. Dann begann sie leise ein Kirtan zu singen.

„Ich liebe diese Erde, zu der ich wieder werde.
Ich atme die Luft, die ich zum Leben brauch.

Ich liebe diese Erde, zu der ich wieder werde.
Ihr Brot und ihr Wasser füllt mir meinen Bauch. "

Verwundert lauschte Sophie der zarten Singstimme ihrer Schwester und dem kraftvollen Text. „Ich liebe diese Erde, zu der ich wieder werde." Sie dachte an Martin, dessen Asche in der Erde ruhte. Irgendwann sie selbst, wir alle. Alles ist mit allem verbunden.

Manu sang es mehrmals hintereinander und löste damit ein wohliges Gefühl bei ihrer Schwester aus.

„Das war sehr schön", sagte sie. „Woher kennst du das Lied?"

„Von meiner Yogalehrerin", antwortete Manu. „Es ist eine Art Mantra, aber mit deutschem Text. Deshalb nennt man es Kirtan. Ich singe es manchmal, weil es mir bewusst macht, das alles endlich und nichts selbstverständlich ist."

Der Bach sprudelte und gluckste vergnügt. Die Vögel zwitscherten, sangen und schwätzten. Eine Spinne verspeiste in ihrem kunstvoll angelegten Gewebe ein Insekt, das sich darin verfangen hatte. Eine zarte Libelle schnurrte in Windeseile über das Wasser, blieb in der Luft stehen und verschwand genauso schnell wieder wie sie gekommen war. Pflanzen und Lebewesen gediehen hier prächtig und in großer Freiheit. Die Natur protzte im großartigen Kleinen.

Schon von weitem hörten sie den Wasserfall. Er übertönte das Vogelgezwitscher. Noch plätscherte das glasklare Wasser munter über die Steine, doch schon einige Meter weiter stürzte es in einer Schlucht einige Meter tief hinab. Die Felsen waren überwuchert mit Farnen, Efeu und Lianen, die die Sicht nicht frei gaben. Wie ein Vorhang fielen sie von oben herab. Sophie entdeckte eine kleine Spalte, durch die sie einen winzigen Ausschnitt des glitzernd spritzenden Wassers erblicken konnte.

Schon bald floss der Bach wieder an ihrer Seite. Ruhig wie ein See gab er sich jetzt. Auf einem Seitenarm hatte sich Entengrütze ausgebreitet. Frösche quakten und flüchteten ins Wasser. Gelbe Butterblumen wuchsen neben Schilfgras am Ufer.

Wenig später hüpfte er wieder ausgelassen über Stock und Stein, gab Fischen und Fröschen ein Zuhause, war Heimat von Libellen, Wasserläufern und einer Vielzahl von Insekten. Er tränkte Pflanzen, Bäume und Tiere, war Lebensraum für alle.

An seiner Seite verschwendete die Natur ihren Reichtum, zeigte sich erhaben und zauberhaft zugleich.

Der Wald lichtete sich, und der Bach wurde breiter. Sein Delta floss seicht über sandigen Grund. Ruhig strömte er seiner Erfüllung entgegen. Nicht weit entfernt wartete das Meer auf ihn, um ihn in seinen nimmermüden Kreislauf aufzunehmen.

An der Mündung warteten Gerd und Irene auf die beiden Schwestern. Gemeinsam wanderten sie durch eine kleine Ortschaft, in der jedoch weder die gelben Pfeile des Jakobsweges, noch die weiß-roten Zeichen des Küstenweges zu sehen waren. Gerd fragte eine Bäuerin, die eine mit Pflanzen beladene Schubkarre über die Straße schob. Sein Spanisch war perfekt. Die ältere Frau sagte, sie wolle mit ihnen laufen, um ihnen den Weg zu zeigen. Mit Freude begleitete sie die vier Pilger bis zu einer Kreuzung und verabschiedete sich so herzlich von ihnen, als wären sie alte Bekannte.

Etwa zehn Minuten später gelangten sie wieder auf die Straße, an deren alter Brücke sie sich vor mehr als einer Stunde getroffen hatten.

Das Ehepaar verlangsamte seinen Wanderschritt und blieb bald hinter den Schwestern zurück, die ihr eigenes Tempo bevorzugten.

Sophie fragte sich, ob Martin diesen Abstecher in seinem Plan wohl auch berücksichtigt hatte? Vielleicht würde sie heute Abend nachsehen. Oder lieber doch nicht?

Martin war auf einmal so weit von ihr weggerückt. Er war nicht mehr an ihrer Seite, wie zu Beginn des Weges. Diese Erkenntnis traf sie wie ein Schlag. Wo war ihre Liebe zu ihm geblieben? Sie spürte die Leere und mit ihr ein schlechtes Gewissen.

Aber wie sollte sie einen Menschen lieben, mit dem sie nur noch die gemeinsame Vergangenheit verband? Sie hatte nur noch die Erinnerungen.

Sie musste das akzeptieren. Akzeptanz war kein Verrat!

Sie stierte auf den grauen Asphalt unter ihren Schuhen und auf ihre Füße, die sich Schritt für Schritt vorwärts bewegten. Jeden Tag dachte sie an ihn. Jeden Morgen, jeden Abend, am Meer und im Wald. Aber seine Konturen verblassten immer mehr.

Seine Stimme, seine Hand, seine Nähe. Ihre Liebe hatte kein Gegenüber mehr. Wie Schuppen rieselte diese Gewissheit in ihr Bewusstsein.

Wenig später ertappte sie sich dabei, dass sie gedankenverloren ein Lied summte. Als ihr bewusst wurde, was sie da summte, musste sie lächeln, obwohl dicke Tränen aus ihren Augenwinkeln tropften.

Es war das Lied der kleinen Ente Alfred Jodocus Kwak aus der Musikfabel von Hermann van Veen.

„Warum bin ich so fröhlich?
So ausgesprochen fröhlich,
so fröhlich war ich nie.
Ich bin auch manchmal traurig,
ganz abgrundtief traurig,
dann bin ich schaurig traurig,
dann tut mir alles weh!"

Ja, ein wenig fühlte sie sich wie diese kleine Ente, deren Eltern von einem Auto überfahren wurden, und die deshalb von einem Maulwurf großgezogen worden war.

„Wie kommst du jetzt auf dieses Lied?", fragte Manu neugierig und sah die Tränen über Sophies Wangen laufen. „O Gott, was ist?"

„Alles ist gut!", winkte Sophie ab. „Ich glaub, der Bach und die Entengrütze haben mich an diese Geschichte erinnert."

„Ich habe mir damals mit Tim viele Folgen im Fernsehen angeschaut."

„Ja, wir auch. Ich habe grade so gedacht, dass du hier auf dem Weg für mich ein bisschen so etwas bist, wie Henk der Maulwurf für Alfred Jodocus Kwak war."

Sie lachten beide über diesen hinkenden Vergleich. Sophie hängte sich bei Manu ein, und ein Stück weit liefen sie Arm in Arm weiter.

„Casa Belén" war mit blauen Mosaiksteinchen auf einer Steinplatte zu lesen. Der Schriftzug war ringsum mit bunten Blümchen und roten Sonnenstrahlen verziert. Auf einer großen Wiese neben dem Haus saßen etliche Leute um einen gedeckten Kaffeetisch.

„Hallo, Manu! Hallo, Sophie!", tönte es aus mehreren Kehlen.

Lena, Barbara und einige andere mehr oder weniger flüchtige Pilgerbekanntschaften riefen ihre Namen. Die Schwestern freuten sich über das unerwartete Wiedersehen und die stürmische Begrüßung.

Genauso herzlich wurden sie von der hospitalera empfangen, die sich als Birgitta vorstellte. Sie fragte, ob sie bleiben möchten, es wären noch zwei Betten frei. Sophie nickte, Manu zuckte mit den Schultern.

„Dann nehmt erst mal einen Kaffee und esst ein Stück Kuchen, bevor ihr euch entscheidet", schlug Birgitta vor und schob zwei Stühle an den Tisch.

„Danke! Das ist prima! Kaffeepause wollten wir sowieso machen", freute sich Sophie.

„Wenn du dich jetzt hinsetzt, dann bleibst du", seufzte Manu schicksalsergeben und fügte grinsend hinzu: „Das weiß ich aus Erfahrung!"

„Es ist doch so schön und herzlich hier!", erwiderte Sophie.

„So ist der Camino, und so ist das Leben. Man muss das Schöne auch annehmen, das sich einem bietet! Außerdem sind wir mindestens sechsundzwanzig Kilometer gelaufen. Ich finde, das ist genug."

Es dauerte nicht lange, da erreichten auch Gerd und Irene die Herberge.

„Wenn ihr alle bleiben wollt, wird es eng", verriet Birgitta. „Aber ihr müsst es mir bald sagen, dann improvisiere ich noch etwas."

Natürlich blieben alle. Sophie und Manu durften ausnahmsweise im Besucherzimmer der Töchter schlafen.

Birgitta und Manfred waren ein deutsches Ehepaar, das bereits seit vielen Jahren in Spanien lebte und sich mit dem Bau dieses Hauses einen Lebenstraum erfüllt hatte. Sie haben damit sich selbst ein schönes Heim und den Pilgern eine wunderbare Herberge geschaffen. Das ganze Anwesen war liebevoll und zweckmäßig angelegt.

Zwölf Personen saßen am Abend um den großen Tisch im gemütlich eingerichteten Wohnzimmer. Manfred dirigierte den Kanon „Herr, wir danken für die Gaben", bevor die Teller gefüllt wurden.

Birgittas Kochkünste waren nicht zu übertreffen, und die Gespräche bei Wein und Wasser hätten wahrscheinlich bis tief in die Nacht gedauert, hätten die hospitaleros ihnen nicht Einhalt geboten, und Manfred sie zu einer Andacht in das Gartenhäuschen eingeladen.

Die Tür des grün angestrichenen Holzhauses mit den weißen Fensterrahmen war weit geöffnet und gab den Blick in den kleinen Meditationsraum frei. Bunte Flickenteppiche, Kissen und Lammfelle auf dem hellen Holzfußboden, eine Bank an jeder Seite. An der Wand ein großes Bild von der Geburt Jesu, neben einem schwungvoll drapierten roten Tuch, dazwischen ein kleineres Christus- und ein Marienbild. Eine etwa dreißig Zentimeter große, schwarzgelockte Pilgerpuppe, in Fell gewandet, mit einer Jakobsmuschel auf dem Rücken und einem Wanderstab in der Hand, ein Abendmahlbild und Kerzenlicht auf dem Boden davor, daneben eine Puppe im Rüschenkleid. In der Mitte Schalen mit Glasmurmeln und Kieselsteinen.

Manfred nahm die Gitarre vom Haken und wartete, bis sich alle in die Runde gesetzt hatten. Er stimmte ein Taizé-Lied an, dessen Refrain jeder bald mitsingen konnte:

„Im Dunkel unserer Nacht
entzünde das Feuer, das nie mehr erlischt,
das niemals mehr erlischt."

Es war Zeit für gute Gedanken und Innehalten, ein gemeinsames Vaterunser und ein Bittgebet. Die Pilger konnten sich einen Kieselstein nehmen und ihn als Symbol für etwas Schweres, das sie selbst mit sich tragen oder das jemand anderes mit sich trägt, vor dem Jesusbild ablegen. Genauso durften sie mit den Glasmurmeln verfahren, als Ausdruck des Dankes.

„Möge die Straße uns zusammenführen, und der Wind in deinem Rücken sein…." Diesen irischen Segensgruß sangen alle gemeinsam zum Abschluss.

Sophie war glücklich. Jetzt wusste sie, was ihr bisher auf dem Pilgerweg gefehlt hatte.

Manu, die nur zögernd zu dieser kurzen Andacht mitgegangen war, fühlte sich zu ihrem Erstaunen in dieser kleinen Gemeinschaft sehr wohl und mit ihrer Schwester eng verbunden.

Als alle anderen das Gartenhäuschen bereits verlassen hatten, blieben sie noch eine Weile nebeneinander sitzen. Manu nahm

Sophies Hand und hielt sie fest. Beide ließen den Tag noch einmal an sich vorbeiziehen und dachten an die vergangene Zeit ihrer gemeinsamen Wanderung. Noch nie waren sie so vertraut miteinander gewesen wie in diesem Augenblick.

„Ich will noch nicht in vier Tagen nach Hause!", flüsterte Sophie.

„Ich auch nicht! Aber ich muss!", sagte Manu.

Verlängerung

Die Morgensonne kitzelte in der Nase. Sophie machte die Augen auf und sah durch das Fenster. Sie setzte sich hin, um den Blick in den Garten und das dahinter liegende Gebirge genießen zu können.

„Herrlich!", sagte sie und machte ein paar Dehnübungen, bevor sie die Beine aus dem Bett schwang.

„Guten Morgen, Schwesterherz", hörte sie Manu sagen. „Gut geschlafen?"

„Nicht so besonders." Sophie drehte sich um. „Du wirst es nicht glauben, aber ich habe die ganze Nacht darüber nachgedacht, was ich machen könnte, um meinen Urlaub zu verlängern und bis Santiago zu laufen", gestand sie.

„Im Ernst?" Manu war mit einem Schlag hellwach und setzte sich hin. „Du würdest allein weiterlaufen?"

„Ja!", sagte Sophie fest entschlossen. „Ich werde nachher mit Karin telefonieren, ob sie noch zwei weitere Wochen ohne mich auskommt."

„Du scheinst dir da ja wirklich ganz sicher zu sein." Manu war perplex. Das hätte sie nie und nimmer von ihrer Schwester erwartet. „Ich bin platt!"

„Ich will endlich meinen eigenen Weg finden", sagte Sophie und wirbelte durchs Zimmer. „Darum bin ich so fröhlich, so fröhlich, so fröhlich, so ausgesprochen fröhlich, so fröhlich war ich nie", sang sie dabei und ließ sich lachend aufs Bett fallen.

Nach dem Frühstück verabschiedeten sich die Schwestern von Birgitta und Manfred. Das Ehepaar würde später nach Ribadesella fahren, um einzukaufen und Barbara mitnehmen. So könnte auch sie heute –trotz ihrer Handicaps- eine längere Etappe schaffen. Bis auf Barbara waren sie wieder einmal die Letzten, die die Herberge verließen.

Birgitta winkte mit einem Handtuch und sang „…und bis wir uns wiedersehen, halte Gott dich fest in seiner Hand", als die beiden durch den Garten das Grundstück verließen.

„Birgittas Herzlichkeit hat mir richtig gut getan", sagte Manu, als sie wieder auf der Straße waren.

„Ja, mir auch. Man merkt den beiden an, dass sie das, was sie tun, mit Liebe machen."

Hinter dem Haus kennzeichnete eine Muschel den Jakobsweg. Bis Ribadesella wanderten sie durch eine ländliche Idylle, vorbei an blühenden Wiesen und Obstbäumen. Die malerische Bergkette immer an ihrer linken Seite. Feldwege und Sträßchen wechselten sich ab, mehrere Bahngleise mussten überquert werden. Hin und wieder zeigte sich das Meer am Horizont. Es war bestes Wanderwetter, und so erreichten sie nach knapp zwei Stunden die Stadt der Kajakfahrer. Der Wettbewerb Descenso Internacional del Sella lockt jedes Jahr Hunderte von Kajakfahrern aus aller Welt hierher.

Heute war Markttag. Auf Straßen und Plätzen waren Stände aufgebaut, und zwischen den farbig gestrichenen Häusern bewegten sich viele Menschen. Es gab fast nichts, was man hier nicht kaufen konnte. Neben Obst und Gemüse, auch allerlei Krimskrams, Töpfe, Schüsseln, Porzellan, Antiquitäten und Bekleidung. Auch die Schwestern konnten dem Angebot nicht widerstehen und kauften reichlich Obst ein. Dann setzten sie sich auf die Terrasse eines kleinen Cafés. Von hier aus ließ sich das bunte Treiben herrlich beobachten.

Noch bevor sie einen großen café con leche vor sich stehen hatte, zückte Sophie ihr Handy und rief Karin im Buchladen an. Gespannt beobachtete Manu ihre Schwester und versuchte, sich einen Reim aus dem Gehörten zu machen. Karin schien von Sophies Idee nicht begeistert zu sein. Als Sophie jedoch nach längerem Hin und Her das Gespräch mit einem strahlenden Gesicht beendete, wusste sie Bescheid.

„Und, was ist der Preis für deine Urlaubsverlängerung?", fragte sie deshalb gerade heraus.

„Ich habe ihr versprochen, bis Weihnachten an jedem Samstag lange zu arbeiten", sagte sie. „Ist vielleicht sogar ganz gut, dann komme ich nicht auf trübe Gedanken."

„Wie lange habt ihr samstags geöffnet?", wollte Manu wissen.

„Bis sechzehn Uhr", antwortete sie und nahm ihr Handy wieder vom Tisch. „Mein Gott, jetzt werde ich ganz aufgeregt!" Sie redete plötzlich viel schneller als sonst und fummelte an der Schutzhülle herum. „Als Nächstes muss ich meinen Flug umbuchen. Statt ab Bilbao jetzt zwei Wochen später ab Santiago de Compostela zurück. Hoffentlich klappt das. Sind wir soeben nicht an einem Reisebüro vorbeigekommen? Ich meine, ich hätte so etwas gesehen. Ist vielleicht am einfachsten, wenn ich mir dabei helfen lasse. Vom Handy aus krieg ich das sowieso nicht gebacken."

„Jetzt beruhige dich erst einmal und trink deinen Kaffee. Das wird schon klappen. Ist ja noch keine Hauptsaison."

„Und meine Kinder muss ich auch anrufen. Bin gespannt, was die dazu sagen."

„Ja, ja, ja. Alles der Reihe nach!" Manu schlug den beruhigenden Ton einer Therapeutin an. Innerlich amüsierte sie sich ein wenig über die Aufgeregtheit ihrer großen Schwester.

Eine halbe Stunde später war alles geregelt.

Sophie und Manu blickten ein letztes Mal von einem Höhenweg aus auf die Stadt und ihren Hafen in der Einmündung der Sella. Die Bergkette beschützte die Stadt mit den vielen roten Dächern wie ein Wall.

Eine lange Brücke überspannte den Fluss, weiße Boote hatten am Steg festgemacht. Vier morsche Holzkanus lagen nicht weit von ihnen entfernt im Brackwasser. Sie waren vollkommen mit Moos überzogen.

Eine dicke schwarze Wolke zog mit den Schwestern aus der Stadt hinaus. Es war schön, die Stadt wieder zu verlassen und auf kleinen Wegen zu wandern. Ein weiteres Mal waren sie scheinbar allein unterwegs durch eine hügelige Wald- und Weidelandschaft.

Der nächste Anstieg war heftig, und der Regenschauer auch.

Die kleinen Weiler waren wie ausgestorben. Blühende Petunien auf den Fensterbänken der kleinen Backsteinhäuser waren einzige Zeichen menschlicher Präsenz. Auf den schmalen

Steinstufen, die zu einem auf Pfählen errichteten hölzernen Getreidespeicher führten, standen Töpfe mit roten Geranien. An einer alten Steinmauer rankten Rosen. Im Vorbeigehen konnte man ihren köstlichen Duft einatmen.

Es war Zeit, eine Pause zu machen. An der winzigen Terrasse eines alten Hauses gabelten sich zwei enge Dorfstraßen. Drei Stühle waren gegen die Tischkante gekippt, ihre Sitzflächen dadurch trocken geblieben. Dieses Plätzchen war ein Geschenk des Himmels, um Tomate und Gurke, Ziegenkäse, Brot und Obst zu verzehren. Manu sah, dass sich der Vorhang des gegenüberliegenden Fensters immer wieder bewegte. Aber einen Menschen sah sie nicht.

Gestärkt verließen sie den Ort und trafen auf die rot-weiße Markierung des Küstenweges. Der sandige Pfad führte sie durch eine wellige Dünenlandschaft. Das Meer war wieder direkt an ihrer Seite. Wie herrlich! Der Wind, die salzige Luft und das Rauschen des Ozeans. Die kleinen Sandstrände waren menschenleer.

Der Himmel wusste heute nicht, ob er weinen oder lachen sollte. Die Regenpelerinen wurden nicht trocken. Manus Stimmung hatte sich dem Wetter angepasst. Seit Sophie ihre Verlängerung fest gemacht hatte, keimte ein wenig Neid in ihr. Wie gerne würde sie auch noch weiterlaufen! Immer wieder blieb sie stehen und schaute aufs Meer hinaus. Abschiedsschmerz bohrte sich tief in ihr Inneres. Sie versuchte, den Moment zu genießen und dankbar zu sein, für das was war. Immerhin hatten sie noch zwei gemeinsame Tage.

Sie sah den Wind. Er streifte über die Gräser und ließ sie tanzen. Spielerisch wiegten sie sich hin und her. Durch seine Kraft. Er wirbelte eine Sandwolke auf und trug sie ein Stück weit über den Strand. Das Meer dahinter war weit. Seine Weite reichte für sie nur bis zum Horizont. Mehr war für sie nicht sichtbar.

Aber sie durfte hier sein. Jetzt hier sein. Sie war frei. Sie hatte Glück. Sie sollte dankbar sein! Sie rief ihr neidisches Ego zur Ordnung.

Über einen Wiesenhang verließen sie die Dünenlandschaft. Eine kleine Straße, ein Schotterweg, ein steiniger Pfad bergauf durch den Wald. Sie wanderten langsam. Das Ungetüm drückte auf ihren Rücken, als wäre es durch den Regen schwerer geworden; dabei hatten sie die Lebensmittel doch schon aufgegessen!

Von der Bergkuppe aus breitete sich das Meer wieder vor ihnen aus. Weiße und graue Wolken rasten, vom Wind getrieben, über den Himmel. Zwischen ihnen erschienen blaue Stellen wie kleine Seen.

Der Abstieg war steil, aber er bescherte ihnen einen herrlichen Blick auf eine grüne Küstenlandschaft. Leuchtend gelber Ginster ersetzte die Sonnenstrahlen.

Kleine Badeorte belebten die Landschaft und den Weg.

Als sie in La Isla ankamen, hatten sie weitere achtundzwanzig Kilometer geschafft. Die Herberge war in einer alten Schule untergebracht. Den Schlüssel hatte Señora Angelita, eine alte Frau, die diese Herberge seit vielen Jahren betreute und ihren Job sehr genau nahm. Sie übertrug sämtliche persönlichen Daten aus dem Personalausweis in ihr dickes Buch.

Sie wird ihre Gründe haben, dachten Sophie und Manu.

Die Herberge hatte dreißig Betten und wurde zu einem Treffpunkt: Lena, Barbara, Gerd und Irene, sowie eine Australierin und eine Kanadierin, die sie bei Birgitta kennengelernt hatten, hatten sich ebenfalls hier einquartiert.

Barbara strahlte. Sie sei sechzehn Kilometer gelaufen, und es ginge ihr gut, erzählte sie. Ihre Blasen seien verheilt, Knie und Rücken habe sie im Griff. Sie werde auch weiterhin nur kurze Etappen laufen, viele Pausen machen und zwischendurch mit einem Auto oder dem Bus fahren. Da ergäbe sich immer irgendetwas. Sie habe den Rückflug für den 12. Juni gebucht und bis dahin müsse sie in Santiago ankommen.

„Da flieg ich auch zurück!", sagte Sophie. „Ich habe heute meinen Rückflug umgebucht."

Heute waren sie nicht die Letzten! Bereits um acht Uhr verließen sie die Herberge, warm in Shirts und Fleece gehüllt. Es hatte die ganze Nacht geregnet. Im kühlen Morgendunst an der Küste entlang zu laufen, den Wind zu spüren und die frische Luft zu atmen, war trotzdem ein herrliches Vergnügen, das die Schwestern miteinander teilten. Der graue Himmel spiegelte sich im Meer wider.

„Ich darf gar nicht daran denken, dass morgen mein letzter Wandertag ist", jammerte Manu. „Du glaubst ja gar nicht, wie sehr ich dich beneide!"

„Doch, ich glaube es dir."

„Ausgerechnet jetzt, wo sich mein Körper so richtig an das Laufen mit dem Ungetüm auf dem Rücken gewöhnt hat, muss ich Schluss machen."

„Ich werde dich bestimmt sehr vermissen."

„Das hoffe ich doch! Schreibst du mir ab und zu? Nur kurz, wo du bist, und wie es dir geht."

„Wenn ich Zeit dazu habe...", Sophie grinste über das ganze Gesicht, als sie fortfuhr: „Du weißt doch selbst, wie das hier ist. Tagsüber ist man mit dem Weg, dem Wetter und der Landschaft beschäftigt, dann Herbergssuche, Duschen, Pilgermenü und Erzählen. Oft sind wir ja nicht einmal zum Tagebuchschreiben gekommen!"

„Ja schon, aber anstatt unterwegs mit mir zu schwätzen, kannst du mir dann vielleicht ab und zu ein paar Sätze schreiben", bettelte Manu.

„Das mache ich bestimmt!", versprach Sophie.

Nach einer knappen Stunde erreichten sie Colunga, die Stadt der vielen Regenfälle und Gewitter. Der Legende nach wird Nuberu, der auf dem 1159 m hohen Pico Pienzu über der Stadt thront, dafür verantwortlich gemacht. Er hatte sich ja bereits heute Nacht ausgetobt. Für den Tag schien er sich noch nicht entschieden zu haben. Der Himmel war immer noch undurchsichtig grau.

Aus einer offenstehenden Tür drang unverschämt guter Kaffeegeruch nach draußen. Sophie und Manu betraten das nette, kleine Café. Der Vormittag war gerettet: Es gab nicht nur guten Kaffee, sondern auch bocadillos und frisch gebackene tortilla.

Als nach diesem guten Frühstück auch noch die Tür der Kirche geöffnet war, deutete Sophie das als ein gutes Omen für diesen Tag. Manu verstand zwar nicht, was Sophie an Gotteshäusern so anziehend fand, aber sie ging mit ihr hinein. Innen war es wohltuend hell und licht. Die weißen Wände und Säulen waren dezent mit Ornamenten in Braun- und Goldtönen bemalt. Der rote Anstrich hinter dem Altar wirkte feierlich. Herrlich große, weiße Blumenarrangements schmückten den Chor.

Sie setzten sich nebeneinander in eine Reihe. Sophie schloss die Augen und atmete den abgestandenen Weihrauchgeruch ein. Ihr wurde feierlich zumute.

„Danke!", sagte sie und drückte Manus Hand.

„Danke, dir auch!", erwiderte die Schwester.

Hinter der Stadt begann das Apfelanbaugebiet Asturiens. Blühende Apfelbäume säumten Straßen und Wege. Auf großen Weideflächen lagen Kühe wiederkäuend unter ihrem Schutz. Immer öfter schickte die Sonne ihre wärmenden Strahlen durch die Wolkendecke und ließ die weißen Blüten noch weißer erscheinen. Ein Windstoß wirbelte ihre kleinen Blättchen wie Schneeflocken durch die Luft.

Die Schwestern wanderten eine Stunde lang durch diese idyllische Ebene.

Die nachfolgenden Steigungen wären auch nur halb so schlimm gewesen, wenn die Pfade in dem kleinen Wäldchen nicht so morastig gewesen wären. Der nächtliche Regen hatte die feuchten Senken total verschlammt. Aber, sie hatten ja ihre Wanderstöcke. Die hatten sie bisher immer vor gefährlichen Rutschpartien bewahrt.

Manu stiefelte voran. Sophie versuchte in ihre Fußstapfen zu treten. Das ging so lange gut, bis Manu mit einem Schuh stecken blieb. Ihr rechter Wanderstock versank ebenfalls mindestens zwanzig Zentimeter im Schlamm. Manu versuchte mit aller Kraft, ihren Schuh zu befreien.

„Ich stecke fest!", rief sie und lachte. „Das gibt's doch nicht!"

Sie konnte es nicht glauben. „Ich muss doch hier rauskommen!" Sie ruckelte mit dem Fuß hin und her und versuchte, ihn hochzuziehen. Ihr Schuh aber bohrte sich immer weiter in die aufgeweichte Erde. Mit Schwung zog sie stattdessen ihren Fuß aus dem Schuh und wackelte gefährlich hin und her. Unwillkürlich stampfte sie mit dem Fuß in den Matsch, um ihr Gleichgewicht wiederzufinden.

„Verflixter Mist!", schimpfte sie.

Sophie bekam einen Lachkrampf.

„Geh weiter, ich bring dir den Schuh hinterher!", gluckste sie zwischen zwei Lachsalven.

Zehn Meter weiter endete der schlammige Pfad. Zum Glück!

„Wer weiß, was uns sonst noch passiert wäre!", meinte Sophie, immer noch lachend.

„So eine Schweinerei!" Manu schüttelte den Kopf, während sie die schwarzen Erdklumpen von ihrem Fuß rieb und eine saubere Socke aus dem Rucksack kramte. Sophie bearbeitete den Einstieg des Wanderschuhes mit Papiertaschentüchern.

„Ich denke, so geht's erst einmal", sagte sie und reichte ihrer Schwester den provisorisch gesäuberten Schuh.

Inzwischen schien die Sonne von einem wolkenlos blauen Himmel.

Eine uralte Kapelle am Wegrand zog Sophie an. Man könne sich den Schlüssel im Nachbarhaus holen, stand auf einem Zettel geschrieben.

„Och nee, eine Kirche am Tag reicht doch! Lass uns weitergehen", bat Manu.

„Na, gut! Aber nur, weil du einen Matschfuß hast", gab Sophie nach.

Eine Pilgerherberge am Weg war zwar noch geschlossen, aber ihre Tische und Bänke luden zu einer Rast ein. Im Hinterhof war sogar eine Wasserstelle. Manu wusch ihren Fuß, die Socke und den Schuh. In der Sonne würde alles schnell wieder trocknen. Dann verzehrten sie ihr Picknick und legten sich auf die Bänke, um ein Schläfchen zu halten. Die Sonnenhüte verdeckten ihre Gesichter.

Sie wurden aufgeweckt, als ein junges deutsches Paar sich an den Nebentisch setzte. Stefan und Hanna unterhielten sich über alte Fresken, die sie in einer Kapelle gesehen hatten. Sophie wurde munter.

„War das in dieser alten Kapelle hier auf dem Weg?", fragte sie.

„Ja, den Schlüssel musste man sich im Nachbarhaus holen. Wart ihr auch dort?", wollte Stefan wissen.

„Nein, leider nicht!"

„Es ist angeblich die älteste Kirche Spaniens. Sie wurde 921 geweiht. Ist schon sehenswert! Es gibt erstaunlich gut erhaltene Deckengemälde, die wunderschön sind. Und auch sonst ist sie noch erstaunlich gut in Schuss."

„Schade! Na ja, haken wir's ab unter ‚verpasste Gelegenheiten'." Sophie schluckte den aufsteigenden Ärger rasch wieder hinunter.

„Du willst doch wohl nicht zurücklaufen, oder?", fragte Manu leicht entsetzt und nahm ihren Hut vom Gesicht.

„Nein, nein, ist alles okay. Komm, wir gehen weiter."

Bevor sie in Villaviciosa, der Stadt der Äpfel, ankamen, hatten sie einen weiteren Schlammpfad und einige Hügel zu bewältigen, die ihnen jedoch einen wunderschönen Weitblick auf die Ria de Villaviciosa schenkten.

Nach dreiundzwanzig Kilometern quartierten sie sich in einem hostal ein, da die Herberge bereits belegt war. Ein eigenes Zimmer mit frischer Bettwäsche, ein eigenes Bad und ein Frühstück am nächsten Morgen werteten sie auch heute wieder als eine Belohnung, die sie hier besonders genießen konnten.

Das werde ich mir auch ab und zu gönnen, wenn ich allein unterwegs bin, nahm sich Sophie vor.

Rund um die „Fruchtbare Stadt", so lautet die Übersetzung des Ortsnamens, befinden sich die größten Apfelplantagen Spaniens. Ein überdimensionales Apfeldenkmal, auffallend rotbackig gemalte Äpfel auf den Gehwegen und die Werbung für den besten Sidra an jeder Hausecke, verklärten die leckeren Früchte.

Angetan von dieser Begeisterung der Bewohner, bummelten die Schwestern durch die Stadt. Viele der historischen Gebäude hatten einen leicht maurischen Einschlag. Ihre cremeweißen Fassaden mit den braun umrandeten Fenstern und Mauervorsprüngen hatten etwas klassisch Vornehmes. Jede Stadt auf dieser Reise hatte ihren eigenen Charme und ihren durch die geschichtsträchtige Vergangenheit geprägten Baustil. Er bestimmte den Charakter eines Ortes. Manu fotografierte eifrig Gebäude, Denkmäler und originelle Details. Manchmal überlegte sie, welche Motive Simon ausgewählt hätte, bevor sie klickte.

Der spritzige Apfelwein war eine herrliche Erfrischung nach diesem ausführlichen Stadtrundgang.

Den Abend verbrachten sie mit Stefan und Hanna, die im gleichen Hotel übernachteten. Fischsuppe und knusprige Hähnchenschenkel mit Gemüse waren ein Genuss und der Flan ein lecker süßer Abschluss. Der Rotwein schmeckte hervorragend, und die Gespräche mit dem jungen Paar waren eine Bereicherung.

Sophie und Manu quatschten und kicherten sich heute in den Schlaf. Um 1.00 Uhr sah Sophie zum letzten Mal auf die Uhr. Um 7.30 Uhr mussten sie am Frühstückstisch sitzen. Eine gute, kurze Nacht!

Loslassen

Das Frühstücks-Buffet war reichhaltiger als sonst in Spanien üblich, der Kaffee kräftig. Die Schwestern ließen sich Zeit. Der Rucksack war danach schnell gepackt.

„Auf geht's!", sagte Manu, „Ungetüm schultern, Stöcke in die Hand und ab!"

„Mist!" Sophie schaute sich suchend im Zimmer um. „Ich glaube, meine Stöcke stehen noch an der Rezeption im Frühstücksraum. Ich Dappes!" Sie schlug sich vor die Stirn und eilte hinaus.

Die Glastür war verschlossen. Die Stöcke standen gut sichtbar neben dem Tresen. „Wie blöd, dass ich sie beim Frühstück nicht gesehen habe", schimpfte sie mit sich selbst. Sie klopfte an die Tür, suchte vergebens eine Klingel, klopfte wieder und rief laut: „Hallo!"

Manu stellte sich neben sie. „Wir könnten anrufen."

„Gute Idee!" Das Telefon an der Rezeption bimmelte laut, aber niemand kam, um das Gespräch anzunehmen. Dabei brannte im Hinterzimmer Licht!

Hanna und Stefan kamen die Treppe hinunter und nahmen herzlich Anteil an Sophies Missgeschick.

„Ich könnte dir meine Stöcke leihen", schlug Hanna vor. „Ich brauche sie nicht mehr. Wir fahren heute mit dem Bus nach Bilbao und fliegen morgen Abend nach Hause zurück."

„Meine Reise endet auch morgen", sagte Manu, „dann hast du meine Stöcke."

„Wir haben heute aber achthundert Höhenmeter vor uns. Da hätte ich schon gerne ein Paar Wanderstöcke!" Sie krümmte sich. „O Gott, ich glaube, die Aufregung ist mir auf den Magen geschlagen."

Als sie zurückkam, standen die Drei immer noch beratend vor der Tür zum Frühstücksraum.

„Ich habe auf dem stillen Örtchen den Heiligen Jakobus angefleht, dass er mir meine Stöcke zurückzaubert", sagte Sophie mit einem hoffnungsvollen Grinsen im Gesicht, „vielleicht hilft das ja."

Im gleichen Moment kam eine Mitarbeiterin des Hauses die Treppe hinauf und schloss die Glastür auf. Sophie hätte sie am liebsten umarmt.

Mit klappernden Wanderstöcken zogen sie los. Bis Gijón waren es dreißig Kilometer, und es war bereits zehn Uhr. Der Himmel hatte vielversprechende blaue Stellen zwischen üppigen weißen Wolkengebilden. Die Straßen aus der Stadt hinaus waren reichlich mit gelben Pfeilen versehen.

Schon bald gab es Hinweise auf den camino primitivo und seinen Abzweig in Oviedo. Dieser älteste aller Jakobswege führt direkt über das Kantabrische Gebirge nach Santiago de Compostela und ist daher einer der schwierigsten.

Sophie wollte aber auf dem Camino del Norte nach Santiago weiter wandern. Ausläufer des Kantabrischen Gebirges würde sie allerdings auch dort überwinden müssen.

Nach einem beschaulichen Weg durch ein grünes Tal führte eine Straße sie heute in Serpentinen hinauf auf den 436 m hohen Alto de la Cruz.

Von weitem näherten sich dröhnende Motorgeräusche. Wenige Sekunden später raste eine Meute Motorradfahrer mit Vollgas an ihnen vorbei. Ein entgegenkommendes Auto konnte gerade noch rechtzeitig ausweichen. Manu und Sophie sprangen erschrocken in den Straßengraben.

„Blödmänner!", schimpfte Manu.

Sophie zitterte. Sofort hatte sie die Bilder ihres Autounfalles vor Augen. Dicht an den Straßenrand gedrängt stapfte sie hinter Manu den Berg hinauf und kämpfte mit den Tränen. Sie dachte an Martin. Seit ihrem Gespräch in Santillana del Mar hatte sie das Bedürfnis verdrängt, mit ihrer Schwester über Martins Geldtransaktionen zu sprechen. Sie hatte Angst, das schwesterliche Verhältnis von neuem zu belasten; auf der anderen Seite würde ihre Phantasie weiterhin dunkle Verdächtigungen gegen Manu ausspinnen. Also, wenn nicht jetzt, wann dann, überlegte sie und sah in die Ferne.

Über riesige Flächen erstreckten sich gelb blühende Sträucher vor dem dunklen Grün großer Bäume. Der Blick zur schneebedeckten Cordillera Cantábrica blieb leider verborgen. Dunst lag über Tälern und Hügeln.

Auf der Höhe bereitete sich eine größere Wandergruppe auf den Abstieg vor. Sophie und Manu beeilten sich, um an ihnen vorbei in den Wald zu gelangen. Dem zweistündigen Aufstieg folgte eine Stunde Abstieg. Die Straße schenkte ihnen unablässig den Blick in ein idyllisches Tal. An einigen Hängen wurden Eukalyptusbäume gerodet. Das Dröhnen der Sägen hörte man schon von weitem. Große Flächen waren bereits frei gemacht worden. Kleine Schösslinge reckten sich wieder empor.

Die kleine Bar im locker besiedelten Valle de Peón kam wie gerufen. Vom langen Laufen auf Asphalt waren die Beine müde geworden. Es tat gut, die Füße hoch legen zu können. Der nächste Anstieg stand bevor.

„Ich kann mir noch gar nicht vorstellen, dass ich morgen um diese Zeit bereits im Bus nach Bilbao sitze", sagte Manu und biß in ihr Croissant.

„Und ich kann mir noch nicht vorstellen, wie es sein wird, ohne dich zu wandern", sagte Sophie.

„Wir hatten so eine gute Zeit miteinander", bestätigte Manu ihre Gefühle.

„Ja, das hatten wir." Sophie schob ein paar liegen gebliebene Krümel auf ihrem Teller hin und her, bevor sie ihren Finger befeuchtete und sie in den Mund steckte. „Ich muss dir noch etwas erzählen", begann sie zögernd.

Die Kellnerin stellte zwei dampfende Kaffeetassen auf den Tisch. Sophie wartete bis sie sich wieder entfernt hatte. „Seit Tagen schon überlege ich, ob ich überhaupt mit dir darüber reden soll. Aber ich will es jetzt wissen."

„Na, dann heraus damit!" Manu war neugierig geworden. „So schlimm wird es schon nicht sein! Bestimmt nicht schlimmer als mein Geständnis."

Sophie atmete schnaufend ein. „Ich glaube, Martin ist erpresst worden!", schoss es ausatmend aus ihr heraus.

„Wie bitte? Wie kommst du denn da drauf?" Manus Überraschung war echt.

„Ich habe in seinen Unterlagen Überweisungen gefunden, für die ich keine Erklärung habe."

„An wen denn?"

„Auf ein Sonderkonto MATI! Aber das gibt es nicht mehr. Das Konto ist gelöscht. Ich war bei der Bank."

„Ich verstehe nur Bahnhof. Jetzt erzähle mal der Reihe nach. Wieso glaubst du, dass er erpresst wurde? Weil er auf ein Sonderkonto Geld überwiesen hat?"

„Weil er es mir sonst erzählt hätte! Es waren insgesamt fünfzigtausend Euro in fünf Jahren. Jedes Jahr zehntausend von 2010 bis 2014."

„Wow!" Manu ließ sich rückwärts gegen die Stuhllehne fallen.

„Außerdem habe ich bei seinen Sachen ein Foto von dir und Tim gefunden. Auf der Rückseite stand MATI. Kannst du mir das erklären?" Ihre Stimme zitterte.

Manu wurde erst blass, dann lachte sie erleichtert: „Ist die Abkürzung von Mama und Tim. Tim hat es, als er schreiben gelernt hat, auf fast alle Fotos gekritzelt, auf denen wir zusammen zu sehen waren."

Sophie starrte ihre Schwester an: „Und? Wieso hat Martin so ein Foto?"

Manu zuckte gelassen mit den Schultern. „Weiß ich doch nicht! Das ist ein dummer Zufall!" Doch dann wurde ihr die groteske Situation klar, in der sie sich befand. „Du glaubst doch wohl nicht im Ernst, dass es da einen Zusammenhang gibt! – Oder?"

Sophie legte ihr Gesicht in die Hände. „Ich weiß es nicht. Vielleicht hätte ich es dir gar nicht erzählen sollen", bedauerte sie. „Jetzt mache ich alles wieder kaputt! Aber ich dachte… vielleicht…nach deinem Geständnis…und mit wem soll ich sonst darüber reden?"

„Ist schon in Ordnung, Schwesterlein!" Manu tätschelte beruhigend ihren Arm. „Ich werde überlegen, wie Martin zu dem Foto gekommen sein könnte, wenn es dich beruhigt. Vielleicht haben wir es ihm bei irgendeinem Besuch mal geschenkt. Oder er hat es selbst fotografiert. Ich müsste es sehen, dann würde es mir bestimmt wieder einfallen."

„Tim ist etwa sechs oder sieben Jahre alt und steht mit dir vor einem Segelhafen", sagte Sophie.

„Ach!" Manu überlegte. „Das könnte aufgenommen worden sein, als ihr auf der Durchreise in den Urlaub wart. Wir haben uns damals auf einen Kaffee in Friedrichshafen getroffen und sind dann noch ein wenig spazieren gegangen, bevor ihr weitergefahren seid. Kannst du dich nicht erinnern?"

„Nein!" Sophie konnte sich beim besten Willen nicht daran erinnern. „Wo sind wir denn dann hingefahren?"

„Das weiß ich auch nicht mehr." Manu hob ahnungslos die Schultern. „Aber jetzt sag mal im Ernst. Wieso kommst du auf Erpressung?", fragte sie. „Glaubst du etwa, ich hätte ihn erpresst? Womit hätte ich ihn denn erpressen sollen? Weil er im Besitz eines Fotos ist?" Ungläubiges Erstaunen lag in ihrer Stimme.

„Das weiß ich doch nicht!" Sophie konnte ihre Erregtheit nicht mehr verbergen. „Vielleicht hast du ja doch etwas mit ihm gehabt! Oder er hatte doch einen schwulen Freund, und du wusstest es." Sie breitete ihre Hände fragend aus. „Was weiß ich, was ihr für Geheimnisse hattet, von denen ich nichts wusste!" So, jetzt war es heraus. Für eine Sekunde empfand Sophie Erleichterung. Sie hatte sich all ihrer aufgestauten Ängste und Befürchtungen entledigt.

Dann sah sie ihrer Schwester ins Gesicht. Entsetzen, Enttäuschung und Zorn blickten ihr entgegen. Im gleichen Moment tat ihr leid, was sie gesagt hatte.

„Das ist jetzt nicht dein Ernst!", sagte Manu. „Ich habe dir alles erzählt. Mehr gibt es nicht!"

„Entschuldigung!", stotterte Sophie. „So war das nicht gemeint. Ich hätte das nicht sagen dürfen."

„Ja! Das hättest du wirklich nicht sagen dürfen!" Manu stand auf und schnappte ihren Rucksack. „Du falsche Kuh!", zischte sie im Vorbeigehen.

Sophie blieb weit hinter ihrer Schwester zurück. Wie gerne hätte sie sie wieder eingeholt. Aber erstens legte Manu einen Sturmschritt vor, den Sophie nicht toppen konnte. Und zweitens musste sie nachdenken. Was war nur in sie gefahren? Ihre schlimmsten Befürchtungen und Phantasien hatte sie der Schwester unterstellt. Warum hatte sie es so auf die Spitze getrieben? - Aber hatte ihre kleine Schwester diesen Verdacht nicht selbst geschürt? - Nein, Sophie! Du selbst hast das neu erworbene Vertrauen mit Füßen getreten, nicht Manu. Dieses ausgesprochene Misstrauen wird Manu dir nie verzeihen. Du hast alles kaputt gemacht, was ihr in drei Wochen gemeinsam aufgebaut hattet. - Liebe Sophie, was wirst du jetzt tun?
Keine ihrer inneren Stimmen wusste einen Rat. Niedergeschlagen schlich sie hinter Manu her. Sie hatten noch mehr als drei Stunden Fußweg und einen schwierigen Anstieg zu bewältigen. Der Pfad auf den Alto de Curbiello war steil, teils steinig und teils schlammig. Sophie war zum Heulen zumute. Sie kam nur langsam vorwärts. Ihre Füße mussten die Steine treffen, die im Schlamm versunken waren. Ein Stück weit war der morastige Weg von einem Bagger auf eine gleichmäßig schlammige Ebene begradigt worden. Stellenweise lag Schotter auf dem Schlamm. Ein hehrer Versuch, dem Matsch die Stirn zu bieten. Das Hier und Jetzt forderte Sophies Kraft. Alles andere musste warten.

In Manu brodelten Enttäuschung und Wut. Mit dieser Energie schritt sie zügig voran. Sie huschte eilig über sämtliche Hindernisse. Was erlaubte sich dieses Miststück von Schwester eigentlich? Sie hatte doch keine Ahnung! Erpressung! Ha! Wäre ja vielleicht nicht schlecht gewesen. Daran gedacht hatte sie ja schon… Aber das war länger her. Nein! Diese Verdächtigung war gemein! Aber wer hätte Martin erpressen können? Und womit? Er war doch so ein treuer Ehemann!!

Niemand wusste, dass sie sich jahrelang eingeredet hatte, er wäre Tims Vater. Erst nach ihrer Trennung von Bastian hatte sie ihn angerufen und ihm erzählt, dass er möglicherweise Tims Vater sei. Anfangs, als sie in Lindau wohnte und in finanziellen Schwierigkeiten steckte. Sie hatte ihn damit einige Male nach Lindau locken können. Er hatte ihr Geld gegeben. Schweigegeld! Aber freiwillig und nicht in solcher Höhe. Sie hatte es angenommen, obwohl sie insgeheim wusste, dass er nicht Tims Vater war. Es war ihr eine Genugtuung! Eine Entschädigung für ihre verschmähte Liebe.

Sie waren ein paarmal zusammen essen gegangen. Immer wieder hatte das ihrer Liebe zu ihm neue Nahrung gegeben. Dass sie nicht auf Gegenliebe hoffen konnte, quälte sie wie eine unheilbare Krankheit.

Sie hatte viele Jahre gebraucht, um sich von ihrer Wunschvorstellung zu verabschieden und die Realität zu akzeptieren. Es war zu offensichtlich. Selbst ohne Vaterschaftstest konnte man sehen, dass Bastian und Tim Vater und Sohn waren.

Vielleicht lief sie ein bisschen zu schnell und zu unachtsam. Ein Stein lag im Weg. Sie stolperte und fiel auf das rechte Knie. Es schmerzte, als sie sich wieder aufrichtete. Aus der Schürfwunde sickerte Blut. Ein Tropfen lief unter der kurzen Hose an ihrem Schienbein hinunter. Sie stellte den Rucksack an einen Baum und drückte ein Papiertaschentuch auf die Wunde. Das Erste-Hilfe-Päckchen trug Sophie in ihrem Rucksack. Aus Gewichtsgründen hatten sie manche Dinge nur einmal mitgenommen. Manu setzte sich auf ein Grasbüschel und wartete auf ihre Schwester.

Schon von weitem erkannte sie den großen Sonnenhut, der ihr Gesicht halb verdeckte. Sophie zögerte, wollte vorbeigehen. Doch dann sah sie das blutige Taschentuch.

„Was ist passiert?", fragte sie.

„Ich bin gestürzt. Würdest du mir bitte ein Pflaster aus der Erste-Hilfe-Box geben?" Manus Stimme klang eisig.

Sophie holte die Box aus dem Rucksack und beugte sich über die Verletzung. Ein Hauch Erleichterung schlich sich ein, als sie sich neben ihre Schwester kniete.

„Darf ich?" Sie hob das Taschentuch an. „Oh! Soll ich dir zuerst Desinfektionsmittel aufsprühen?"

„Kann ich selbst! Gib mal her, bitte!" Manu versorgte ihre Wunde und klebte ein Pflaster darüber. Sophie sah ihr wortlos dabei zu. Sie nahm die Box wieder entgegen und verstaute sie in ihrem Rucksack.

Manu stand auf und verzog das Gesicht. Schweigend setzten sie ihre Rucksäcke wieder auf. Sophie hob Manus Wanderstöcke vom Boden auf und reichte sie ihr.

Manus „Danke!" verschluckte der Wind.

Langsam humpelte sie neben ihrer Schwester weiter bergauf. Der letzte Abschnitt verlief über eine kleine Straße. Einige Häuser waren reichlich mit Blumen geschmückt. In den Gärten wuchsen große Trompetenbäume mit prächtigen Blüten in Gelb und Aprikose. Dicht drängten sich die dunkelroten Blüten einer Bougainvillea aneinander. Sie hingen wie ein Vorhang über einer Mauer.

Die Schwestern standen auf der Bergkuppe und sahen gemeinsam in die Ferne. Ihr Blick glitt über das weite, grüne Land bis zur Küste. Am Horizont war Gijón zu erkennen. Schweigend zückten sie ihre Handys, um das Panorama zu fotografieren.

Manu biss die Zähne zusammen, als es bergab ging. Jeder Schritt tat ihr weh. Sophie lief bald einige Meter vor ihr her. Sie hörte das unregelmäßige Klackern von Manus Stöcken. Jedes „klack" war ein Hieb auf ihr schlechtes Gewissen. Sie drehte sich um. „Tut es sehr weh?"

„Geht schon!"

„Willst du ein paar Arnika-Globulis lutschen?"

„Wäre vielleicht nicht schlecht."

Sophie setzte ihren Rucksack ab und kramte die Box wieder hervor. „Hätte ich soeben auch schon dran denken können", sagte sie.

Manu hielt die Hand auf, um die kleinen Perlen anzunehmen.

„Ich könnte ohne Stöcke laufen, deine Wasserflaschen in den Händen tragen und deine Jacke an meinen Rucksack hängen, damit du weniger Gewicht schleppen musst. Vielleicht würde es dir helfen", bot Sophie an.

„Brauchst du nicht! Ich schaff das schon!" Manu ging das großschwesterliche Getue tüchtig auf den Keks. Verdammt noch mal! Sollte sie doch an ihrem schlechten Gewissen verrecken! Warum war Sophie so kompliziert? Sie hasste das.

Sophie lief weiter. Manu hinkte hinterher.

Sophie bemerkte, dass sie selbst sich leichtfüßig und beschwingt bewegte, obwohl sie bereits fünfundzwanzig Kilometer und etliche Höhenmeter geschafft hatten. Aber das konnte sie doch jetzt nicht vor Manu demonstrieren. Unmöglich! Was war, wenn Manu noch einmal stürzte? So unsicher wie die jetzt lief. Sie stellte sich an den Wegrand und wartete.

„Geh du bitte vor", sagte sie. „Dann habe ich dich besser im Blick!"

Wortlos humpelte die Schwester an ihr vorbei. Sie biss die Zähne zusammen.

Die Schürfwunde brannte wie Feuer, das Gelenk schmerzte.

Nach einer halben Stunde lehnte sie sich an einen Baumstamm.

„Gilt dein Angebot von soeben noch? Kannst du mir etwas Gepäck abnehmen?", fragte sie.

„Klar!" Sophie lächelte verschämt und erleichtert. Sie stopfte so viel in ihren Rucksack wie sie konnte und klammerte Manus Jacke mit einer Wäscheklammer fest. Gefühlte zwei Kilo mehr, dachte sie, als sie das Ungetüm anhob.

Manu sah sie an. „Komm her!", sagte sie und streckte den Arm aus. Wortlos umarmten sie sich.

„Es tut mir leid, dass ich dich verdächtigt habe", sagte Sophie, „aber..."

„Vielleicht hätte ich das auch getan, an deiner Stelle", unterbrach Manu sie.

Ausgestanden war das Thema trotzdem für beide noch nicht. Aber heute war doch ihr letzter gemeinsamer Tag auf der Pilgerreise! Sie mussten einen gemeinsamen Weg finden!

Nach eineinhalb Stunden und vier weiteren Kilometern erreichten sie die ersten Häuser von Gijón und eine Bushaltestelle.

Laut Fahrplan sollte der nächste Bus in die Stadt in drei Minuten kommen.

Aber er kam nicht. Weder in drei, noch in zwanzig Minuten.

Stattdessen kam ein Auto. Der junge Spanier kurbelte das Fenster runter und zeigte ihnen die Visitenkarte einer privaten Herberge. Wunderbar!

Das Auto war schmutzig, und die Sitze fleckig. Die Dreck-klumpen im Fußraum erinnerten an eine Baustelle. Der Koffer-raum war vollgepackt mit Werkzeug und anderen Utensilien. Für die Rucksäcke war kein Platz. Aber egal! Die konnten sie auf den Schoß nehmen. Hauptsache, sie mussten nicht mehr laufen!

Der Altbau war teilweise renoviert. Über einem eisernen Tor prangte das Schild „albergue". Die hohe Mauer ringsum wirkte eher abweisend. Auf der Wiese dahinter standen Plastikstühle und Tische, auf denen niemand saß. Leitern, Steine, Balken und Handwerkszeug zeugten von den noch zu verrichtenden Arbeiten.

Eine ältere Frau kam freundlich lächelnd auf sie zu und be-grüßte sie mit einem kräftigen Händedruck. Die Schwestern wollten ihr die Pilgerausweise vorlegen, um sich anzumelden.

„No, no", dafür sei sie nicht zuständig, wehrte sie ab. Sie sei die Mutter. Die albergue werde von ihrem Sohn betrieben.

„Desayuno?" Frühstück?

Da müssten sie ebenfalls den Sohn fragen. Sie würde ihnen aber schon einmal die Zimmer zeigen, bis ihr Sohn zurück sei. Der müsse das Auto erst in die Garage fahren.

In jedem der beiden geräumigen Zimmer standen sechs Betten, von denen nur zwei belegt waren. Die Duschbäder waren eben-falls groß, aber die Sauberkeit… na ja.

„Schauen wir eben nicht so genau hin", flüsterten sie sich gleichzeitig zu und verkniffen sich das Grinsen. Ein verstohle-ner Blick huschte von einer zur anderen, aber die Frau verstand die deutsche Sprache nicht.

Die Entfernung bis in die Innenstadt? „Höchstens eine viertel Stunde zu Fuß", sagte die Mutter.

„Ohne Rucksack wird das schon gehen", meinte Manu.

Der Preis einschließlich Frühstück war ordentlich, aber immer-hin waren sie ja in Gijón. In Großstädten war es immer etwas teurer.

Der Sohn versprach ihnen ein Frühstück um acht Uhr. Zwei andere Pilger hätten es bereits auch gebucht.

Der Weg in die Stadt dauerte länger als eine halbe Stunde. Manu nahm auf halbem Weg eine Schmerztablette und hängte sich bei Sophie ein.

Die Stadt wirkte ein wenig lieblos, die Häuser schienen irgendwie schnell und zweckmäßig dahin gebaut worden zu sein. Bekannte Marktketten und Discounter hatten ihre Filialen neben unscheinbaren Einzelhändlern eingerichtet. Die Menschen hatten es eilig.

„Kannst du bitte vergessen, was ich dir heute Mittag erzählt habe?", fragte Sophie.

„Warum sollte ich das?", fragte Manu und blieb stehen.

„Weil ich es auch vergessen will. Es war ein Großteil von Martins Erbe, das er da überwiesen hat. Wenn ich zu Hause bin, werde ich alle Unterlagen verbrennen und es gut sein lassen."

„Glaubst du, dass du das kannst?" Manu baute sich vor Sophie auf und sah sie mit festem Blick an. „Mich interessiert auch, was dein Mann getrieben hat!"

„Wirklich?" Sophie war irritiert. „Wieso?"

„Das muss ich dir nicht noch einmal sagen, oder?" Manus Mundwinkel zogen sich nach oben.

„Nein!" Sophie spürte den kleinen Stich, den Manus Offenheit ein weiteres Mal auslöste.

„Wollen wir das Thema für heute begraben und unseren letzten gemeinsamen Abend genießen?", hörte sie ihre Schwester fragen.

„Ja, das wollen wir", antwortete sie. Um den kleinen Stich wickelte sie in Gedanken einen festen, undurchsichtigen Verband. So könnte er verheilen.

Der Stadtstrand zwischen der Neu- und Altstadt von Gijón war fast zwei Kilometer lang. Die Schwestern zogen ihre Schuhe aus und liefen barfuß über den festen Sand. Nur wenige Spanier waren hier unterwegs. Vermutlich war es ihnen noch zu kalt, oder sie eilten geschäftig durch die Straßen.

Manu hakte sich bei Sophie ein, um ihr schmerzendes Knie zu besänftigen. Auf halber Strecke blieben beide stehen und blickten geradeaus ins Meer. Rechts hinter ihnen bestimmten moderne Hochhäuser das Bild der Neustadt bis zur Mündung des Rio Piles. Links lag die Halbinsel Santa Catalina, die den noch erhaltenen alten Teil Gijóns beherbergte. Am Ende des Strandes ragte die Iglesia de San Pedro am Ufer empor. In warmen

Erdfarben gestrichene, alte Häuser markierten den Eingang in die malerische Altstadt.

Ruhig lag das Meer vor ihnen. Fast so, als sei es müde geworden. Zwei Segelboote ließen sich vom Wind treiben.

„Vor dem Treibenlassen kommt das Loslassen", murmelte Manu vor sich hin.

„Was hast du gerade gesagt?", fragte Sophie.

„Vor dem Treibenlassen kommt das Loslassen", wiederholte Manu langsam. „Mir ist dieser Kalenderspruch eingefallen, als ich die beiden Segler beobachtet habe. Er passt auch zu uns, finde ich. Wenn man sich vom Camino führen lassen will, muss man alles andere loslassen." Sie musterte ihre Schwester, als sähe sie sie zum ersten Mal. „Du kannst dir gar nicht vorstellen, wie gerne ich noch mit dir bis Santiago wandern würde", sagte sie.

„Doch, das kann ich", antwortete Sophie.

„Aber wer weiß, wozu das gut ist, dass sich unsere Wege morgen trennen. Mir ist da nämlich gerade eine Idee gekommen!"

„Und welche?"

„Ich werde, wenn möglich, am nächsten Wochenende an den Bodensee fahren. Ich muss unbedingt ein paar Dinge klären."

„Tu das. Hoffentlich hat Tim Zeit für dich."

Manu ließ Sophies Bemerkung offen. „Und du schickst mir auch ganz bestimmt ab und zu eine Nachricht oder ein Foto?", fragte sie.

„Ganz bestimmt."

Allein unterwegs

Vier Frauen warteten am nächsten Morgen vergebens fast eine halbe Stunde auf das bereits bezahlte Frühstück und klingelten erfolglos an der Wohnungstür des hospitaleros, bevor sie sich entschieden, mit leerem Magen in den nächsten Stadtbus zu steigen. Die allgemeine Entrüstung war groß, aber die Tatsache nicht zu ändern. Manu und Sophie beteiligten sich nur kurz an den Schimpftiraden der Mitgeprellten. Sie beeilten sich lieber, den Bus in die Stadt nicht zu verpassen.

172

Das Café war gut besucht. Nur der Papiermüll auf dem Fußboden störte.

„Ich glaube, in Deutschland hätte ich nicht so gelassen auf ein geprelltes Frühstück reagiert", gestand Sophie, nahm einen Schluck Kaffee und lehnte sich entspannt in die Sessellehne zurück.

„Mein Ärger wäre auf keinen Fall so schnell verflogen wie hier", meinte Manu. „Aber jetzt fliegt mir die Zeit davon. Ich habe das Gefühl, dass irgendetwas von mir hier bleibt."

Sophie drückte ihre Hand.

Eine halbe Stunde später war der Abschied vorbei. Die Tränen trocknete der Wind. Geblieben waren das Ausgesprochene und das Unausgesprochene. Das Gemeinsame und das Trennende.

Sophie winkte dem Bus in Richtung Bilbao hinterher, bevor sie in ihren Bus stieg und in die andere Richtung nach Avilés fuhr. Da diese Etappe als die hässlichste auf dem ganzen Küstenweg verschrien war, hatte sie entschieden, sich dreißig Kilometer Busfahrt zu gönnen. Danach lagen immerhin noch abenteuerliche dreihundertvierzig Kilometer Pilgerweg bis Santiago de Compostela vor ihr.

Sie nutzte die Busfahrt, um sich noch einmal über die nächsten Etappen zu informieren. Es gab zwei Varianten. Sollte sie Martins Notizen zu Hilfe nehmen? Allein war sie so unentschlossen. Mit Manu hätte sie sich bestimmt für die längere Variante über den Europäischen Küstenwanderweg E9 entschieden, die am Meer entlang führte. Also, warum nicht auch allein? – Die Freizeitherberge in San Esteban de Pravia war etwa zwanzig Kilometer von Avilés entfernt. Danach führte der E9 weiter. Sie ließ Martins Aufzeichnungen im Rucksack.

Ein bisschen aufgeregt war sie schon, als sie allein aus dem Bus stieg. Der feine Nieselregen war ungemütlich. Trotzdem freute sie sich auf die geschichtsträchtige Altstadt von Avilés.

Als sie im Fischerviertel Sabugo ankam, hörte es auf zu regnen. Ein gemütliches Plätzchen vor der Kirche, buntes Straßenpflaster, hübsche Säulengänge unter farbenfroh gestrichenen, niedrigen Häusern. Sie bummelte durch die engen Gassen. Große, alte Villen erzählten die Geschichte der „Indianos". Im kleinen Hafen der Ria de Avilés hatten Motoryachten und Segelboote festgemacht.

So sehr sie ihre Augen auch auf die Menschen in der Stadt richtete, es war kein einziger Rucksackträger unter ihnen. Sie vermisste ihre Schwester.

Gelbe Pfeile leiteten sie sicher aus der Stadt hinaus. Der Weg führte bergauf und schenkte ihr auf der Höhe einen Blick auf die Flussmündung und die Industrieanlagen von Avilés. Sie freute sich, als sie das Ballungsgebiet der Großstadt endlich hinter sich gelassen hatte.

Bergab ging es nun auf die Küste zu. Der Anblick von Strand und Dünen stimmte sie froh. Es fühlte sich gut an, hier zu sein. Sie war frei. Frei wie ein Vogel. Auch wenn da noch ein bisschen Unsicherheit mitschwang, denn die Kunst des Fliegens beherrschte sie noch nicht so ganz. Sie würde sie erlernen und sich nicht von Angst oder Unsicherheit in die Enge treiben lassen.

Über große und kleine Asphaltstraßen führten die Wegweiser sie durch mehrere kleine Ortschaften bergauf und bergab. Die schwülfeuchte Luft machte das Laufen anstrengender als sonst. Oder achtete sie nur mehr darauf? Berge und Meer winkten ihr aus der Ferne zu.

Einer steilen Betonstrecke folgte eine Forststraße durch ein kurzes Waldstück. Die regennassen Eukalyptusbäume verströmten einen herrlichen Duft. Bald hatte die Straße sie wieder.

Sie lief durch eine Wohnsiedlung, als eine schwarze Wolke über den Himmel zog. Bereits bei den ersten Tropfen holte sie ihr Cape hervor. Es dauerte ewig, bis sie das Teil über ihren Rucksack gezogen hatte. Wieder vermisste sie ihre Schwester. Zu zweit hatte diese Aktion nur wenige Sekunden gedauert.

Sie hörte leises Donnergrollen in der Ferne. O Gott, ein Gewitter! Der aufkommende Wind verhieß nichts Gutes. Die dicken Regentropfen auch nicht.

Hinter der Wohnsiedlung wies ein gelber Pfeil bergab in einen Wald.

In nur wenigen Minuten wurde aus dem Wind ein Sturm. Wie aus Schleusentoren prasselte der Regen herunter und klatschte ihr ins Gesicht. Böen fauchten sie von hinten an und blähten ihr Cape auf wie einen Ballon. Ein Blitz fuhr vom Himmel. Der Donner erschreckte sie wie ein Bombeneinschlag. Sie konnte unmöglich bei Gewitter durch den Wald gehen! Sie musste zurück.

Da, ein überdachter Hauseingang! Ängstlich drückte sie sich gegen die Tür. Vielleicht sah sie ja jemand, der sie ins Haus bitten würde. Ach, wäre das schön!

Ob sie klingeln sollte? Sie wagte es nicht.

War denn hier außer ihr niemand unterwegs? Gefühlt war ihr seit Stunden kein Mensch mehr begegnet. Sie zog ihren Reiseführer aus der Hosentasche, um sich zu orientieren. Das Lesen gestaltete sich ein wenig schwierig, denn auch vor der Haustür machte der Wind nicht Halt. Er zerrte an dem dünnen Papier und blies Feuchtigkeit hinein. Sophie las, dass hinter der Ansiedlung ein steiler, rutschiger Abstieg durch einen Eukalyptuswald begann. Den konnte sie auf keinen Fall gehen! Gut, dass sie kehrt gemacht hatte. Aber was nun? Zurück bis zur nächsten Ortschaft? Gab es dort eine Bar oder eine Bushaltestelle? Sie konnte sich nicht erinnern. Auf jeden Fall musste sie zurück bis auf die Nationalstraße. Eigentlich verrückt, wieder zurück zu laufen. Sie fühlte sich völlig orientierungslos und allein.

Ihr war kalt. Wenn sie doch nur die Fleecejacke anziehen könnte! Aber das musste wohl Wunschdenken bleiben. Es war schlicht unmöglich, die triefend nasse Pelerine über den Kopf zu ziehen und sie danach wieder über Jacke und Rucksack zu stülpen, ohne dass diese auch nass wurden. Später würde sie so schnell laufen wie sie konnte, um sich wieder aufzuwärmen. Sie drückte ihren Rücken noch fester gegen die Haustür.

Erst als das Gewitter weitergezogen und die Regentropfen statt dicker Wasserblasen nur noch sanfte Kringel auf den Pfützen hinterließen, verließ sie ihren Zufluchtsort. Nässe und Kälte krochen an ihr hoch. Die Hose klebte an ihren Beinen. Ihr war zum Heulen zumute. Mit gesenktem Kopf marschierte sie bergab. Das Wasser tropfte gleichmäßig von der Kapuze auf ihre Brust.

Eine Limousine hielt neben ihr. Das Fenster der Beifahrertür öffnete sich. Der ältere Mann rief ihr zu, dass sie in die falsche Richtung laufe.

„Nein, nein, ich kann nicht durch den Wald laufen. Der Weg ist zu glitschig!", versuchte sie, ihm in ihrem Volkshochschulspanisch zu erklären.

„Kommen Sie, steigen Sie ein!", schlug er vor. „Ich fahre Sie."

Sie zögerte. „Ich bin doch ganz nass und schmutzig, und meine Schuhe sind voller Matsch!" Sollte sie wirklich bei dem wildfremden Mann einsteigen? Er sah zwar sympathisch aus, aber… Manu hätte bestimmt nicht lange gezögert.

„Das macht nichts. Kommen Sie!", forderte er sie mit freundlichem Lächeln auf.

Sophie stieg ein. Ihr Herz klopfte vor Aufregung.

„Wo wollen Sie denn hin?"

„Am liebsten in den nächsten Ort, der eine Bar hat, wo ich mich ein wenig aufwärmen und trocknen könnte", antwortete sie, „und von dem aus ich wieder auf den Jakobsweg komme."

„Dann fahre ich Sie nach Soto del Barco. Dort gibt es auch eine Bushaltestelle, falls Sie vor dem Regen davonfahren möchten", schlug er vor.

„Oh ja, das wäre sehr nett!"

Bevor er losfuhr, telefonierte er mit seiner Frau, um ihr zu sagen, dass er eine halbe Stunde später nach Hause käme.

„Sonst wartet sie vergebens mit dem Essen auf mich!", erklärte er.

Sophies Herzschlag normalisierte sich sofort. So viel selbstlose Hilfsbereitschaft zu erfahren, war fast wie eine warme Dusche.

Es regnete immer noch in Strömen, als sie aus dem Auto stieg. Der Fremde hatte sie bis vor die Tür des Lokals gefahren. Als sie eintrat, kam ihr eine Dunstwolke entgegen. Alle Tische waren besetzt, überall hingen triefende Jacken. Jemand hatte die Heizung angestellt. Sie blickte sich um. An einem Sechsertisch war noch ein Stuhl frei. Eine der drei Frauen winkte ihr zu. Sophie freute sich. Endlich nicht mehr allein!

Der heiße Tee wärmte sie von innen, und die Fleecejacke von außen. Die Haare hatte sie kurz im Toilettenvorraum unter dem Handtrockner geföhnt. Die Gesellschaft der anderen tat ihr gut. In einer Gemeinschaft war so ein Wetter leichter zu ertragen. Jetzt konnte sie sogar darüber lachen! Sie hatte doch wahnsinniges Glück gehabt mit dem netten Spanier! Ja, wirklich! Es hätte schlimmer kommen können.

Die drei Frauen hießen Birgit, Stefanie und Anita. Sie machten eine organisierte Pilgerreise mit Gepäcktransfer. Sie lobten sich gegenseitig, weil sie trotz des Gewitters den Notruf ihrer Organisation nicht angerufen hatten, sondern tapfer zwei Kilometer durch den Regen an der Nationalstraße entlang bis Soto del Barco gelaufen waren. Die letzten zehn Kilometer bis zu ihrem nächsten Hotel würden sie in Angriff nehmen, sobald es nicht mehr regnete.

Als Sophie erzählte, dass sie nach San Esteban de Pravia wandern wolle, mischten sich die beiden Männer in das Gespräch ein. Sie hatten den gleichen Weg geplant.

„Auf geht's!", sagte der eine und erhob sich. „Dann sehen wir uns ja heute Abend wieder."

„Ja, vielleicht, buen camino".

Sophie hatte zwei Tassen Tee getrunken und ein Stück Mandelkuchen gegessen. Ihre Hosenbeine waren wieder trocken, und draußen nieselte es nur noch. Die drei Pilgerinnen verabschiedeten sich ebenfalls. Sophie legte ihre Füße auf einen der freien Stühle und genehmigte sich noch einen Milchkaffee. Bevor sie die Bar verließ, stülpte sie sich mit Hilfe der Kellnerin die Regenpelerine über. Der leichte Regen und der wolkenverhangene Himmel versprachen nichts Gutes. Aber immerhin hatte der Wind sich gelegt. Sie ignorierte die Bushaltestelle und wanderte über einen breiten Gehweg an der viel befahrenen Straße entlang.

Es regnete nicht mehr, als ein sehr enger Fußweg sie über eine lange Brücke führte. Hinter der reizvollen Flusslandschaft winkten die Berge. In den Straßengräben blühte üppiger, weinroter Fingerhut. Fotomotive gab es auch hier. Heute Abend würde sie die Bilder an Manu schicken.

Da, der Abzweig nach San Esteban! Fast hätte sie das Schild übersehen. Noch drei Kilometer.

Kleine, hübsch renovierte alte Häuser zogen sich in einer Reihe entlang der trichterförmigen Mündung des Rio de Nalon. Der Rest des kleinen Fischerortes erhob sich unscheinbar auf dem dahinter liegenden Hügel. Von der gegenüberliegenden Seite schauten moderne, grell bunt gestrichene vier- und fünfstöckige Häuser herüber. Sie waren das Urlaubsdomizil vieler Spanier: San Juan de la Arena. Der Fährbetrieb über die Flussmündung war noch nicht angelaufen.

Sophie klingelte mehrmals, bevor sich die Tür zur Herberge für sie öffnete. Ein junges, holländisches Paar mit einem Kleinkind, das ebenfalls hier eingezogen war, hatte ihr Klingeln gehört. Was nun? Keine hospitaleros? Doch, aber im Moment nicht anwesend.

Sie stellte ihren Rucksack ab, lief über den langen Flur und öffnete eine Tür nach der anderen. Drei Schlafräume, zwei Duschbäder, ein Esszimmer mit einem großen Tisch für zwanzig Personen und eine Küche, in der geschnittenes Gemüse auf die Pfanne wartete.

Sophie belegte ein unteres Etagenbett in einem leeren Zimmer und wollte sich gerade unter die Dusche stellen, als eine verschlafen wirkende Frau sie davon abhielt. Wegen einer Migräne habe sie sich hinlegen müssen, entschuldigte sie sich. Sophie könne selbstverständlich hier schlafen, ihr Mann würde später die Anmeldung entgegennehmen und ihr einen Haustürschlüssel geben. Dann schleppte sie sich langsam wieder die Treppe hinauf und verschwand in der oberen Etage.

Sophie duschte, schrieb in ihr Tagebuch und wartete. Sie hatte Hunger. Es war bereits nach acht. Sie konnte unmöglich ohne Schlüssel das Haus verlassen.

Von nebenan hörte sie ruhige Stimmen und das vergnügte Quietschen des kleinen Mädchens. Vorsichtig klopfte sie an die Tür. Und dann war wieder einmal alles ganz einfach und selbstverständlich. Die junge Familie hatte sich selbst mit Essen versorgt, kannte aber ein Restaurant, das nur wenige Meter entfernt war. Da sie heute Abend nicht mehr ausgehen wollten, gaben sie Sophie ihren Haustürschlüssel.

In dem großen Restaurant gab es viele freie Tische. Sie wählte einen Fensterplatz. Zwei Spanier standen an der Theke und unterhielten sich. Sie fühlte sich von ihnen beobachtet. In der hinteren Ecke saßen zwei weitere Männer an einem Tisch. Sie meinte, die beiden Pilger von heute Mittag erkannt zu haben, drehte ihnen aber den Rücken zu und schaute aus dem Fenster. Sie fühlte sich ein wenig verloren, während sie die wenigen Leute beobachtete, die draußen vorbeiliefen. Ihr Magen knurrte.

178

Als das Essen vor ihr stand, musste sie sich zusammennehmen, um es nicht in sich hineinzuschlingen. Die Paella schmeckte köstlich.

Als sie das Lokal verließ, war der Abendhimmel klar. Die Regenwolken hatten sich verzogen. Morgen würde bestimmt ein schöner Tag werden. Sophie spazierte an der Flussmündung entlang. Kleine Fischerboote und Kähne hatten am Kai festgemacht.

Von dem ehemals großen Hochseehafen war nur noch die breite Hafenmauer übriggeblieben. Sie stieg die Treppe hinauf und blickte auf den langen Sandstrand gegenüber. Noch lag er einsam und verlassen da. In wenigen Wochen würden die Sonnenanbeter dort ihre Handtücher ausbreiten.

Dann lenkte sie ihren Blick in die andere Richtung. Zerklüftete Felsen und Einschnitte zogen sich am Meer entlang bis zum Horizont. Diesen Weg würde sie morgen gehen. Sie freute sich.

Sehnsüchte

Kaffeeduft erfüllte den Raum. Die kleine Sara krabbelte munter über die alten Holzdielen, während ihre Eltern und Sophie am Frühstückstisch saßen. Der hospitalero verwöhnte sie mit frisch getoastetem Brot. Marmelade, Gebäck, Joghurt und Obst standen auf dem Tisch.

Sophie hörte aufmerksam zu, als das junge Paar von seiner Wanderung erzählte. Sie waren bereits seit sechs Wochen unterwegs und hatten weitere sechs Wochen vor sich. Die Mutter trug ihre Tochter im Tragetuch vor der Brust und einen Tagesrucksack auf dem Rücken, der Vater hatte einen Riesenrucksack mit allem Notwendigen für seine Familie. Wenn Sara quengelig wurde, legten sie eine Pause ein. Im Schnitt waren sie bisher fünfzehn Kilometer pro Tag gewandert. Alle drei strahlten eine solch zufriedene Gelassenheit aus, dass Sophie ihre Bewunderung nicht zurückhalten konnte.

„Du musst den Weg auf dich zukommen lassen", sagte der junge Vater. „Wenn du ihn nur hinter dich bringen willst, kann er dir nichts schenken."

Sophie schrieb sich diesen Rat mit einem fetten Stift auf den Einband ihres Tagebuches und machte sich auf den Weg.

Eine steile Treppe führte sie auf die Klippen. Noch war der Himmel wolkenverhangen. Die gefühlten achtzehn Grad waren ideal zum Wandern. Dicke Felsbrocken lagen dunkel im Meer. Der Küstenweg war mit dicken Steinen bepflastert und zur Wanderstrecke ausgebaut worden. Auf den schönen Aussichtsplätzen standen Tische und Bänke.

Immer öfter verschaffte sich die Sonne freien Blick auf die Erde und den Ozean. Wasser und Himmel wechselten ihre Farbe. Aus Grau wurde Blau.

Gräser wiegten sich im leichten Wind, Frühlingsblumen reckten ihre bunten Köpfe, windschiefe Kiefern schenkten Schatten. Zwischen den Bäumen blitzte das Blau. Ab und zu zwitscherte ein Vogel. Das Meer neben ihr sang sein gleichmäßiges Lied. Sophie setzte sich auf einen Stein und sah in die Weite. Wie schön es hier war! Sie spürte die leichte Brise in ihren Haaren und schaute den Wellen zu.

Irgendwo hinter dem Horizont war Martin. Martin, der sein Geheimnis mit ins Grab genommen hatte. Was war so schlimm, dass du es vor mir verbergen musstest? Ich werde es wohl nie erfahren. Wo bist du? Bist du bei Gott?

Plötzlich war Martin wieder da. Sie fühlte seine Nähe. Sie schloss die Augen und spürte ihrem Gefühl nach. Es fühlte sich gut an. Hüllte sie ein wie eine Welle. Ein sanftes Ansteigen, ein leises Ausgleiten. Es war nur ein Hauch. Ein Moment Glückseligkeit.

Dann war sie wieder allein mit ihrer Sehnsucht. Einer Sehnsucht, die sie beflügelte. Die ihr die Ängste nahm und ihr Vertrauen schenkte. Ein wertvolles Geschenk Gottes. Plötzlich war sie sich sicher, dass alles gut war, so wie es war und wie es werden würde.

Sie dachte an ihre Schwester und sah sie vor sich, die gefalteten Hände vor der Brust: „Namaste! Ich grüße das Göttliche in dir!" In diesem Yoga-Gruß steckte so viel Wunderbares. Glauben und Demut.

Sie stand auf und ging weiter. Der Weg nahm sie in seine Arme. Er verschluckte alle Fragen und Unsicherheiten, die sie mit sich trug. Er forderte ihre ganze Aufmerksamkeit und schenkte ihr die Kraft, die sie brauchte. Bergauf und bergab.

Sie kam zu einem kleinen Sandstrand. Kinder spielten am Ufer. Sophie zog ihre Schuhe aus und kühlte die Füße im Wasser. An einem Ausschank holte sie sich eine Saftschorle und setzte sich. Sie fotografierte die Bucht und schickte das Foto an ihre Kinder und an Manu.

Dann vergewisserte sie sich im Reiseführer noch einmal über die genaue Route. Die Holländer hatten ihr heute Morgen empfohlen, einen Abstecher in das malerische Fischerdorf Cudillero zu machen. Ein bisschen Touristenrummel konnte ja vielleicht nicht schaden, dachte sie, und schnallte sich das Ungetüm auf den Rücken. Der Rucksack war ein Teil von ihr geworden.

Sie verfolgte die Straße, die irgendwann zu einem schattigen Waldweg wurde. Leichtfüßig lief sie über den weichen Grund, der ihre strapazierten Fußgelenke verwöhnte. Da war auch der lange Anstieg nur halb so schlimm.

In El Pitu lugte sie durch die Gitterstäbe eines geschmiedeten Tores in den Skulpturenpark vor dem Palacio Selgas. Die im italienischen Stil erbaute Villa der im 16. Jahrhundert einflussreichen Familie Selgas beherbergt heute eine umfangreiche Gemäldesammlung. Das Museum und die großen Parkanlagen konnte man nur nach Anmeldung besichtigen. Schade, vielleicht hätte sie sonst einen Spaziergang durch die Gärten gemacht.

Aber… Halt! Hier war der Abzweig nach Cudillero. Fast hätte sie ihn übersehen. Zwei Kilometer bergab, immer der Straße nach.

Komisch, dass zwei Kilometer so lang sein können, dachte sie, nachdem sie den Ortseingang passiert hatte.

Restaurants und Andenkenläden nahmen zu, die Straße wurde immer schmaler. Ein Zeichen, dass sie sich dem Zentrum näherte. Festlich gekleidete Menschen eilten in eine Kirche. Sophie folgte ihnen. Mädchen und Jungen in weißen Gewändern feierten offensichtlich ihre Erstkommunion. Wohlwollend rückten die Spanier zusammen, um ihr einen Sitzplatz anzubieten. Der feierliche Gottesdienst berührte sie, auch wenn sie nur

Bruchstücke der spanischen Texte verstand. Sie fühlte sich mit den Menschen durch den Glauben verbunden.

Die Kommunionkinder stellten sich um den Altar und bekamen zum ersten Mal das Brot des Lebens. Leise Orgelklänge erfüllten die Kirche. Das Ave verum von Mozart. Das Musikstück war für Sophie immer mit ihrer Trauung und mit Martin verbunden. Sie schnäuzte ins Taschentuch und schloss ihre Augen. Da waren Trauer und Dankbarkeit in ihr. Sehnsucht und Freude. Aber auch Enttäuschung und Zweifel. Ein heilloses Durcheinander der Gefühle. Es war schwer, für jedes einen Platz zu finden. Dass ihr dabei die Tränen die Wangen hinunterliefen, war ihr grad egal.

Vor dem Schlusslied stand sie auf und verließ die Kirche.

Auf dem Marktplatz herrschte reges Treiben. Unter Sonnenschirmen saßen Familien in Sonntagsstimmung. Ganz in seemännischem Blau und Weiß waren die Fischhalle und einige Gebäude in der ersten Reihe gehalten. Wie aufeinandergestapelt klebte darüber eine Vielzahl kleiner Häuser an den Felswänden der Steilbucht. Fröhlich strahlten ihre roten Dächer und die in zarten Erdfarben gestrichenen Fassaden. Das malerische Fischerdörfchen verbreitete gute Laune. Sophie ließ sich anstecken.

Im Hafen hatten ein paar Motor- und Segelboote festgemacht. Ein historischer Leuchtturm auf einem Felsvorsprung kennzeichnete die Einfahrt.

Sie umrundete den Hafen, blickte aufs Meer und beobachtete eine Möwe, die sich immer wieder an einem Stückchen Brot zu schaffen machte, das neben einem Papierkorb lag. Nach mehreren Versuchen schaffte sie es, den Brocken so zu zerstückeln, dass sie ihn fressen konnte.

Einer dunklen Wolke folgte eine Böe. Sophie schaffte es gerade noch rechtzeitig, sich in ein Restaurant zu flüchten, bevor der Regen niederprasselte. An der Theke verzehrte sie ein paar Tapas und freute sich, als es draußen nur noch nieselte. Freundliche Spanier halfen ihr, das Cape über den Rucksack zu stülpen. Bergauf markierten orangefarbene Zeichen den alten Jakobsweg aus dem Ort heraus.

Sie hatte das Gefühl, im Zickzackkurs durch einen Wald zu laufen. Hoffentlich verlief sie sich nicht. So allein im Wald.

Matschige Rutschwege führten rauf und runter. Manchmal belohnten schöne Küstenimpressionen ihre Anstrengung. Aber nicht immer konnte sie sie genießen.

Als der Weg sie unter und entlang einer Autobahn führte, blieb ihr Auge an etlichen Kreuzen aus Zweigen und Gräsern hängen, die den Zaun schmückten. Pilger hatten hier ihre Markierung hinterlassen. Sie suchte zwei Stöckchen und mehrere Grashalme, um ebenfalls ein Kreuz zu formen. Als sie es in den Maschendraht hängte, erfüllte sie die Trauer um Martin so schmerzlich wie schon lange nicht mehr. In diesem Moment fühlte sie sich wie der einsamste Mensch auf der ganzen Welt. Was war heute mit ihr los? Warum war sie so hin- und hergerissen im Wechselbad ihrer Gefühle? Vielleicht musste das so sein, tröstete sie sich. Es waren ihre Gefühle, ihre Gedanken. Es war ihre Wesensart. Sie war so. Es ist so, wie es ist, dachte sie, und es ist gut so.

Der letzte Aufstieg bis Soto de Luina zog sich beschwerlich in die Länge. Irgendwann dachte Sophie nur noch an die Herberge im alten Schulhaus, eine warme Dusche und ein gutes Essen.

Eingebettet zwischen grünen Bergen lag der kleine Ort, den wieder eine der vielen, faszinierenden Brücken überspannte. Sicher nicht zum ersten Mal hatte Sophie heute über sechsundzwanzig Kilometer verteilte eintausend Höhenmeter geschafft.

Die zweiundzwanzig Betten waren fast alle belegt, als sie die Herberge betrat.

Die vielen Männer im großen Schlafsaal versprachen zwar eine schnarchreiche Nacht, aber vielleicht auch eine Ablenkung und einen unterhaltsamen Abend.

Gemeinsam mit einigen anderen peregrinos machte sie sich auf den Weg in das kleine Restaurant, das Pilgermenüs anbot. Sie war erstaunt über die Vielzahl der deutsch sprechenden Pilger, die auf dem Küstenweg unterwegs waren. Der Austausch mit ihnen und das fröhliche Miteinander taten ihr gut.

Mit ihren zwei Bettnachbarinnen stellte sie gleich Gemeinsamkeiten fest. Sabine wohnte ebenfalls in der Nähe von Mainz, Andrea war vor fünf Jahren von Rheinhessen nach Ingolstadt gezogen, der Liebe wegen.

Die beiden Freundinnen waren vor sieben Jahren den Camino Francés gepilgert. Es gab sogar einen Roman über ihre Pilgertour. Sein Titel „Eine Socke voller Liebe" löste bei Sophie Stirnrunzeln aus.

„Ich glaube, den habe ich in unserem Buchladen schon verkauft", erinnerte sie sich.

Sabine tat entrüstet. „Dann wird es Zeit, dass du ihn auch mal liest!", sagte sie grinsend und klemmte eine ihrer vorwitzigen roten Locken hinters Ohr.

„Der Camino steckt voller Zufälle und Überraschungen", meinte Andrea betont pathetisch. „Ich habe auf dem Francés meinen Mann kennengelernt!"

„Und ich habe meine Ehe gerettet", sagte Sabine stolz. „Ohne den Camino wäre ich wahrscheinlich geschieden. Jetzt ist mein Mann seit sieben Jahren trockener Alkoholiker!"

„Erzählt ihr mir davon?", fragte Sophie neugierig.

„Später!", versprachen beide.

Für die beiden Freundinnen war der Küstenweg ihre gemeinsame Auszeit. Sie waren seit drei Jahren jedes Jahr zwei Wochen unterwegs, um so Stück für Stück nach Santiago de Compostela zu pilgern.

„Ich denke mal, dass wir im nächsten Jahr in Santiago de Compostela ankommen werden. Vielleicht schaffen wir es dann ja noch bis Finisterre. Schaun wir mal, wieviel Sonderurlaub uns unsere Arbeitgeber und unsere Männer genehmigen", lachte Sabine. „Dieses Mal werden wir bis Ribadeo laufen, wo der Küstenweg zu Ende geht. Den Camino del Norte nehmen wir dann im nächsten Jahr in Angriff."

Sophie erzählte, dass ihr noch zwölf Tage für die fast dreihundert Kilometer bis Santiago de Compostela blieben. Wenn sie zwei Tage für die Pilgerstadt abzog, musste sie täglich rund dreißig Kilometer laufen. „Das ist ziemlich viel. Und wenn ich weiterhin alle sehenswerten Umwege und den E9 laufe, werden es bestimmt noch mehr", argwöhnte sie. „Wenn nötig fahre ich eben in Galicien noch einmal ein Stück mit dem Bus, wäre ja auch nicht so schlimm."

„Genau! Der Weg bietet dir immer Möglichkeiten. Man muss sie nur erkennen und nutzen", sagte Sabine.

Nach einem abwechslungsreichen nächtlichen Schnarch-Konzert verließen die drei Pilgerinnen die Herberge gemeinsam. Es war 7.30 Uhr. Sabine und Andrea versuchten, einige Schnarch-Varianten nachzuahmen, bis ihnen die Lachtränen über die Wangen liefen. Sophie ließ sich von der Albernheit mitreißen. Noch nie hatte sie bereits am frühen Morgen so herzhaft gelacht. Und das ohne Kaffee!

Oberhalb von Soto de Luina verzweigte sich der Weg. Es hatte aufgehört zu nieseln, und sie entschieden sich für die weniger frequentierte Route über einen Höhenzug.

Hügelige Waldwege schenkten ihnen immer wieder Ausblicke auf das Meer. Manchmal lag es verschlafen im grauen Dunst vor ihnen, manchmal spritzte es kräftig gegen die Felsen, manchmal versteckte es sich hinter großen Büschen und Bäumen. Verwunschene Pfade führten sie durch kleine Schluchten und vorbei an quirligen Bachläufen.

Nur das flaue Gefühl in der Magengegend störte die Idylle. Nach zwei Stunden kamen sie wieder auf eine Straße. Ein Hotel! Das konnte ihre Rettung vor dem Hungertod sein! Ihre Wasserflaschen waren genauso leer wie ihre Mägen, als sie das Haus betraten.

„Selbstverständlich können Sie bei uns frühstücken", antwortete die nette Dame an der Rezeption und begleitete sie in den Frühstücksraum. Nur wenige Hotelgäste saßen an den Tischen. Der Kaffee war schwarz und gut, das frisch getoastete Baguette mit Butter und Marmelade sättigend. Wunderbar!

Wieder auf der Straße, folgten sie weiter den rot-weißen Markierungen des Europäischen Küstenwanderweges. Eine schwarze Regenwolke verzog sich über die Berge ins Landesinnere. Die Sonne arbeitete sich langsam durch die Restwolken und schenkte Himmel und Meer ihr Blau zurück. Sie wärmte Luft und Erde. Die Jacken konnten wieder in den Rucksäcken verschwinden.

Die schmalen Waldwege waren mal wieder ziemlich matschig, aber die Vegetation umso schöner. Sophie war dankbar für die

Gesellschaft der beiden Freundinnen. Sie war sich nicht sicher, ob sie allein nicht doch die gelben Pfeile des Jakobsweges und so die einfachere Straßenvariante gewählt hätte.

Auf den stillen, ausgebreiteten Armen der Bäche hatte sich zartgrüne Entengrütze angesiedelt. An ihren Rändern wuchsen Farne und Calla-Stauden. Sie folgten dem Bachlauf bis zu seiner Mündung ins Meer. Die Sonne hatte die dicken Steine angenehm gewärmt. Sitzplätze mit Meerblick.

Eine ganze Weile saßen die drei Frauen schweigend nebeneinander und schauten hinaus. Der Atlantik war tiefblau wie Tinte. Seine weißen Schaumkronen glitzerten hell und spritzten fröhlich gegen die markanten Felsen, die den kleinen Kiesstrand begrenzten.

Andrea suchte nach flachen Steinen und ließ sie über die Wasserfläche hüpfen. Sabine und Sophie scheiterten bei dem Versuch, es ihr nachzumachen.

„Ich fühle mich fast wie mein eigenes Enkelkind", kicherte Sabine und warf einen dicken Stein ins Wasser, so dass es anständig spritzte.

Eine Steinbrücke führte die Wanderinnen über den nächsten Bachlauf, ein steiler, gerölliger Weg auf einen Felsen hinauf.

Bisher waren sie nur ein einziges Mal von einem Pilger überholt worden. Hier waren wirklich nicht viele Menschen unterwegs. Wahrscheinlich liefen alle anderen an der Straße entlang.

„Da verpassen sie was!", meinte Andrea. „Wir haben bisher sechs Bachläufe überquert, etliche Schluchten passiert, uns nasse Füße im Bach geholt und Steine ins Meer geworfen, Kühe erschreckt und jede Menge lila Fingerhüte bewundert."

„Wald und Meer, Berge und Wiesen", zählte Sabine auf. „Herrlich! Wo hat man das sonst schon alles auf einmal."

„Aber wenn wir wieder in einer bewohnten Gegend sind, brauche ich unbedingt etwas zu essen!", erklärte Sophie. Leider hatten sie keine Gelegenheit gehabt, ihre Rucksäcke mit Lebensmitteln aufzufüllen.

Am Nachmittag erreichten sie Cadavedo und stärkten sich mit einer Tortilla, Obst und Joghurt.

„Wenn der Reiseführer Recht hat, gibt es hier eine Bushaltestelle. Ich werde fragen, ob heute noch ein Bus nach Luarca fährt", sagte Sophie. „Bis dorthin sind es noch achtzehn Kilometer. Die nächste Herberge ist fünfzehn Kilometer entfernt. Die schaffe ich aber nicht mehr. Mir reichen die fünfundzwanzig Kilometer, die wir hinter uns haben." Demonstrativ legte sie ihre müden Beine auf einen Stuhl. „Wie seht ihr das?" Sie seufzte mitleiderregend, stand auf und unterhielt sich radebrechend mit der Wirtin.

„Und?", fragte Sabine.

„Bis zur Haltestelle ist es eine Viertelstunde, und der nächste Bus müsste ungefähr in einer halben Stunde kommen, sagt die Wirtin. Aber sicher ist sie sich nicht", informierte Sophie die Freundinnen.

„Wir könnten auch bis zu einem Hotel laufen, das sind nur noch acht Kilometer", schlug Andrea vor.

„Ich weiß! Aber das ist mir eigentlich zu teuer", erwiderte Sophie. „Ich laufe jetzt an die Haltestelle und schaue mal auf den Fahrplan. Wenn kein Bus kommt, müssen wir sowieso weiterlaufen."

„Okay, wir kommen mit", sagte Sabine nach einem Blickwechsel mit Andrea. „Mir wäre der Bus auch gerade recht, mein Knöchel schmerzt nämlich mal wieder." Und zu Sophie gewandt. „Er ist meine Schwachstelle, musst du wissen."

Es war heiß geworden. Die Sonne knallte auf das Bushäuschen. Der Fahrplan war zerrissen und verschmiert, die Abfahrtszeiten kaum lesbar.

„Wir können ja eine Viertelstunde warten, wie die Wirtin gesagt hat. Wenn bis dahin keiner kommt, gehen wir weiter", schlug Sophie vor.

Sabine wollte sich hinter den Unterstand stellen, weil es dort schattig war. Aber Brennnesseln vermasselten ihr diesen Versuch. Ungeduldig lief sie hin und her, während Sophie und Andrea versuchten, den Fahrplan zu entziffern.

Ein silberner Mercedes älteren Baujahres fuhr langsam an ihnen vorbei und blieb einige Meter hinter der Haltestelle stehen. Ein Mann stieg aus und kam auf sie zugelaufen.

„Hola Senoras! Qué tal?", grüßte er sie freundlich und fragte, ob er ihnen helfen könne. Er würde nach Santiago de Compostela fahren und könne sie mitnehmen.

„No, no", lachten alle drei gleichzeitig.

„Aber bis Luarca schon!", fügte Andrea hinzu.

„Sind sie Deutsche?", fragte der Mann in akzentfreiem Deutsch.

„Ja!"

„Kommen sie, steigen sie ein. Auf den Bus können sie lange warten. Ich glaube nicht, dass heute noch einer kommt." Plötzlich stutzte er und sah Sophie einen langen Moment an. Und Sophie sah ihn an. Beide brauchten ein paar Sekunden, bis sie sich erkannt hatten.

„Sophie?"

„Ja! Bist du Justus?"

„Ja!"

Unsicher standen sie voreinander. Er wirkte ein wenig schüchtern, als er Sophie umarmte.

„Das ist ja eine Überraschung! Läufst du jetzt den Weg, den Martin gehen wollte?", fragte er.

„Ja", antwortete sie.

„Steigt erst mal ein, dann kannst du mir unterwegs alles erzählen", sagte er und führte sie zum Auto.

„Justus war ein Freund meines verstorbenen Mannes", erklärte Sophie den überraschten Freundinnen. „Er lebt schon lange in Spanien, und wir haben uns seit Ewigkeiten nicht mehr gesehen."

„Und trotzdem erkannt!", ergänzte Justus.

Während der Fahrt erzählte sie ihm in wenigen Sätzen von der Pilgertour mit ihrer Schwester.

„Weißt du, dass Richard und Fritz auch hier auf dem Jakobsweg unterwegs sind?", fragte er.

„Nein! Ich kenne sie aber auch nicht. Habe sie bisher nur auf den Fotos eurer gemeinsamen Touren gesehen. Ich glaube nicht, dass ich sie erkennen würde, wenn sie mir über den Weg laufen. Die Fotos, die ich bei Martin gefunden habe, waren schon ziemlich alt, und die er auf seinem Laptop hatte, habe ich mir nicht alle angesehen."

„Das kann ich ändern. Bevor ihr aussteigt, zeige ich dir ein aktuelles Foto von den beiden. Vielleicht hast du sie ja schon mal getroffen", meinte er. „Sie werden mich übrigens in Santiago besuchen. Wenn es passt, kannst du gerne dazukommen."

„Mal sehn", wich Sophie aus. Ihr war das alles ein bisschen zu viel auf einmal. „Wir können ja unsere Handynummern oder

Mailadressen austauschen", schlug sie vor. „Wenn du weißt, wann die beiden zu dir kommen, kannst du mir eine Nachricht schreiben."

„Guter Vorschlag. Ich würde mich sehr freuen. Dann könntest du auch Felicitas kennenlernen."

„Wer ist das?"

„Meine Schwester. Sie wohnt seit fast zwei Jahren bei uns. Nach dem Tod von Matilda war sie für ein paar Wochen zu Besuch gekommen, ein halbes Jahr später ist sie bei uns eingezogen. Wir haben sozusagen eine Dreier-WG. Pablo und ich genießen ihre Anwesenheit. Sie hat mehr Lebendigkeit in unseren Alltag gebracht."

„Wer war Matilda?"

„Ihre Tochter."

Sophie fragte nicht weiter. Sie hatte keine Lust, sich seine Familiengeschichten anzuhören.

Justus schien überrascht. „Hat Martin dir nie von Felicitas erzählt?"

Sophie dachte nach. „Ich weiß nicht!", erwiderte sie dann. „Vielleicht hat er sie mal in einem Gespräch erwähnt, aber ich kann mich an nichts Konkretes erinnern."

„Dann solltest du sie unbedingt kennenlernen", meinte Justus. „Du wirst sie mögen."

„Mal sehn", wich Sophie aus. Sie wollte auf keinen Fall ihre Zeit in Santiago de Compostela schon im Voraus verplanen.

Am Ortseingang von Luarca hielt Justus das Auto an. Er kramte in seiner Brieftasche und zeigte Sophie ein Foto, auf dem Martin, Richard und Fritz vor einem herrlichen Gebirgspanorama neben ihren Mountainbikes standen. Martin war braun gebrannt und strahlte in die Kamera. Sophie schluckte und konzentrierte sich auf die beiden anderen Männer.

„Ich glaube, ich habe sie in einer Bar getroffen", überlegte sie.

„Das war in Soto del Barco nach einem Gewitter. Da hat mich übrigens ein spanischer Kavalier vor dem Weltuntergang gerettet." Sie lachte. „Das sind Richard und Fritz? Unglaublich!"

„Ja!", freute sich Justus. „Dann lernst du sie ja vielleicht doch noch näher kennen."

„Ja, wäre schön."

Justus erklärte ihnen den Weg zur Herberge, bevor sie sich voneinander verabschiedeten.

Sabine hatte die Autotür noch nicht ganz zugeschlagen, als sie schon wieder zu kichern anfing.

„Ich fass es nicht! – Diese Zufälle sind der helle Wahnsinn! Nicht nur, dass einem immer Hilfe angeboten wird, weil die Spanier ihre peregrinos lieben, nein, es passieren auch Dinge, die sonst nicht passieren!"

„Aber das war jetzt ein deutschstämmiger Spanier", klärte Sophie sie auf.

„Auch in Ordnung!"

Andrea war begeistert. „Ich finde es klasse, dass du ausgerechnet hier die Freunde deines Mannes kennenlernst!"

„Ja, ich auch!"

Die neue Herberge war sauber, geräumig und wunderbar. Die Suche nach einem Restaurant eher schwierig. Nach einem Rundgang durch die Altstadt von Luarca fanden sie in einer unscheinbaren Seitenstraße ein Lokal, in dem sie die einzigen Gäste waren. Koch und Wirt übertrafen sich gegenseitig mit ihrem Eifer, sie zu verwöhnen. Sie boten alles an, was in ihrer Vorratskammer schlummerte:

Fischsuppe mit viel Krusten- aber ohne -tiere = Witz von Andrea,

gemischter Salat ohne Thun- aber mit –fisch = Lacher von Sabine,

gebratener Hecht mit Pommes aber ohne Fritz = Gag von Sophie,

und dann Flan, Melone oder Kuchen.

Natürlich wählten alle Drei den Kuchen. Er sah sooo lecker aus. Sie aßen und tranken, alberten und lachten. Nach dem Espresso fühlten sie sich dick und rund und rollten langsam zur Herberge.

Fazit: Nicht nur Schnarcher, auch volle Bäuche können eine schlaflose Nacht produzieren!

Raschelnde Tüten und klickende Verschlüsse übertönten das Flüstern. Erst fünf Uhr! Musste das sein? Sophie zog sich den Schlafsack über die Ohren und fiel noch einmal in einen leichten Schlaf.

Sie rennt über eine grüne Wiese. Ein starker Wind schiebt sie von hinten an und mühelos beschleunigt sie ihre Schritte. Plötzlich steht sie vor einer hohen Mauer und sieht sich um. Ringsum bröckelt der Putz von den alten Steinen. Sie erinnert sich. Sie war schon öfter hier in dem maroden Brunnenschacht. Aber sie hat keine Angst mehr. Sie wartet geduldig, was passiert. Moos und Kletterpflanzen quetschen sich durch die offenen Fugen. Das Wasser reicht ihr bis zu den Knien. Blätter fallen von oben herab und hüllen sie ein. Efeu wächst in Windeseile um sie herum. Mit leichter Hand kann sie es auseinander schieben. Ein Sonnenstrahl von oben. Sie hört Stimmen und ist voller Zuversicht.

Als sie erwachte, war sie ausgeruht und voller Tatendrang. Es war Zeit, sich auf den Weg zu machen. Die Betten der beiden Freundinnen waren leer. Sabine und Andrea hatten die Herberge offensichtlich bereits verlassen. Schade, sie hätte die beiden noch gerne ein Stück begleitet. Aber so war das eben auf dem Jakobsweg: Jeder geht seinen eigenen Weg.

Gelbe Pfeile führten sie bergauf zu einer Kapelle mit Blick auf Luarca. Der alte Fischerort schmiegte sich malerisch in eine Bucht. Noch lag die Stadt verschlafen im Morgendunst, umgeben von steilen Hängen. Die Ria schlängelte sich zwischen weißen Häusern zum Meer. Sie führte nur wenig Wasser. Beim Anblick der Segelboote im Hafen überlegte Sophie, ob sie mit Martin wohl einen Segeltag eingelegt hätte? Sie erinnerte sich, dass sie das in ihren Vorgesprächen nicht ausgeschlossen hatten. - Nein, sie würde nicht in seinen Plänen nachlesen!

Wenn der Reiseführer Recht behielt, hatte sie heute eine leichte Flachetappe vor sich. Da würde sie die dreißig Kilometer bis La Caridad hoffentlich gut schaffen. Bei diesem Gedanken bewegten sich ihre Beine schneller und trugen sie über eine schmale Straße, vorbei an Feldern und Wiesen. Tief atmete sie die feuchte Luft ein.

Eine Ruine zog ihre Blicke auf sich. Die alten Mauern gehörten zu einer Santiago-Kirche aus dem 10. Jahrhundert. Sie waren Zeugnis einer frühen Pilgerschaft auf dem Camino del Costa.

Auf den alten Schindeldächern der in der Nachbarschaft stehenden Häuser blühten Moose und Steinbrech. Hübsch sahen sie aus, diese winzigen roten und weißen Blüten.

Sie verließ die Straße und bog in einen Feldweg ein. Der stramme Anstieg brachte sie zum Schwitzen. Während sie ihre Fleecejacke verstaute, sah sie in der Ferne eine Handvoll Pilger auf sich zu kommen. Das Gefühl, hier nicht allein unterwegs zu sein, war beruhigend.

Ein schöner Pfad durch den Wald wurde wieder einmal von einem Schlammloch unterbrochen. In den Senken sammelte sich das Wasser. Das war so. Ein Naturgesetz! Sophie lächelte und balancierte über Steine und Baumwurzeln am Pfuhl vorbei. Die Vögel zwitscherten heute außerordentlich laut. Sie sog die frische Luft ein. Genauso hatte es in ihrem Traum gerochen. Feucht und modrig. Schade, dass Manu jetzt nicht bei ihr war. Sie hätte ihr gerne von ihrem wiederkehrenden Traum in seiner veränderten Form erzählt. Das Miteinander fehlte ihr. Andererseits fühlte sie sich frei. Vogelfrei. Würde sie jemand fragen, welches Tier sie gerne wäre, so würde sie antworten: „Ein Vogel!"

Ja, es musste schön sein, über allem zu schweben. Sich vom Wind treiben zu lassen oder mit Flügelschlägen durch die Luft zu gleiten. Der ewige Traum der Menschheit nach Freiheit. Sie hatten sich Flugschiffe gebaut und segelten mit Drachen durch die Luft. Von den vielen Flugzeugen ganz zu schweigen.

Ob man schweben konnte, wenn man tot war? Ob die Seele Flügel bekäme? Bestimmt! Engel hatten doch auch welche!

Patsch! Jetzt war sie hineingetreten in so ein kleines Matschloch. Während sie ihren Schuh mit einem Stock ein wenig von den Klumpen befreite, sah sie sich um. Die kleine Pilgergruppe war nicht mehr zu sehen. War sie so schnell gelaufen? Egal! Die würden schon wieder auftauchen, beruhigte sie den kleinen Angsthasen in ihrem Innern.

Ihr Magen knurrte. Sie war jetzt fast drei Stunden unterwegs. Das füllige Essen von gestern Abend war längst verdaut. Ein Frühstück wäre nicht schlecht.

Die kleine Bar kam wie gerufen. Sie war der einzige Gast.

„Un croasán con queso y jamón y un café con leche, por favor." Ihr Spanisch wurde immer besser, fand sie. Gut, dass niemand da war, der ihr das Sprechen abnehmen konnte.

Sie pickte gerade die letzten Krümel vom Teller, als sich die Tür öffnete. Sabine und Andrea begrüßten sie so stürmisch, als hätten sie sich wochenlang nicht gesehen.

„Du schliefst heute früh noch tief und fest, als wir gegangen sind", sagte Sabine und setzte sich zu ihr an den Tisch.

„Ich bin erst ziemlich spät eingeschlafen", erklärte Sophie, „da war es ganz gut, dass ihr mich nicht geweckt habt. Aber wieso seid ihr jetzt erst hier, wenn ihr vor mir losgelaufen seid?"

„Wir haben in Luarca noch einen Kaffee getrunken, bevor wir gestartet sind", antwortete Andrea.

„Aha! Das Café habe ich wohl übersehen", bedauerte Sophie. „Lauft ihr heute auch bis La Caridad?"

Die Freundinnen bestätigten ihre Frage.

„Das ist schön. Dann werden wir uns sicher in der Herberge treffen", sagte Sophie, „ich möchte jetzt weiterlaufen." Sie stand auf und nahm ihr Gepäck.

„Dann bis später."

„Buen camino!"

Sophie freute sich auf den Abend mit den beiden, aber unterwegs sein wollte sie jetzt allein. Sie wollte ihrem Vorsatz treu bleiben, solange es ihr gut tat.

Die Etappe heute war ziemlich asphaltlastig, führte häufig an Straßen entlang, aber auch über holperige Bahngleise. Das Meer glitzerte immer wieder als silberner Streifen am Horizont. Eine Kapelle hatte ihre Pforte geöffnet. Sophie nutzte die Gelegenheit zu einer kurzen Pause. Die alten Gotteshäuser am Jakobsweg erzählten so unfassbar viele Geschichten! Jedes von ihnen war einmalig. Viele Menschen hatten hart daran gearbeitet. Es gab große und kleine, bescheidene und prunkvolle, bedrückende und glanzvolle Kirchen. Aber immer waren sie ein Ort der Gemeinschaft. Ein Treffpunkt der Gläubigen zum gemeinsamen Singen, Beten und Hören. Ein Haus, erbaut zum Lobe Gottes und als Zuflucht für die Menschen.

Während sie eine Kerze anzündete, spürte sie die Ruhe in sich. Sie dachte an Martin und an Manu, an Tim, Karsten, Heiko und Silke, Charlotte und Fabian. Auch Justus und seine Familie fielen ihr ein, genauso wie Fritz und Richard. Menschen, die Martin nahe gestanden hatten. Und sie ahnte, dass sein Geheimnis etwas mit einigen von ihnen zu tun hatte.

Sie trat hinaus in die Sonne. Zwei Spatzen badeten in einer Pfütze. Vergnügt spritzten sie das Wasser umher und plusterten ihr Federkleid auf. Als sie sie bemerkten, flogen die Vögel hastig davon.

Wieder ging es leicht bergab durch einen Wald. An der sumpfigsten Stelle lagen Paletten und Steine, die das Überqueren erleichterten.

Straßen, Feldwege und Waldpfade wechselten sich ab. Inzwischen schien die Sonne warm vom blauen Himmel.

In einem Garten waren allerlei Pilger-Devotionalien um einen steinernen Brunnen aufgetürmt. Über allem ragte ein Pilgerkreuz.

An einem anderen Haus schauten pilgernde Comicfiguren durch den Gartenzaun. Eine Kuh im Pilger-Outfit war der absolute Brüller. Über allem schaukelte eine große Puppe im knallroten Flamencokleid. Mit Manu zusammen hätte sie bestimmt laut gelacht. Mit Sabine und Andrea auch.

Doch jetzt ging es weiter auf einem Grasweg neben der Straße. Grüne Bergketten begleiteten sie wie immer zu ihrer Linken. Sie überquerte einen Fluss, der ins Meer mündete, lief vorbei an Obstwiesen und einer Autobahn. An einem Brunnen spritzte sie sich kaltes Wasser ins Gesicht und ließ es über die Arme laufen. Sie aß ein bisschen Obst und einen Müsliriegel und füllte ihre Wasserflaschen auf.

Die letzten Kilometer entlang der Nationalstraße wollten mal wieder kein Ende nehmen. Schweißtropfen sammelten sich an ihren Haarspitzen und fielen hinunter. Den Zickzackweg zur Herberge verfehlte sie. Sie fand sich nach einer halben Stunde dort wieder, wo sie hergekommen war.

„Das kann doch wohl nicht wahr sein! Wie blöd bin ich denn!", schimpfte sie mit sich selbst.

Endlich kam ihr ein Mann entgegen, den sie fragen konnte. Mit hängenden Schultern und schweren Beinen stand sie schließlich vor der Tür der Herberge. Entsetzt las sie den Zettel: „Completo!".

Nein! Ich will nicht mehr! Ich kann nicht mehr! Sie war den Tränen nahe und schob die Glastür auf. In der Eingangshalle standen Rucksäcke und Schuhe.

„Hola!", rief sie.

„Antonio kommt gleich!", rief ihr ein junger Mann auf Englisch zu. „Ich glaube, er holt den Schlüssel für eine Notunterkunft, damit er noch ein paar Pilger aufnehmen kann."

Mit einem lauten Seufzer setzte sie sich auf eine der Bänke, die ringsum an den Wänden standen.

Antonio kam mit einem Schlüsselbund in der Hand. Sein Englisch war nur schwer verständlich.

Er begrüßte Sophie und sagte ihr, dass sie mit zwei weiteren peregrinas von seinem Freund mit dem Auto in die örtliche Turnhalle gebracht würde. Dort gäbe es weitere Betten. Um 19.30 Uhr würde dieser Freund sie dann dort auch wieder abholen und zum Essen in sein Restaurant bringen, falls sie das wolle.

Selbstverständlich wollte sie das. Sie hatte jetzt schon Hunger.

Bis das Auto käme, könne sie ja die vielen Zeitungsartikel lesen, die an den Wänden klebten. Voller Stolz erzählte er, dass er in seinem Leben mehr als 100.000 km gepilgert sei.

Wie bitte? Das war ja der helle Wahnsinn!

Der Fischer José Antonio Garcia Calvo hatte 1998 bei einem Schiffsunglück in Norwegen als einziger einer 17-köpfigen Mannschaft überlebt. Seit 1999 war er aus Dankbarkeit zu allen Heiligtümern der Weltreligionen gepilgert. Angefangen hatte seine Reise in Santiago de Compostela. Über Griechenland war er nach Syrien und Israel gekommen. Seine Heimreise führte ihn über den Kaukasus nach Russland und wieder zurück nach Spanien. Das Ziel seiner zweiten Reise war Rom. Hier hatte er eine persönliche Audienz bei Papst Johannes Paul II., wie er voller Stolz erzählte. Seine dritte Reise brachte ihn bis ins tibetanische Hochland und zum Dalai Lama, bei dem er fünf Tage wohnen durfte. Erst vor wenigen Monaten war er von seiner wohl letzten Reise zu den südamerikanischen Pilgerstädten zurückgekommen. Insgesamt hatte der inzwischen 66-jährige Weltenbummler ungefähr 106.000 km zu Fuß bewältigt.

In diesem Sommer war er hospitalero für die peregrinos auf dem Jakobsweg.

Neugierig las Sophie die Berichte und schaute sich die Fotos an, als Sabine ihr auf die Schulter tippte. Die Freundinnen waren kurz vor ihr in der Herberge angekommen. Sie hatten gleich den richtigen Abzweig gefunden. Gemeinsam würden sie in der Turnhalle nächtigen. Die Freude darüber war groß.

Frisch geduscht und hungrig warteten sie eine Stunde später vor der Halle auf ihren Fahrer. Mit ihm stiegen noch zwei Pilger aus dem Auto, die ebenfalls hier nächtigen würden. Sie grüßten kurz und sagten, dass sie später auch ins Restaurant kämen. Alle fünf passten sowieso nicht auf einmal ins Auto.

Sophie war sich sicher, dass sie die beiden Männer mit den gebräunten Gesichtern schon einmal gesehen hatte. Gespannt erwartete sie das gemeinsame Pilgermenü.

Das Restaurant befand sich in einem Gewölbekeller. Es war urig eingerichtet, dämmrig und erinnerte ein wenig an ein bayrisches Bierlokal. Essensduft und lebhaftes Gerede erfüllten den Raum. Sophie setzte sich auf eine Bank. Von hier aus konnte sie sehen, wer das Lokal betrat.

„Was ist los mit dir?", fragte Sabine. „Du wirkst so aufgeregt."

„Bin ich auch", gestand Sophie.

„Warum?"

„Ich glaube, die beiden Männer, die mit uns in der Turnhalle schlafen, sind die Studienfreunde meines verstorbenen Mannes, von denen Justus mir im Auto ein Foto gezeigt hat."

„Das ist ja spannend!"

„Ja, das ist es wirklich."

„Schade, dass unser Tisch schon so voll ist. Sonst könntest du sie zu uns bitten, wenn sie kommen."

Die Frauen waren bereits bei der Hauptspeise, als zwei Männer das Lokal betraten. Mit viel „Hallo" begrüßten sie einige Leute an einem großen Tisch direkt neben dem Eingang. Alle rückten zusammen, so dass sie sich dazu setzen konnten. Mit dem Rücken zu Sophie.

Sie wusste jetzt, dass es Richard und Fritz waren. Dieselben Männer, die sie zum ersten Mal bei dem schweren Gewitter in

der Bar getroffen und die sie auf Justus Foto gesehen hatte.
Einer mit Bart und kurz geschorenem Grauschopf, der andere
mit etwas längeren, leicht gelockten Haaren, der seine hohe
Stirn beim Wandern mit einer Baseballkappe vor der Sonne
schützte.

Hastig aß sie ihren Teller leer. Die Männer hatten noch kein
Essen vor sich stehen. Das war die Gelegenheit! Sie stand auf
und ging zum Nachbartisch.

„Entschuldigung, ich muss euch etwas fragen!"

„Ja, dann frag mal!", grinste der Lockenkopf sie an.

„Heißt ihr Richard und Fritz?"

„Heißen wir", antwortete der andere sichtlich amüsiert, „und
ich bin der Fritz."

„Schön! Ich bin Sophie", sagte sie und streckte den beiden ihre
Hand hin.

„Wer hat dir denn unsere Namen verraten?", wollte Richard
wissen und knüllte die graue Kappe, die neben ihm lag.

Bevor sie antworten konnte, fragte Fritz: „Haben wir uns nicht
schon in Soto del Barco getroffen?"

„Haben wir!", antwortete Sophie. „Und eure Namen hat mir
Justus verraten. Er hat mir ein Foto von euch gezeigt." Sie
machte eine Pause und guckte vergnügt in die verdutzten Gesichter. „Ich bin Martins Frau."

„Das gibt's doch nicht!" Fritz schlug sich auf den Oberschenkel.

„Deshalb kamst du mir gleich so bekannt vor!" Richard hob die
Hand mit der zerknüllten Kappe. „Ich habe auch schon öfter
ein Foto von dir gesehen. Martin hatte immer eines im Porte-
monnaie", erinnerte er sich.

Der Wirt brachte die Suppe.

„Setz dich nach dem Essen zu uns!", forderte Fritz sie auf.

„Dann können wir in Ruhe miteinander reden."

„Gerne!"

Später erzählte Sophie, wie Justus sie in seinem Auto mitgenommen hatte und erfuhr, dass der Freund aus Gesundheits-
gründen den Weg nicht mit ihnen laufen konnte.

„Außerdem würde er Pablo nicht so lange allein lassen", fügte
Fritz hinzu.

Richard und Fritz waren Anfang Mai in Irún gestartet. Sie hatten noch keine Rückreise gebucht, wollten sich so viel Zeit wie möglich lassen.

„Ich hab viel davon. Auf mich wartet grad niemand!", sagte Richard lakonisch.

„Meine Frau ist bei ihrer Freundin in der Bretagne", berichtete Fritz. „Sie hilft dort in der Töpferwerkstatt bis die Ferien in Frankreich beginnen."

„Da hat sie bestimmt auch viel Spaß", vermutete Sophie.

„Mit Sicherheit!"

„Weißt du, wir gehen diesen Weg auch in Erinnerung an Martin", sagte Richard. „Wir sprechen oft über ihn, wenn wir unterwegs sind."

Dann sah er sie geradeheraus an und wollte wissen, wie der Unfall passiert sei, bei dem Martin ums Leben gekommen war.

„Ihr wart doch schon auf dem Weg zum Flughafen, um nach Bilbao zu fliegen, oder?"

„Ja, das waren wir", erwiderte Sophie.

„Möchtest du darüber reden?"

„Nein. Jetzt nicht. Vielleicht ein anderes Mal", sagte sie und nippte an ihrem Rotweinglas. Nein, sie wollte sich nicht hier vor allen Leuten daran erinnern und womöglich in Tränen ausbrechen. Um abzulenken, fragte sie die Männer nach ihren Erfahrungen auf dem Küstenweg.

Beide kamen ins Schwärmen. Das ein oder andere Mal hatten Manu und sie sogar in derselben Herberge übernachtet, aber Richard und Fritz waren immer ein paar Tage früher dort gewesen. Außerdem hatten sie sich keine Busfahrt erlaubt. Je mehr sie von ihren Eindrücken erzählten, desto mehr fühlte Sophie sich mit ihnen verbunden. Sie spürte, dass Martins Freunde auch ihre werden könnten.

Ob die beiden wussten, wer oder was MATI war? Wie ein Schatten huschte die Frage über ihre gerade erzählten Erinnerungen der letzten Wochen. Sie schob den Gedanken beiseite. Sie kannte die beiden noch nicht gut genug, um eine solche Frage stellen zu können.

Sie versuchte, sich wieder auf Richards Erzählung zu konzentrieren, der von der Begegnung mit einer kanadischen Pilgergruppe berichtete.

Der Wirt kam an ihren Tisch und unterbrach das muntere Gespräch. Er wollte das Restaurant schließen und die Pilger in ihr Notquartier fahren.

Die Männer ließen den Frauen den Vortritt.

„Wir sehen uns gleich in der Turnhalle", riefen sie ihnen zu, während der füllige Spanier den Motor des Jeeps aufheulen ließ.

Während der Fahrt überlegte Sophie, ob sie die beiden Männer später vielleicht doch noch nach MATI fragen sollte? Entschied sich aber anders. Im Beisein von Sabine und Andrea wollte sie nicht darüber sprechen. Es würde sich sicherlich noch eine Gelegenheit ergeben.

Gastfreundschaft

"Wisst ihr, wer heute Nacht die Tür von innen mit Stühlen verbarrikadiert hat?", fragte Sabine.

„Nö, keine Ahnung. Das habe ich gar nicht gesehen!", antwortete Andrea.

„Ich musste heute Nacht einmal aufs Klo. Da waren vor der Tür drei Stühle übereinander gestapelt", erzählte Sabine, „und eine Stuhllehne war unter die Türklinke geklemmt."

„Echt?" Sophie wollte es nicht glauben.

„Wenn ich es euch sage! Das muss einer der beiden Männer gemacht haben."

„Hatten wohl Angst vor Einbrechern", vermutete Andrea und lachte.

„Die beiden sind ziemlich früh aufgestanden. Das habe ich so im Halbschlaf mitbekommen", meinte Sophie.

„Sie mussten ja auch die Stühle wieder wegräumen!"

„Schon komisch!"

Die Tatsache eignete sich für Vermutungen aller Art und lieferte lustigen Gesprächsstoff bis zur Herberge.

Dort sollte ein Frühstück auf sie warten. Allerdings war es schon fast 9.00 Uhr. Für ein Pilgerfrühstück war das viel zu spät. Die Herbergstür stand auf, alle peregrinos waren bereits ausgeflogen. Auch Antonio war nicht zu sehen. Glücklicherweise spuckte der Automat noch Kaffee aus. Ein halbes Baguette, etwas Frischkäse und Marmelade hatten die anderen Pilger noch übrig gelassen.

„Wer zu spät kommt, den bestraft das Leben!", zitierte Sabine eine ausgeleierte Lebensweisheit.

„Ich habe noch Studentenfutter für den Notfall", sagte Sophie, die heute doch wieder ein Stück weit mit den Freundinnen laufen wollte. Es war die letzte Etappe am Meer entlang.

Hinter der Stadt fanden sie die ersten weiß-roten Streifen des E9. Eine schmale Straße führte leicht bergauf und bergab bis Viavélez. Wie ausgeschnitten aus einem Bilderbuch lag der kleine Ort vor ihnen. Weiße Häuschen drückten sich an einen steilen Hang. Große Bäume erhoben sich schützend hinter ihnen und versteckten die Sicht zum Meer. Unter einer alten, weiß gestrichenen Steinbrücke plätscherte ein Bach seinem Ziel entgegen.

Am Ortsausgang führten Serpentinen bergauf. Sonnenlicht strahlte durch das Blattwerk der Bäume und warf Schattenbilder auf die Straße. Die Wanderinnen blickten auf den verträumten Hafen der Stadt. Wo einst Fischerboote festmachten, lagen jetzt ein paar Kanus und Motorboote am Kai. In der Urlaubszeit würden es mehr sein. Dann würde auch der verträumte Ort nicht mehr so ruhig da liegen.

Der Blick zum Meer war wieder frei. Kräftig blau und türkis leuchtete es ihnen entgegen. Es machte sich breit von einem Himmelsbogen bis zum anderen. Nur ein dünner Grauschleier lag noch vor dem Horizont. Bald würde die Sonne auch ihn auflösen.

Sophie blieb stehen und blickte hinaus. Tief atmete sie die frische Luft ein und langsam wieder aus. Sie schloss die Augen. Der Wind spielte mit ihren Haaren. Sie hörte die Wellen, fühlte sich frei und glücklich.

Ihre Füße liefen geschmeidig über den breiten Sandweg. An seinen Rändern blühte weinrotes Heidekraut neben Gräsern und Margeriten. Ein Wiesenhang zum Meer. Ein Friedhof mit Meerblick. Seine weißen Mauern leuchteten in der Sonne. Kräftige Felsen ragten aus dem Wasser.

Ein kurzer Abstecher durch einen kleinen Ort, eine verschlossene Kapelle. Holzbänke zum Ausruhen. Wasser gegen den

Durst. Fingerhut am Weg und Pferde auf der Weide. Bergketten, die sich durchs Landesinnere zogen.

Und wieder war das Meer ihr Begleiter. Wie ein blaues Seidentuch zog es sich in die Weite. Der leichte Wind streichelte zärtlich darüber. Die Küste war felsig. Fast schüchtern brandete das Wasser gegen ihr raues Gestein. Cabo Blanco hieß dieses gigantisch schöne Kap, das weit ins Meer hineinragte.

Seine Felsschluchten warteten auf Flutwellen. Ihre schroffen Abschürfungen spiegelten eine stürmische Vergangenheit wieder. Jetzt wuchsen Grasbüschel auf dem sandigen Grund zwischen den Wänden.

Die drei Frauen liefen bis ans Ende des Felsvorsprunges. Zwischen roten, gelben und weißen Blütenkissen, vielfältigen Gräsern und Moosen hatte sich ein schmaler Trampelpfad gebildet. Sophie setzte sich ins Gras und schaute aufs Meer. Sie schloss die Augen, spürte Sonne, Wind und Weite. Ein tiefes Gefühl strömte in ihre Brust und füllte sie aus mit Liebe und Freiheit.

Sie fasste einen Entschluss.

„Ich werde heute noch nicht mit euch bis Ribadeo laufen", sagte sie. „Erstens ist mir die Etappe zu lang, und zweitens möchte ich den Abschied vom Meer gerne um einen Tag verschieben."

„Wirklich?" Sabine war enttäuscht.

„Ja! Es ist einfach zu schön hier. Ich will das Meer so lange wie möglich genießen." Sophie strahlte.

„Das verstehe ich", sagte Andrea.

„Schade für uns, aber schön für dich", meinte Sabine.

Sie umarmten sich fest.

„Kommt gut nach Ribadeo und zu Hause an."

„Danke! Dir noch einen buen camino, und grüß den Jakobus in Santiago von uns!"

„Mach ich. Wir treffen uns in Mainz wieder!"

„Abgemacht!"

Sophie sah den Freundinnen nach. Sie war stolz. Sie hatte wieder einmal ihre ganz persönliche Entscheidung getroffen!

Sie blickte einem Segelboot nach, das sich vom Wind aufs Meer treiben ließ.

„Bevor man die Segel in den Wind stellen kann, muss man die Leinen los machen. Erst nach dem Loslassen kommt das Treibenlassen."

Sie dachte an Manu, die diesen Kalenderspruch irgendwann zitiert hatte. Sie fühlte sich verbunden. Verbunden mit Gottes Schöpfung. Mit der Natur und mit den Menschen, die sie liebte. Sie war allein, aber nicht einsam. Sie konnte sich treiben lassen.

Seit vier Wochen war das Meer ihr täglicher Begleiter gewesen. Es war ein Teil ihres Zuhauses geworden. Sie wollte es tief in sich einsaugen. Seine enorme Kraft, seine unendliche Weite und seine pralle Schönheit.

Sie griff nach dem Reiseführer, den Manu ihr überlassen hatte, und wählte die Herberge in Tapia de Casariego für ihre Übernachtung aus. Das Haus stand direkt an der Küste.

Dann machte sie sich wieder auf den Weg. Ihre Wanderstöcke klackerten mit jedem Schritt gegen die Steine. Sie waren im Einklang mit dem Rauschen des Meeres und musizierten gemeinsam eine flotte Melodie. Schmetterlinge flatterten lautlos von blauen zu weißen Blüten. Ein Fluss schlängelte sich gemächlich ins Meer, vorbei an Farnkräutern und weißen Sternblumen. Einen Steinwurf weiter überzogen gelb blühende Büsche und weiße Margeriten große Flächen vor dem blauen Hintergrund von Himmel und Meer. Die felsige Küste bot unentwegt neue Ausblicke, an denen sie sich nicht satt sehen konnte.

Ein Schwarm hungriger Möwen verfolgte einen Bauern mit seinem Traktor, der fernab vom Weg seinen Acker bearbeitete. Amüsiert begleitete Sophie sie mit ihren Blicken. Ein Gehöft und mehrere Häuser kündigten einen Weiler an. Vielleicht gab es dort eine Einkehrmöglichkeit? Ihre Trinkflaschen waren leer, ihr Magen auch.

Eine Frau pflückte Verblühtes von den Petunien auf der großen Terrasse über einem Anbau. Sophie fragte nach einer Bar.

Nein, hier gäbe es keine, bedauerte die Spanierin, aber einen Kaffee könne sie auch gerne bei ihr trinken. Sie würde herunterkommen und ihr die Tür öffnen.

„Si, si! Un momento, por favor!", rief sie ihr zu und verschwand im Haus.

Vater, Bruder und ein Freund der Familie saßen bereits auf der Terrasse beieinander. Nacheinander begrüßten sie Sophie und stellten sich vor. Auf einem Tisch standen Tapas mit Schinken und Käse, kleine Schüsseln mit Oliven und getrockneten Tomaten und ein Teller mit süßen Biskuits. Die Frau stellte wenig später eine Karaffe Wasser und eine duftende Tasse Kaffee für Sophie dazu. Sie forderte sie auf, kräftig zuzulangen.

Im Gespräch erfuhr Sophie, dass der Freund der Familie Musiker war und vor etlichen Jahren als Gitarrist mit seiner Band in Mainz gespielt hatte. Er stellte ihr viele Fragen nach ihrer Heimatstadt. Mit freundlicher Selbstverständlichkeit nahmen die Spanier Sophie in ihre Mitte auf und wollten alles über ihre Pilgerreise wissen. Ihr Interesse war das der Einheimischen, die den Küstenweg, der an ihrem Haus vorbeiführte, selbst noch nicht gelaufen waren, aber ihre peregrinos bewunderten und verehrten.

Um eine gute Erfahrung reicher verabschiedete sich Sophie und setzte ihren Weg fort.

Am frühen Nachmittag erreichte sie die kleine Herberge am Ortseingang. Der steinige Strand unterhalb des Hauses war leider total veralgt und selbst die Holztreppe, die hinunterführte, war glitschig grün. Aber was machte das schon! Der Badeort verfügte immerhin über vier Sandbuchten! Sophie belegte eines der Etagenbetten und wechselte ihre Wanderklamotten gegen den Badeanzug und das luftige Trägerkleid, das manchmal auch als Nachthemd diente. Sonne, Wind und eine Wäscheleine verlockten sie dazu, schnell ihre Shirts und Wäsche auszuwaschen und aufzuhängen, bevor sie mit Sonnenschutz und Handtuch bewaffnet zum Strand ging.

In den Straßen staute sich die Hitze, die traditionellen Geschäfte hatten ihre Läden noch geschlossen. Später würde sie sich dort mit neuen Essensvorräten versorgen. Der Marktplatz war umringt von herrschaftlichen Gebäuden. Die grauen Säulen und Einfassungen aus Sandstein gaben den weißen Häusern eine besondere Note. Das alte Rathaus und die Kirche gefielen ihr besonders gut. Riesige Palmen machten das mediterrane Urlaubsgefühl komplett.

Von der Steilküste führten mehrere Treppen hinunter zum Strand. Sophie nahm gleich die erste. Barfuß watete sie durch das Wasser bis zum Ende der letzten Bucht.

Junge Mütter spielten mit ihren kleinen Kindern im Sand, ältere Jungen tobten im Wasser. Sophie legte ihre Habseligkeiten in den Schatten eines Felsens und rannte im Dauerlauf ins Meer hinein. Mit beiden Händen spritzte sie sich nass, bevor sie in das kühle Wasser eintauchte. Die Kälte prickelte auf der Haut. Sie bewegte sich so schnell sie konnte. Nach ein paar kräftigen Schwimmzügen hatte sie sich an die niedrige Temperatur gewöhnt. Sie spürte ihren Körper durch die Wellen gleiten. Ließ sich von ihnen mitnehmen und tragen. Sie legte sich auf den Rücken und schaukelte mit ihnen auf und ab.

Liegt die Kraft des Meeres in der Regelmäßigkeit seiner Bewegungen? Ebbe und Flut. Immer und immer wieder. Seit Millionen Jahren bewegt es sich so. Heute und morgen. Vor und nach meiner Zeit. Ist es in der Ewigkeit? Wasser ist Leben. Erde ist Leben. Gott ist das Leben.

Eine Welle schwappte über ihr Gesicht und riss sie aus ihren philosophischen Gedanken. Sie prustete und drehte sich um. Mit festen Bewegungen schwamm sie ans Ufer zurück.

Die große blaue Mülltüte musste einmal mehr als Unterlage herhalten. Sophie legte ein Handtuch darauf und ließ sich von der Sonne trocknen. Sie schloss ihre Augen und fühlte die Wärme auf ihrer Haut. Geborgenheit und Zuversicht. Alles würde sich zusammenfügen. So, wie es richtig war.

Von den dreißig Betten in der Herberge waren nur neun belegt. Sophie breitete ihre Einkäufe auf dem oberen Etagenbett aus. Sie betrachtete Pfirsiche, Äpfel, Bananen und Müsliriegel und überlegte, ob sie das alles morgen brauchen würde.

„Ich würde den Pfirsich jetzt essen", hörte sie eine Stimme neben sich. Barbara!

„Hey! Das ist ja mal eine Überraschung! Schön, dich wiederzusehen!", freute sich Sophie. „Wie geht es dir?"

Barbara strahlte: „Kann nicht besser sein."

Sie verabredeten sich zum gemeinsamen Essen am Hafen. Beide waren froh, nicht allein an einem Tisch im Restaurant sitzen zu müssen.

Der gemeinsame Austausch über die Wege, die Landschaft und das Laufen, über die Wehwehchen am Abend und die Aufbruchstimmung am Morgen, tat gut.

Barbara tunkte ein Stückchen Brot in die Salatsoße und meinte: „Ich bin so froh, dass der Küstenweg noch nicht so überlaufen ist. Pilgern ist ja wirklich zu einer Mode geworden."

„Und jeder hat seine eigenen Gründe dafür."

„Du weißt, dass ich ein Versprechen einlöse. Dabei profitiere ich selbst davon. Ich merke, dass der Weg mich stärker macht." Sophie sah einem Pärchen nach, das Arm in Arm an der Terrasse des Lokals vorbei schlenderte.

„Ich muss lernen, ohne Martin zu leben", sagte sie und wandte den Blick ab. Vorsichtig schwenkte sie ihr Glas. Der Wein hinterließ ölige Schlieren. Sie nahm einen Schluck. Dann sah sie Barbara an: „Und ich möchte all das, was ich nicht ändern kann, akzeptieren können. So, wie es ist."

Als Sophie und Barbara das Lokal verließen, hingen dicke Wolken über dem Fischerhafen. Die Sonne war hinter ihnen verschwunden. Sie war heute unsichtbar im Meer versunken und hatte nur ein wenig zarte Röte am Horizont hinterlassen.

Abschied vom Meer

Sophie und Barbara verließen gemeinsam um kurz vor acht die Herberge. Wenige hundert Meter weiter öffnete sich zu ihrer Freude die Tür einer gemütlichen Bar. Der heiße Kaffee weckte die noch leicht verschlafenen Lebensgeister und der Croissant reichte für den kleinen Hunger. Beide hatten nach dem reichhaltigen Fischmenü von gestern Abend noch nicht viel Appetit.

Der Himmel war wolkenverhangen, die Sonne nicht zu sehen. Grauer Dunst verschleierte Berge und Meer. Die schöne Badebucht von gestern sah heute Morgen trostlos aus. Sophie freute sich, dass sie den gestrigen Sonnentag ausgenutzt hatte.

Am Eingang eines Schotterweges, der in eine Dünenlandschaft führte, stand ein gelbes Schild: „Buen camino Santiago de Compostela - 229 km".

Holzstege zogen sich über den feinen Sand und die Feuchtwiesen. Sie überwanden Bäche und Tümpel. Frösche quakten ununterbrochen ihr Morgenkonzert. In Schwärmen bewegten sie sich zwischen Entengrütze und Schilfgras oder sprangen hurtig ins Wasser, sobald sich die Frauen näherten. Manchmal waren sie unter der grünen Oberfläche kaum zu erkennen. Zart blühende Gräser und Wasserpflanzen säumten die verschiedensten Ufer.

Ein Holzsteg führte hinauf auf die Steilküste. Der Pfad verlor sich, und die Frauen liefen weiter durch feuchtes Gras.

Irgendwann gelangten sie auf einen Betonweg und durch einen kleinen Weiler. Waren sie noch richtig? Rot-weiße oder gelbe Wegzeichen hatten sie schon lange nicht mehr gesehen. Während sie unschlüssig an einer Weggabelung standen, überholte sie ein Pilger, der seine Fotoausrüstung in der Hand hielt. Sophie erkannte Simon sofort. Die Wiedersehensfreude war auf beiden Seiten!

Simon wusste, wo der E9 weiterging. Den schmalen Weg durch meterhohes Gras hätten Sophie und Barbara ohne ihn nicht gefunden. Die Markierung an einem Holzpfosten war total zugewachsen.

Er stampfte voraus und ebnete ihnen den Weg, soweit das Gras sich runtertreten ließ. Am Meer blieb er stehen und stellte ein Stativ auf, um seine Kamera darauf festzumachen.

„Darf ich euch fotografieren?", fragte er. „Ich könnte das Bild an Manu schicken. Sie würde sich bestimmt sehr darüber freuen."

„Ja, das glaub ich auch", erwiderte Sophie und wunderte sich ein weiteres Mal. Manu und Simon? Hatte sie da etwas verpasst? Oder schmiedete ihre Phantasie schon wieder Gerüchte? Achte lieber auf deinen eigenen Weg, schalt sie sich und stellte sich neben Barbara in Pose.

Zu dritt wanderten sie weiter auf schmalen Pfaden, bis Simon sich verabschiedete, um weitere Naturaufnahmen zu machen.

Auch bei dem heutigen trüben Wetter war die letzte Etappe des Küstenweges ein Erlebnis. Blühende Ginstersträucher ersetzten wieder einmal den Sonnenschein. Ihr kräftiges Gelb wetteiferte mit dem satten Grün niedriger Büsche und dem leuchtenden Weiß der Margeriten.

Sophie und Barbara setzten sich auf einen Stein und genossen den Ausblick.

Noch einmal graue Felsen im blaugrauen Meer, ein wenig Brandung, eine Sandbucht, eine Möwe. Noch einmal die unendliche Weite bis zum Horizont. Noch einmal die unergründliche Tiefe des Ozeans. Noch einmal ein Blick zurück auf die sich windende Küstenlandschaft.

Sophie verabschiedete sich von all dem wie von einem lieb gewordenen Freund.

„Ich hätte nicht gedacht, dass mir der Abschied vom Meer so schwerfallen würde", sagte sie.

„Vielleicht ist es so, weil wieder etwas Schönes zu Ende geht?", überlegte Barbara.

„Ja, vielleicht!" Sophie stand auf. Barbara brauchte ihre Tränen nicht zu sehen. Was war mit ihr los? Es war doch nur das Meer! - Aber es war ein Abschied!

Das Meer, hinter dessen Horizont sie Martin wähnte. Das Meer, das in seinen Tiefen unendlich viele Geheimnisse barg. Geheimnisse, die sie nicht verstand, und die sie immer wieder zweifeln ließen.

Was grübelst du, Sophie? Du sehnst dich danach, dass jemand deine Zweifel ausräumt. Wo ist dein Vertrauen geblieben? Du warst dir doch so sicher! Noch gestern hast du zuversichtlich am Strand gelegen.

Ja, aber… die Zweifel sind wie kleine Widerhaken, die sich irgendwo festsetzen und manchmal pieken. Sie kommen und gehen und schüren meine Unsicherheit.

Schau dir die Wellen an. Jede von ihnen ist einzigartig. Jede geht ihren Weg. Schick dein Misstrauen mit ihnen fort und bleibe auf deinem Weg. Lass dich nicht verrückt machen, wenn du nicht verstehst, wie alles zusammenhängt. Auch Martin ist seinen Weg gegangen. Du hast Martin geliebt, und er hat dich geliebt. Reicht dir das nicht mehr?

Nein, es reicht nicht. Ich will alles von ihm wissen!

„Sollen wir weitergehen?", hörte sie Barbara fragen.

„Ja, einen Moment noch! Ich möchte noch ein Foto machen und es an Anna, Heiko und Manu schicken", antwortete Sophie und schnäuzte sich.

Dann war die Puente de los Santos in Sicht. Die sechshundert Meter lange Brücke über den Rio Eo, die nach Ribadeo führt. Der Gang über dieses gigantische Bauwerk war etwas Besonderes. Unter ihr breitete sich die Mündung des Grenzflusses zwischen Asturien und Galicien wie ein riesiger See aus. In der luftigen Höhe von fünfunddreißig Metern blies ein kräftiger Wind. Die Hosenbeine flatterten.

Hinter der Brücke führte eine kleine Straße in die ehemals reiche Handelsstadt. Der frühere Überseehafen war zu einem Sporthafen umgebaut worden. Inzwischen lieferte der Tourismus hier einen eher bescheidenen Wohlstand. Das Rathaus war in einem ehemaligen Palacio untergebracht. Ein paar hübsche Jugendstilhäuser säumten den Markplatz.

Unter einem Sonnenschirm saßen drei Frauen beim Kaffee: Birgit, Stefanie und Anita. Wieder gab es ein frohes Wiedersehen. Stühle wurden zusammengerückt, um für Sophie und Barbara Platz zu schaffen.

Sophie schwärmte bald von dem schönen Küstenweg und dem Meer, das sie bestimmt vermissen würde. Sie schaute in die überraschten, ein wenig neidisch blickenden Gesichter der drei Freundinnen, für die hier die organisierte Pilgerreise endete.

„Ich glaube, dann bist du anders gelaufen als wir", sagte Stefanie. „Wir hatten ziemlich viele Straßenetappen. Das war nicht besonders schön."

„Seid ihr nicht den E9 gegangen?"

„Nein! Das war uns zu anstrengend. Wir haben uns nicht getraut."

„Das ist schade! Wirklich, sehr schade!"

Anita wechselte das Thema. „In meinem Zimmer ist noch ein Bett frei. Falls eine von euch hier bleiben will, kann sie gerne bei mir übernachten."

Barbara zögerte nicht lange. Sie wollte sich vor den nächsten, anstrengenden Etappen noch ein wenig schonen. Sophie verabschiedete sich bald und machte sich auf den Weg in das üppig grüne Inland.

Offiziell war hier der Camino del Costa zu Ende und der Camino del Norte begann.

Noch zwei Stunden bis zur nächsten Herberge. Geradeaus ging es aus der Stadt hinaus leicht bergauf. Oben angelangt war der

Blick zurück auf die Stadt und den Fluss frei. Sophie lief ein paar Schritte rückwärts.

Es fühlte sich gut an, wieder allein zu wandern. Sie kam durch einen Wald und vorbei an vielen Wiesen. Hinter jedem Hügel erwartete sie den Meerblick... und wurde enttäuscht. In Galicien war das „Meer" grün.

Gewöhne dich daran, Sophie! Alles hat ein Ende!

„...nur die Wurst hat zwei". Blöder Karnevalsschlager! Sie musste lachen.

Nach jedem Ende kommt ein neuer Anfang.

„...Und jedem Anfang wohnt ein Zauber inne, der uns beglückt, und der uns hilft zu leben..." Hermann Hesse, „Stufen". Ihre Gedanken flatterten. Ein toter Schmetterling lag auf dem Weg. Blau mit roten Punkten. Wunderschön! Schade, dass er tot war! So einen hatte sie noch nie gesehen. Sie fotografierte ihn.

Weit auseinander liegende Gehöfte zwischen Kuhweiden. Schmale Straßen und Schotterwege, die sich hindurchschlängelten.

Die knallrot gestrichene Herberge stand versteckt hinter einem Hügel. Daneben ein kleineres, gelbes Haus mit Bar und Restaurant, ein größeres Wohnhaus. Das war der Ort Vilela.

Von den vierunddreißig Betten war weniger als die Hälfte belegt. Sophie kannte niemanden. Die Ungarin Susanna auch nicht. Gemeinsam gingen sie zum Essen. Salat und Fisch. Ein paar Konversationen, nichts Interessantes.

Die Nacht war ruhig.

Das grüne Land

Nebelverhangene Hügel mit dunklen Wäldern begrüßten Sophie am nächsten Morgen, als sie die Herberge verließ. Sie war früh aufgestanden und saß bereits um 7.30 Uhr in der Bar vor einer Tasse Kaffee und einem bocadillo mit Schinken und Käse. Sie biss in das Brot und studierte den Reiseführer. Dreißig Kilometer bis Mondoñedo! Über 900 m im Aufstieg und 800 m im Abstieg waren angegeben. Das würde ein anstrengender

Acht-Stunden-Tag werden. Unterwegs gab es zwei weitere Herbergen, falls sie es nicht schaffen würde. Eine Einkehr- oder Einkaufsmöglichkeit war auch eingezeichnet.

Der letzte Schluck Kaffee war kalt. Sie setzte den Rucksack auf, ruckelte ihn zurecht, schloss den Beckengurt und zog die Gurte fest. Ein vertrautes Ritual. Seit vier Wochen! Sie griff ihre Wanderstöcke und führte ihre Hände durch die Schlaufen. Sie war gut gerüstet für den neuen Tag.

Die schmale Straße führte bergauf. Über den Feldern hing der Nebel. Sophie ging langsam. Jeden Morgen brauchte sie eine Weile, bis sie sich wieder eingelaufen hatte, und jedes Mal war sie froh und dankbar, dass ihr Körper die Anstrengungen so wunderbar meisterte.

Rechts ein kleines Haus, eine grüne, verwitterte Haustür. Efeu bis zum Schornstein. Eine graue Gardine vor einem kleinen Fenster. Links ein gelber Pfeil auf dem Asphalt. Vorbei an einem Eukalyptuswald. Dahinter wieder grüne Hügel bis zum Horizont. Der graue Himmel lichtete sich.

Ein kleiner Weiler. Drei Gehöfte, drei Bauerngärten. Ein altes Ehepaar, das Hand in Hand in einem Gemüsegarten arbeitete. Ihr vertrautes Miteinander verursachte einen Funken Neid bei Sophie. Sie wanderte grüßend vorbei und betrachtete die Mohnblumen und blühende Ackerwinde am Wegrand. Muttergotteskelche, hatte ihre Großmutter die weißen, kelchförmigen Blüten genannt.

„Aus denen hat die Gottesmutter den Tau getrunken, als sie zu ihrer Base Elisabeth unterwegs war. Das Jesuskind trug sie damals bereits unter ihrem Herzen", hatte die Oma ihr damals erzählt.

Mein Gott, Sophie! Fällt dir nichts Besseres ein, als so eine kitschige Legende? Nein! Ich mag jetzt in Kindheitserinnerungen schwelgen, mag an die Tautropfen auf den Blüten denken, die mir Oma frühmorgens gezeigt hat, und an die aufgeklappten Löwenmäulchen, in die ich mutig meinen kleinen Finger gesteckt habe, während Oma sich halbtot gelacht hat, weil ich so ängstlich war. O Gott, das ist mehr als fünfzig Jahre her. Oma ist seit über dreißig Jahren tot. Jetzt bin ich selbst Oma. Was Heiko und Silke wohl sagen würden, wenn ich ihren Kindern so etwas erzählen würde? Ich glaub, ich werde es mal ausprobieren. Sie schmunzelte.

Doch plötzlich fuhr sie zusammen. Laut kläffend zerrte eine schmutzige Mischung aus Schäferhund und noch irgendetwas an der Leine und versuchte sie anzuspringen.

„Verflixter Köter!" schrie sie ihn an und machte einen Satz auf die andere Straßenseite.

Neben dem Haus stand ein baufälliger Kornspeicher. Zwei abgemagerte Katzen schmiegten sich ängstlich aneinander. Vor einer offenen Scheune stand ein rostiger Traktor. In den Pfützen blitzte öliges Wasser.

Nicht nur die Tiere lebten hier in Armut.

Seit einer Stunde war sie beständig leicht auf und ab gewandert. Jetzt begann ein steiler Anstieg durch einen duftenden Eukalyptuswald. Ab und zu war der Blick frei in das weite Land. Grüne Hügel in allen Schattierungen breiteten sich aus wie ein Flickenteppich aus Feldern und Weiden.

Sophie erwartete immer noch, das Meer am Horizont zu sehen, obwohl sie wusste, dass sie ihm den Rücken gekehrt hatte. Wie verrückt war das denn! Noch einmal: In Galicien sind die Wellenberge grün!

Ein kleiner Friedhof mit Waldblick! Ein Haus mit kräftigen, rot-weiß blühenden Fuchsien vor der Eingangstür. Ein Wellblechunterstand für ein Picknick. Eine kleine Kapelle, deren Glockenturm sich in den Himmel reckte.

Und weiter ging es bergauf. Schweißtropfen sammelten sich in ihrem Nacken und kitzelten sie, bevor sie in ihrem Shirt versickerten.

Zwei Pilger liefen eilig an ihr vorbei. Asiaten. Sie lächelten freundlich.

„Buen camino!"

Und schon waren sie wieder verschwunden. Bisher hatte sie weniger als eine Handvoll Menschen gesehen. Sie durfte sich nicht verlaufen. Dann war sie verloren! Bei diesem Gedanken wurde ihr mulmig. Sie war jetzt mehr als drei Stunden unterwegs. Ihr Wasser ging zur Neige. Bald musste unbedingt eine Wasserstelle oder ein Haus kommen. Sie kramte ihren Reiseführer aus dem Rucksack. Nach weiteren eineinhalb Stunden

Laufzeit war eine Kaffeetasse eingezeichnet. O weh, so lange noch?

Ein weicher Pfad durch den Wald, der Schatten spendete. Sie liebte den Eukalyptusgeruch und das Farnkraut, das an den Seiten wucherte.

Hallo Martin, was wäre, wenn du jetzt neben mir gehen würdest?

„Du musst sparsamer mit dem Wasser umgehen!", hörte sie ihn sagen.

Sie schloss die Augen und breitete ihre Arme aus. Tief sog sie den Duft des Waldes in sich hinein. Mit jedem Atemzug füllte sich ihr Körper mit neuer Energie.

Sie dachte an den Apfel, der noch in ihrem Rucksack steckte. Den hatte sie bisher ganz vergessen. Eine knackige, saftige Köstlichkeit.

Der Weg führte bergab. Inzwischen schien die Sonne heiß vom fast wolkenlosen Himmel. Sophie vermisste die kühle Meeresbrise.

Früher als erwartet erreichte sie ein hübsches kleines Café mit einem Pilgerladen. Die Souvenirs waren wohl für die Sonntagspilger mit Gepäcktransfer gedacht. Wer sonst würde sich damit belasten?

Eine junge Spanierin wuselte in einer winzigen Kochecke herum. Sophie gab ihre Bestellung auf und setzte sich in den Schatten eines roten Sonnenschirmes. Ihre Füße legte sie auf einen leeren Stuhl. Die frisch gebackene Tortilla war lecker, der Kaffee tat gut, und das Wasser war eiskalt.

Eine junge Pilgerin setzte sich zu ihr. Sie hatte an jedem Fuß mehrere Pflaster und lief in Sandalen. Das mache nichts, meinte sie, sie habe ja viel Zeit und könne langsam laufen. Sie habe erst für das Wintersemester einen Studienplatz bekommen und wolle von Santiago aus weiter nach Barcelona fahren. Dort würde sie ihre Erfahrungen in einem Buch zusammenfassen, bevor sie wieder nach Hause fliege.

Ganz schön mutig für eine Neunzehnjährige, fand Sophie. Sie selbst wäre in dem Alter niemals allein durch Spanien gelaufen. Für sie war es ja jetzt noch eine Herausforderung, allein durch unbekanntes Terrain zu wandern.

Über Waldpfade, Brücken und Straßen erreichte sie eineinhalb Stunden später Vilanova de Lourenzá. Die Stadt wird geprägt vom Monasterio de San Salvador und seiner eindrucksvollen Klosterkirche aus dem 18. Jahrhundert. Gern hätte Sophie sich auch den Innenraum der Iglesia de Santa Maria angeschaut, denn sie war angeblich das „Probestück" des Architekten Fernando Casas y Novoa für die Kathedrale von Santiago de Compostela. Aber die Kirchentür war verschlossen.

Sie kaufte sich stattdessen ein Eis und setzte sich in den Schatten eines kleinen Cafés. Die Stadt hielt noch Siesta. Nur ein paar Touristen schlenderten über den großen Platz. Zwei Bauarbeiter räumten eine Baustelle auf. Sie hatten offensichtlich ihre Mittagspause vorzeitig beendet. Schilder und Absperrungen landeten krachend auf dem Anhänger eines Transporters. Dicke Staubwolken schwebten durch die Luft.

Sophie blickte auf die Uhr. Zwei Stunden würde sie sicher noch brauchen für die acht Kilometer bis Mondoñedo. Wieder stand ihr ein steiler Anstieg bevor.

Also, aufstehen und weiter! Vorbei an einem Friedhof und über eine Landstraße durch das nächste Dörfchen. Kühe auf den Weiden und Kuhfladen auf dem Weg.

Eine uralte Kapelle, deren Tür sich öffnen ließ. Kerzenduft und ein leichter Schimmelgeruch hingen in dem Gemäuer. Neben dem Eingang ein hölzerner Beichtstuhl, in dem die Holzwürmer es sich offensichtlich gut gehen ließen. Ein roter Vorhang für den Pfarrer, eine abgebrochene Kniebank für den Beichtenden. Sophie ging langsam zwischen den Bankreihen nach vorne und setzte sich. Vor dem kleinen, geschnitzten Altar und den bunten Heiligenfiguren standen üppige weiße Blumensträuße neben Kerzen. Das Weiß des Altartuches wetteiferte mit dem feierlichen Goldstreifen auf dem Bezug über dem Ambo. Das bescheidene Gotteshaus strahlte festlich.

Sophie zündete eine Opferkerze an, bevor sie die Kirche wieder verließ.

Immer öfter standen jetzt verwitterte Pilgerkreuze am Wegrand. Baufällige, verlassene Häuser und kleine Gehöfte mit verwahrlosten Hunden und Katzen säumten die Straßen durch die ärmliche Gegend, umgeben von sattgrünen Weiden, auf denen braune Kühe grasten.

Sie freute sich, als der Asphaltweg wieder in einen weichen Waldweg überging und die riesigen Eukalyptusbäume Schatten spendeten. Jemand hatte aus kleinen Steinen ein Herz auf den Weg gelegt. Sophie blieb stehen und betrachtete die liebevolle Geste. Ob es für jemanden Bestimmtes dort lag?

Als sie die Bischofsstadt Mondoñedo erreichte, war die Sonne wieder hinter grauen Wolken verschwunden. Vor der Kathedrale legten Frauen einen bunten Blumenteppich aus. Eine Schale mit Broten und Fischen war schon zu erkennen. Offensichtlich wurde hier am Wochenende das Fronleichnamsfest gefeiert. In der festlich geschmückten Kathedrale war das Allerheiligste ausgesetzt. Ein Priester sprach ein Gebet. Nur wenige Gläubige saßen in den Bänken. Sophie setzte sich einen Moment in die letzte Reihe. Es tat ihr gut, „danke" sagen zu können.

Draußen fragte sie eine der Frauen nach dem Polizeigebäude. Dort musste sie sich für einen Platz in der Herberge anmelden. Sie irrte durch die kleinen Gassen der Stadt und schaute immer wieder hoch zu den Häusern. Die weiß gestrichenen, verglasten Holzveranden vor den oberen Etagen hatten etwas Gemütliches.

Der Polizist war freundlich und die Herberge sauber. Nur mit dem Essengehen am Abend hatte sie ein Problem. Kurzentschlossen kaufte sie sich in einem kleinen Supermarkt einen abgepackten Nudelsalat und eine Dose cerveza. Sie fand einen Platz, auf dem Bänke zwischen den Säulengängen der umstehenden Häuser standen. Mit Manu wäre es bestimmt lustig gewesen, hier auf einer Bank zu hocken und das spartanische Essen zu genießen. Sie bedauerte, dass sie nun allein die spielenden Kinder beobachten und ihr Abendbrot verzehren musste.

In der Nacht hatte es geregnet. Pfützen standen auf den Straßen, die aus Mondoñedo hinaus führten. In einer Bar saßen
mehrere Pilger beim Frühstück. Sophie gesellte sich zu ihnen,
um sich für die anstrengende Etappe, die vor ihr lag, zu stär-
ken. Schon gestern Abend hatte sie Proviant für unterwegs
eingekauft. Erst nach fünfstündiger Wanderung würde es wieder eine Einkehrmöglichkeit geben. Gut gestärkt machte sie
sich auf den Weg.

Nach dem Anstieg aus der Stadt hinaus, bot sich ihr ein fast
mystisch anmutender Blick auf den historischen Ort. Wie in
einem Nest lag er behütet und still zwischen dunklen Bergketten, zart umwebt vom geheimnisvollen Grauschleier des Früh-
nebels.

Zehn Kilometer bergauf! Das Sträßchen schlängelte sich durch
eine weltabgeschiedene Gegend. Nur vereinzelt waren Gehöfte
zu sehen.

Die Wiesen prahlten mit ihrem satten Grün zwischen dunkleren
Sträuchern und kleinen Baumgruppen. Nach dem Regen waren
die Farben Galiciens kräftiger geworden. Am Wegsaum wechselten sich gelber Ginster und weißer Holunder mit tief violett-
rotem Fingerhut ab.

Sophie blieb stehen. Sie musste schnaufen. Ganz schön heftig
dieser Aufstieg! Gut, dass es nicht so heiß war. Trotzdem kam
sie ins Schwitzen. Sie setzte das Ungetüm ab, um ihre Jacke zu
verstauen und wurde von zwei Pilgern mit dem Pilgergruß
„buen camino" überholt. Sie nahm noch einen großen Schluck
aus der Wasserflasche und ging langsam weiter. Schritt für
Schritt bergauf. Als sie den beiden Männern hinterherschaute,
dachte sie an Richard und Fritz. Hoffentlich würde sie die beiden noch einmal treffen, bevor sie Santiago erreichten. Sie
brannte darauf, Martins Freunde näher kennenzulernen.

Von der Kuppe aus bot sich ihr wieder ein weiter Ausblick in
das grüne Hügelland.

Galicien ist anders, dachte sie. Es gibt nichts Aufregendes oder
Spektakuläres. Nur beruhigendes Grün in einer abgeschiedenen
Region. Ein holperiger Schotterweg, eine Ansammlung kleiner

Häuser. Bemooste Schindeldächer über abblätternden Fassaden. Geschlossene Läden vor kleinen Fenstern. Efeuranken, die ein unbewohntes Häuschen bis zum First umschlossen. Wilde Möhren wucherten davor. Ihre filigranen Blütendolden wirkten zart und zerbrechlich. Auf dem Sims einer Bruchsteinmauer blitzten winzige, weiße Sternchen zwischen dunklem Moos. Abbröckelnde Steinstufen führten zu einem windschiefen Getreidespeicher mit einer knallrot gestrichenen Tür. Stromleitungen waren wie Wäscheleinen von Haus zu Haus gespannt, dazwischen ein morscher Holzpfahl. Aufgebrochenes Straßenpflaster. Stallmist und goldgelber Löwenzahn in den Ritzen. Bergab eine Rinne für das Abwasser. Ein alter Mann winkte ihr mit seinem Stock zu. Sein zahnloser Mund lachte sie an.

Hinter dem Weiler bearbeitete ein Bauer sein Feld. Wie in alten Zeiten lief er mit dem Pflug hinter einem Ackergaul her. Ein Ort, wie aus der Zeit gefallen.

Sophie fühlte sich wie in einem Film, in dem sie eine Statistenrolle übernommen hatte. Hier war sie wirklich eine peregrina, eine Fremde. Und das Wenige, das sie bei sich trug, war viel.

Die gelbe Muschel auf einem Findling zeigte auf einen Matschweg durch den Wald. Ein großer, giftiger Bärenklau blühte verschwenderisch üppig neben dem Stein. Die Baumkronen über ihr waren zusammengewachsen. Hoch wie ein Kirchenschiff reckten sie sich in den Himmel. Durch ihre Blätter fiel zartes Licht.

Mitten im Wald stand ein alter Schornstein. Auf einem Mauerrest sonnte sich eine kleine Eidechse. Blitzschnell verschwand sie in einer Spalte, als Sophie sich näherte.

Wieder ein steiler Anstieg. Hoffentlich war es der letzte.

Und wieder eine holperige Straße. Eine alte Wasserstelle. Das steinerne Becken war verwittert und bemoost, aber das Wasser frisch und eiskalt. Sophie füllte ihre Flaschen auf.

Endlich ging es leicht bergab. Eine Wohltat für die Oberschenkel! Sie genoss jeden Schritt. Jedenfalls die ersten hundert Meter lang.

Und dann war da doch tatsächlich eine Bar! Sie konnte die Füße hochlegen, einen café con leche trinken und die Toilette benutzen. Wahrlich ein Geschenk des Himmels!

Die beiden Asiaten, die sie gestern überholt hatten, saßen an einem Tisch. Sie waren die einzigen Gäste. Sophie setzte sich an den Nebentisch und kam mit ihnen ins Gespräch. Die jungen Männer waren aus Südkorea und wollten demnächst in Madrid studieren. Sophie freute sich über die zwanglose Unterhaltung. Unterwegs hatte sie das Sprechen gar nicht so vermisst.

Die Koreaner wollten in der nächsten Herberge Quartier beziehen. Sophie fühlte sich fit und beschloss, nach dieser Pause weitere zwanzig Kilometer zu wandern. Sie genoss die Anerkennung der beiden Studenten, als sie davon erzählte.

Sonne und Wolken wechselten sich heute ab. Sophie streckte ihre Nase in den leichten Wind. Es war ideales Wanderwetter. Sie würde die lange Etappe schaffen. Nach der Pause liefen ihre Beine fast wie von selbst. Sie spürte eine große Freude in sich. Es war die Zustimmung zu dem, was sie tat. Und es fühlte sich gut an. Ihr Kopf war frei von quälenden Gedanken. Sie war glücklich und setzte mühelos einen Fuß vor den anderen, bis ein gelber Pfeil in einen Feldweg wies. Hier reihte sich Kuhfladen an Kuhfladen. Viele Hufe hatten den Grund matschig getreten. Ab und zu schaute ein unversehrtes Grasbüschel aus dem dunklen Brei. Kuhfladen-Hopping war wohl die richtige Bezeichnung für diese Art des Gehens.

Die Tiere lagen wiederkäuend auf der Weide neben dem Weg und demonstrierten absolutes Desinteresse an Sophies Sprüngen. Nur ein einziges Rindvieh glotzte sie verständnislos mit seinen großen, dunklen Augen an, während sein Kiefer gleichmäßig das Gras zermalmte. Blöde Kuh!

Hinter der Weide wurde der Weg besser. Ein verwittertes Pilgerkreuz am Rand. Daneben ein schmaler Pfad, hinunter in einen duftenden Eukalyptuswald. Zwischendurch weite Blicke in die ruhige Landschaft. Die vielen verschiedenen Grüntöne wurden von gelb leuchtenden Ginsterbüschen unterbrochen.

Irgendwann fiel Sophie auf, dass sich die großen Bergketten nun auch an der rechten Seite des Weges entlangzogen.

Das sind all meine geschafften Höhenmeter, freute sie sich. Ich brauche jetzt auch nicht mehr viele davon. So langsam aber sicher reichen sie mir.

Auf einem Wiesenweg stand ein angepflockter Esel. Sein Iah-Geschrei war weithin zu hören. Heiser und laut.

Eine als Pilger getarnte Vogelscheuche stand zwischen Kohlköpfen auf einem Feld. Ein Gehöft mit einem Wellblechunterstand für Pilger. Selbst gemachter Käse und Brot wurden dort zum Verzehr, gegen einen kleinen Obolus, angeboten. Die Portionen lagen hübsch sortiert in farbigen Körben. Sophie lief das Wasser im Munde zusammen. Jetzt erst merkte sie, dass sie hungrig war.

„Hola!" Die Bäuerin kam über den Hof und ermunterte sie, zuzugreifen. Sophie ließ sich nicht lang bitten. Der Käse war würzig, das Brot frisch und das Wasser in der Karaffe eiskalt.

Der Stuhl, den die Spanierin ihr anbot, sah ein bisschen klapperig aus. Sophie setzte sich trotzdem. Aber er wackelte. Das Wasser schwappte über den Glasrand auf ihre Hosenbeine. Sophie lachte. Die Frau eilte ins Haus und kam mit einem Handtuch und einer Handvoll Erdbeeren zurück.

„Gracias!" Sophie zippte die nassen Teile ab und klemmte sie zum Trocknen an den Rucksack. Die Erdbeeren nahm sie dankend an und steckte gleich eine in den Mund. Köstlich!

Sie legte einen Geldschein in die aufgestellte Kasse, bevor sie weiterging.

Weiden und Eichen säumten den Weg. Ein Bach plätscherte an seiner Seite. Eine Brücke führte über das klare Wasser. Ihr helles Holzgeländer sah noch ganz frisch aus.

Eine Häusergruppe. Ein herrschaftliches Anwesen. In den Eingangstoren waren schmiedeeiserne Jakobsmuscheln eingearbeitet. Offensichtlich hatte sie die weltabgeschiedenen Weiler hinter sich gelassen. Die Straße unterquerte eine Autobahnbrücke.

Immer wieder waren jetzt Felder und Wege mit flachen Granitplatten abgegrenzt. Sie ragten einen knappen Meter aus der Erde heraus und bildeten schmale Mauern. Langsam wanderte sie über den Wiesenweg, der schnurgerade dazwischen verlief. Ihm folgte ein weicher, matschiger Pfad. Sie hätte grad Lust gehabt, ihren Füßen ein kühles Schlammbad zu gönnen.

Müde schlich sie an einer Straße entlang. „Villalba 5 km" stand auf einem Schild.

Unweit davon befand sich ein großer, alter Friedhof hinter gewaltigen Mauern. Vom Sims der beeindruckenden Einfassung ragten steinerne Turmspitzen, wie riesige Nägel, dicht an dicht in den Himmel. Ein bisschen gruselig, fand Sophie. Sieht aus, als warteten sie darauf, den Feind aufzuspießen.

Sie widmete sich wieder ihrem Weg, der endlos schien, obwohl die Stadt schon in Sichtweite war. Ihre Fußsohlen brannten und die Beine lahmten, als sie endlich die Stadt erreichte. Bis zur Herberge im Gewerbegebiet war es nur noch ein Kilometer, bis zur neuen Herberge in der Stadtmitte waren es vier.

Sophie war im Zwiespalt. Körper und Geist hielten Kriegsrat. Was sollte sie im Gewerbegebiet? Nein, meine liebe Sophie, da läufst du lieber noch ein paar Kilometer mit dem Feierabend-Stadt-Verkehr in die City. Die Chance, dort ein paar nette Menschen zu treffen und etwas Gescheites zu essen zu bekommen, ist auf jeden Fall größer. Also, quäl dich noch ein bisschen. Ist ja nicht mehr weit! Was sind schon vier Kilometer, wenn man bereits sechsunddreißig gelaufen ist!

Sie faltete ihre Hände auf dem Rücken zusammen und drückte den Rucksack ein paar Zentimeter nach oben. So war der Druck auf den Schultern besser auszuhalten. Aber nach ein paar Minuten schmerzten dafür die Oberarme.

Die viel befahrene Straße, vorbei an etlichen Filialen, deren Reklameschilder inzwischen in fast jeder größeren Stadt Europas zu sehen waren, zog sich schleichend aufwärts. Mehrere kleine Geschäftslokale waren geschlossen, die Fenster schmutzig, die Fassaden verschmiert.

Oben angekommen registrierte Sophie wohlwollend die sauberen, stattlichen Gebäude, die die historische Altstadt prägten. Allen voran der achteckige Torre de los Andrade, ein Teil der ehemaligen Stadtbefestigung.

Als sie in der modernen, geräumigen Herberge eincheckte, war es 19.30 Uhr. Sie ließ den Rucksack von ihren Schultern gleiten und sank auf die weiche, frisch bezogene Matratze. Sie fiel sofort in einen entspannenden Dämmerschlaf. Eine halbe Stunde später weckte sie der Hunger.

Nicht weit entfernt sei ein Restaurant, in dem sie noch etwas zu essen bekäme, erklärte ihr die junge Spanierin an der Rezeption. Sophie befolgte den Rat und setzte sich an einen kleinen

Ecktisch. Es war Samstagabend, und das Lokal voll besetzt. Sie ließ ihren Blick umherschweifen. Kein bekanntes Gesicht, das ihr entgegenlächelte. Schade! Sie hätte sich gerne ein wenig unterhalten. Stattdessen zückte sie ihr Tagebuch und schrieb: Es fällt mir immer noch schwer, mich an das Alleinsein zu gewöhnen…

Im gleichen Moment summte ihr Handy. Sie öffnete die WhatsApp. Ein Foto vom Bodensee mit der Bemerkung: „Die Vergangenheit lässt grüßen. Ich bin in Gedanken bei dir. Buen camino. Deine Manu."

Spurensuche

Manu war mit dem Nachtzug nach Konstanz gefahren und hatte sich zum Frühstück mit Tim verabredet. Viel zu früh saß sie bereits vor einer Tasse Kaffee in dem kleinen Café. Nervös blätterte sie mal in der Samstagsausgabe einer Tageszeitung oder in dieser oder jener App auf ihrem Handy. Ihren Rucksack hatte sie an die Wand gestellt. Die Jakobsmuschel baumelte noch an seiner Seite. Nach ihrer Rückkehr in Lemgo hatte sie ihre Wandersachen gewaschen und sie gegen Jeans und Bluse ausgetauscht. Wie selbstverständlich war sie jetzt mit dem Rucksack an den Bodensee gereist. Eine Reise, die für sie ein wichtiger Teil ihres Weges war.

Tim hatte am Telefon zwar überrascht, aber nicht abweisend geklungen, als sie ihn um das Treffen bat. Sie hatte ihre Pilgerreise nur in einem Nebensatz erwähnt und war von seinem Interesse überrascht.

Immer wieder blickte sie jetzt auf die Uhr. Doch die Zeiger bewegten sich nicht schneller. In einer halben Stunde würde sie ihn wiedersehen. Ihr Herz klopfte bei dem Gedanken wie vor einem Rendezvous. Seit mehr als einem Jahr hatte sie ihren Sohn nicht mehr getroffen. Sie hatte den Eindruck, dass ihre seltenen Treffen für Tim nur lästige Pflichtveranstaltungen waren. Meistens stand er unter Zeitdruck, musste wieder in die Uni oder hatte einen Termin in der Klinik. Nie reichte es für mehr als ein kleines Essen oder einen Kaffee.

Als er plötzlich an ihrem Tisch stand, war sie so verdattert, dass sie beim Aufstehen die Kaffeetasse umwarf. Zum Glück hatte sie den Kaffee schon ausgetrunken.

„Hallo Mama", sagte er. Er wirkte ein wenig steif.

Sie umarmte ihn und drückte ihm einen Kuss auf die Wange. Er ließ es geschehen. Tim war nicht viel größer als sie. Wie sein Vater.

„Ich freu mich, dass du so kurzfristig Zeit für mich hattest", sagte sie und rückte ihren Stuhl zurecht.

Eine junge Frau kam an den Tisch und fragte nach ihren Wünschen. Sie schien Tim zu kennen. Er schaute ihr nach, bis sie hinter der Theke verschwunden war.

„Gibt es einen besonderen Grund für unser Treffen?", fragte er.

„Du hattest es so wichtig gemacht." Manu hörte die Angespanntheit in seiner Stimme.

„Ja!" Nervös strich sie mit den Fingern über die Tischdecke.

„Und – der wäre?"

Manu sah ihren Sohn an. Seine braunen Augen flatterten. Sie faltete ihre Hände und legte sie auf der Tischmitte ab.

„Ich möchte dich um Verzeihung bitten!", sagte sie mit ruhiger Stimme.

Täuschte sie sich oder leuchteten seine Augen plötzlich auf?

„Wegen der alten Geschichte?", fragte er.

„Ja! Weil ich dich damals angelogen habe, und weil ich dich einfach so hab gehen lassen. Abgegeben an Papas neue Familie. Ich hätte mich schon viel früher dafür bei dir entschuldigen müssen."

„Mama, das ist doch Schnee von gestern!" Abwehrend hob er beide Hände.

„Nein, ist es nicht!", sagte sie mit Bestimmtheit.

„Ich wollte es doch so!" Seine Stimme klang trotzig.

„Wirklich? Hast du nie an mich gedacht?"

Betretenes Schweigen.

„Doch, natürlich!", sagte er nach einer Weile. Er sah sie an und seine Stimme wurde leise. „Und manchmal hatte ich Heimweh nach dir."

Ihre Augen füllten sich mit Tränen. „Und ich nach dir!", antwortete sie und schluckte.

Tim ergriff ihre Hände, die immer noch in der Tischmitte lagen. Er streichelte sie sanft. Es fühlte sich warm an.

„Ich liebe dich sehr!", sagte sie.

Die Bedienung stellte das Frühstück auf den Tisch. Ihren fragenden Blick sah Manu nicht.

„Warum haben wir nicht früher darüber gesprochen?", fragte Tim, als die junge Frau wieder weg war.

„Vielleicht war die Zeit dafür noch nicht reif", antwortete Manu und drückte seine Hand fester.

„Ja, vielleicht!"

„Dabei war es so einfach!"

„Ja, so einfach!" Erleichtert lachten sie sich an.

Während Manu ein Brötchen mit Butter beschmierte, entschuldigte Tim sich und stand auf. Er kam mit der Kellnerin zurück, die nicht sehr begeistert schien.

„Das ist Kathi", sagte er, „meine Freundin." Er legte seinen Arm um sie, bevor er weitersprach: „Kathi, das ist meine Mutter."

Kathis Mundwinkel drängten nach oben, als sie erleichtert stotterte: „Gott sei Dank! Ich dachte schon, du hättest mich jetzt abserviert!"

„Niemals!", beteuerte Tim und drückte ihr einen Kuss auf den Mund.

Manu lachte. „Danke, für das Kompliment!"

„Ich muss wieder an die Arbeit", entschuldigte sich Kathi und ging.

„Nettes Mädchen!", sagte Manu und widmete sich wieder ihrem Brötchen. „Mensch, habe ich einen Hunger!"

„Ich auch!" Tim schluckte. „Ich hatte schon befürchtet, unser Treffen würde wieder eine von den Zwangsveranstaltungen, bei denen wir nur Konversationen betrieben haben wie zwei Leute, die nichts miteinander zu tun haben."

„Ach Tim!", seufzte Manu. „Wir haben es uns ganz schön schwer gemacht mit unserer Angst, abgelehnt zu werden."

„Haben wir! Aber als du mir am Telefon von deiner Pilgerreise erzählt hast, hast du mich neugierig gemacht."

„So, so!", lächelte Manu und biss in ihr Brötchen. Wie eine große Welle breitete sich das Glücksgefühl in ihr aus.

„Habt ihr heute Abend schon etwas vor?", fragte sie Tim und Kathi, als diese den Tisch abräumte. „Wir könnten gemeinsam etwas essen gehen, wenn ihr Zeit habt. Es gibt bestimmt noch viel zu erzählen."

„Gute Idee!", sagte Tim.

„Nur nicht so spät", entgegnete Kathi, „ich muss morgen früh wieder hier arbeiten und um sechs Uhr aufstehen."

„Arbeitest du jeden Tag hier?", wollte Manu wissen.

„Nein, nur an Wochenenden und Feiertagen. Mein Bafög reicht nicht aus für Miete, Studium und Leben", gab Kathi bereitwillig Auskunft.

„Ja, das verstehe ich!", nickte Manu.

Nach dem Frühstück fuhr sie mit einem Leihwagen nach Lindau. Zuerst mit der Fähre nach Meersburg, dann einhalb Stunden am Bodensee entlang. Sie pfiff vergnügt vor sich hin, während blühende Apfelbäume und blitzblanke Ortschaften an ihr vorbeiglitten. Gelegentlich erhaschte sie einen Blick auf die Schweizer Berge am anderen Ufer. In Friedrichshafen legte sie eine Pause ein. Sie setzte sich auf eine Bank am See, sah den Jollen zu, die über das Wasser segelten und dachte an Martin. Sie würde herausfinden, was mit ihm los gewesen war. Das war der zweite Grund ihres Hierseins. Die Zeit drängte. Sie hatte nur das Wochenende.

Das „Anders" hatte noch geschlossen, als sie am frühen Nachmittag vor der Tür stand. Sie klingelte am Nebeneingang. „Otto Baldrian und Karsten Altmeier" stand auf dem Schild. Die kräftige Stimme, die ihr durch die Sprechanlage entgegenschallte, kannte sie schon vom Telefon. Der Summer tönte, und die Tür knarrte, als sie sich öffnete. Das Treppenhaus war dunkel, Zigarettenrauch lag in der Luft. Bevor sie den Lichtschalter ertasten konnte, erstrahlten winzige Leuchter in einem futuristisch anmutenden Treppenaufgang. Gedrechselte Stäbe zierten das Geländer der alten Holztreppe, deren ausgetretene Stufen sie in die obere Etage führten. Zierliche Ranken- und Blumenmuster in dunkelbunten Farben schlängelten sich an den Wände hoch.

Ein gepflegter Mann, sie schätzte ihn ungefähr in ihrem Alter, erwartete sie an der geöffneten Etagentür. Er strich sich mit einer Hand über seine leicht glänzenden schwarzen Resthaare, bevor er ihr die andere Hand zur Begrüßung reichte. Seine etwas füllige Figur steckte in einer schwarzen Jeans und einem weißen Baumwollhemd. Galant geleitete er sie durch einen langen Flur, dessen floristische Tapeten den Jugendstil des Treppenhauses fortsetzten. Die Tür zum Wohnzimmer war geöffnet. Er bot ihr einen Platz auf einem der sechs mit rotem Samt bezogenen Stühle an, die einen runden Tisch umrahmten. Das Spitzendeckchen lag unter einer Glasplatte. Eine aufwändige Tiffany-Lampe aus buntem Glas hing darüber.

Manu setzte sich. Ihr Blick blieb am Bildnis der Adele Bloch-Bauer hängen. Eine Reproduktion der von Gustav Klimt gemalten goldenen Dame zierte die Wand. Die zart gemusterte Seidentapete dahinter ließ dem Bild seine Schönheit.

Ein dezent verschnörkeltes Schränkchen und eine Kommode aus dunkel gebeiztem Holz standen an den Seitenwänden. Auf ihnen Porzellanvasen mit Fabelwesen und Blumenmustern. Manu war beeindruckt.

Durch ein großes Fenster, dessen Oberlichter mit verspielten Glasornamenten verziert waren, fiel helles Sonnenlicht.

„Ich bin begeistert von Ihrer Einrichtung", sagte sie bewundernd. „Jugendstil vom Feinsten."

„Freut mich, dass es Ihnen gefällt. Vielen ist es zu aufwändig und verspielt. Mir gefällt das Zeitalter der Träume und die Verzauberung alter Werte. Die nüchterne, realistische Welt kann ich draußen vor der Tür lassen", erklärte er schwärmerisch. „Ich habe mir im Laufe der Jahre immer mehr Dinge aus dieser Zeit auf Trödelmärkten und in Antiquitätenläden angeschafft."

„Wirklich perfekt."

„Nur unsere Küche nicht. Die ist Karstens Bereich, und er liebt es praktisch und modern."

„Ist er der Koch bei ihnen?"

Otto Baldrian nickte mit dem Kopf. „Meistens jedenfalls. Er müsste auch bald nach Hause kommen. Darf ich Ihnen in der Zwischenzeit etwas zu trinken anbieten? Tee, Kaffee, Saft oder Wasser?"

„Ja! Gerne ein Wasser, bitte."

Während der Mann in die Küche ging, hörte Manu das knarrende Geräusch des Schlüssels in der Etagentür. Ein verschwitzter Jogger eilte über den Flur, warf ihr einen Gruß durch die offen stehende Tür zu und verschwand im Bad.

Otto Baldrian kam mit einer Karaffe Wasser, in der zwei Limettenscheiben und einige Pfefferminzblättchen schwammen, zurück. Die kristallenen Gläser dazu holte er aus einer Glasvitrine.

„Karsten duscht sich schnell und kommt dann zu uns", sagte er. „Er trainiert für den nächsten Triathlon im September und ist da ziemlich ehrgeizig. Will seine Zeit vom letzten Jahr um mindestens zehn Minuten verbessern." In seinen Worten schwang der Stolz auf seinen Partner mit.

„Alle Achtung!", meinte Manu anerkennend.

Er setzte sich zu ihr und füllte die Gläser. „Jetzt bin ich gespannt, was wir für Sie tun können. Sie wollen etwas über seinen Vater erfahren, haben Sie am Telefon gesagt."

„Ja."

„Wissen Sie, Karsten hat seinen Vater bewundert und geliebt. Er vermisst ihn sehr."

„Haben sich die beiden oft gesehen?", wollte Manu wissen.

„Unregelmäßig. Aber sie haben viel miteinander telefoniert. Vor vier oder fünf Jahren ist er öfter hier gewesen. Da hatte er beruflich immer wieder in der Schweiz zu tun."

Karsten erschien in der Tür. Er trug karierte Bermudas und ein Achselshirt. Aus dem schmächtigen Burschen, den sie vor ein paar Jahren gesehen hatte, war ein Athlet geworden. In seinem Begrüßungslächeln sah sie Martins Gesicht. Seine blonden Locken hatte er im Nacken zu einem Pferdeschwanz gebunden, seine Haut war von der Sonne gebräunt.

„Na, dann schießen Sie mal los", forderte er sie auf. „Was kann ich für Sie tun und warum?"

Manu erzählte von der Wanderung mit ihrer Schwester und den Überweisungsbelegen, die Sophie in Martins Unterlagen gefunden hatte. Sie wolle herausfinden, was es damit auf sich habe, um ihrer Schwester zu helfen, sagte sie. „Könnte es sein, dass er erpresst worden ist? Gab es irgendetwas, was Sophie nicht wissen durfte?"

Achselzucken. „Woher soll ich das wissen?", fragte Karsten erstaunt. Er konnte sich beim besten Willen nicht vorstellen, dass sein Vater etwas Unrechtes getan haben könnte, mit dem er sich erpressbar gemacht hätte.

„Ich habe bis vor drei Jahren in Ihrer Nachbarschaft gewohnt und weiß, dass er das „Anders" schon besucht hat, bevor Sie hier eingezogen sind. Wissen Sie, ob er vielleicht auch einen Freund hatte?"

Karsten entglitten die Gesichtszüge. Otto wirkte entspannt und grinste belustigt.

„Entschuldigen Sie meine Direktheit", schob Manu hinterher.

„Ist schon gut!", winkte Karsten ab und nahm nachdenklich sein eckiges Kinn in die Hand. „Meine Mutter hat das ja auch immer geglaubt. Dabei hatte Papa nur einen schwulen Freund. Justus. Aber er war nie mit ihm zusammen. Als Kind habe ich die Vorwürfe meiner Mutter nie verstanden. Heute weiß ich, dass sie krankhaft eifersüchtig war. Sie misstraute meinem Vater bei jeder Begegnung mit einer anderen Frau oder einem Mann. Daran ist ja auch ihre Ehe gescheitert. Sie hat damals sogar das alleinige Sorgerecht für sich durchgeboxt, so dass ich meinen Vater nur selten gesehen habe. Nach meiner Volljährigkeit habe ich selbst den näheren Kontakt zu ihm aufgenommen. Wir haben uns ein paarmal zu mehrtägigen Unternehmungen getroffen, viel telefoniert und geschrieben. Einmal haben wir Justus besucht." Karsten grinste und lehnte sich zurück. „Vor knapp fünf Jahren war ich für einige Monate hier in Lindau und habe als Clown im Krankenhaus gejobbt. In der Zeit hat er mich mehrmals besucht, wenn er auf der Durchfahrt war. Er betreute damals ein Projekt in der Schweiz. Ich kann mich erinnern, dass wir öfter zusammen in meine Stammkneipe gegangen sind, weil Otto dort arbeitete."

Okay, dachte Manu, deckt sich mit Sophies Aussage. Aber irgendetwas stimmt trotzdem nicht an der Geschichte.

Mit einem amüsierten Gesichtsausdruck fuhr Karsten fort: „Ich kann Ihnen versichern, dass mein Vater sich nichts aus Männern machte. Frauen standen ihm erheblich näher. Das können Sie mir glauben!"

„Hatte er eine Freundin?"

Karsten überlegte lange. „Meine Patentante Felicitas stand ihm zwar auf eine besondere Art und Weise nahe, aber..." Er schüttelte den Kopf. „Nein! Das kann ich mir nicht vorstellen." Er

trank einen großen Schluck Wasser. „Sie ist übrigens Justus'
Schwester und war mit einem Schweizer verheiratet."

„Ach, ja! Und?", drängte Manu, „hatten sie vielleicht trotzdem
eine Affäre?"

„Kann ich mir nicht vorstellen. Wir sind ungefähr vor zwölf
Jahren, ich war so Mitte zwanzig, einmal zusammen von ihr
eingeladen worden. Es war Matildas achtzehnter Geburtstag.
Matilda war ihre Tochter. Papa wollte eigentlich gar nicht hin-
fahren. Er kannte Matilda doch gar nicht, und hatte auch Felicitas und Bernhard seit Ewigkeiten nicht mehr gesehen. Ich habe
ihn überredet, weil Tante Fe mich darum gebeten hatte. Sie war
der Meinung, dass es die Gelegenheit sei, den Kontakt wieder
aufleben zu lassen. Außerdem konnten wir dort auch Justus
mal wieder sehen. Damals habe ich bemerkt, dass es etwas
Besonderes zwischen Felicitas und meinem Vater gibt. Sie
haben sich lange allein in der Küche unterhalten, und am
nächsten Tag gemeinsam mit Bernhard einen langen Spaziergang gemacht. Ich hatte den Eindruck, dass sie etwas Wichti-
ges besprochen haben. Aber ich weiß bis heute nicht, was."

„Interessant", sagte Manu, und ihre Phantasie schlug Purzel-
bäume.

„Ich bin mir übrigens ziemlich sicher, dass Felicitas bis zum
Motorradunfall ihrer Tochter glücklich verheiratet war", ergänzte Karsten und sah Manu fragend an: „Und Papa war doch
auch mit Sophie glücklich. Oder?"

„Ja, ich glaube schon." Manu witterte etwas. „Warum nur bis
zum Unfall?"

„Weil ihr Mann sich zwei Jahre später umgebracht hat. Er
konnte nicht damit leben, dass er seiner geliebten Tochter nicht
helfen konnte, dass sie so leiden musste und nie mehr gesund
werden würde. So hat Tante Felicitas es mir jedenfalls erzählt."

„Wie lange ist das her?"

Karsten überlegte einen Moment. „Der Unfall war 2009. 2012
ist Bernhard gestorben und Matilda 2014."

„Wo hat deine Tante gewohnt?"

„In der Schweiz, in Sankt Gallen."

„Lebt sie dort immer noch?"

„Nein! Sie ist nach Matildas Tod zu ihrem Bruder nach Santiago de Compostela gezogen!"

Langsam versuchte Sophie, sich aus dem Schlafsack zu schälen. Ihre Beine waren schwer wie Blei, und selbst die Arme und die Augenlider wollten sich nicht heben. Mein Gott, sie fühlte sich wie eine Greisin. Wie eine alte Frau mit morschen Knochen. Noch einmal kuschelte sie sich in den weichen Daunenschlafsack. Aber es half nichts. Sie musste dringend zur Toilette. Also, aufstehen, Sophie!

Die ersten Schritte. Langsam und leicht wankend. Die Oberschenkel schmerzten. Noch nie in ihrem Leben hatte sie sich so kaputt gefühlt. War wohl doch etwas zu viel gewesen. Gestern und überhaupt… in den vergangenen Tagen.

Sie war über ihre Grenzen hinausgegangen. Ja, das war sie. Eindeutig. Trotz allem war sie stolz darauf, es geschafft zu haben. Sie würde heute ihrem Körper eine Erholungspause gönnen und eine kürzere Etappe laufen, und zwar ganz langsam und mit vielen Pausen. Der vor ihr liegende Weg bot sich dafür an. Die Route nach Baamonde wurde als unspektakulär, mit wenigen Höhenmetern durch Wälder und Wiesen in ihrem Reiseführer beschrieben. Diese dreiundzwanzig Kilometer würde sie allerdings laufen müssen, denn dazwischen gab es keine Übernachtungsmöglichkeit.

Es war bereits halb neun, als sie, gestärkt durch ein Schinken-Käse-Bocadillo und zwei Tassen schwarzen Kaffees, die Herberge verließ. Alle anderen Pilger waren bereits unterwegs.

Hinter der Stadt begrüßten sie nebelverhangene Hügel. Zarte Spinnweben hingen wie kleine Hängematten zwischen dem feinen Geäst niedriger Heidegewächse. Sophie überquerte einen kleinen Bach mit einer Badestelle und wanderte durch einen verlassenen Weiler mit alten, abgeblätterten Häusern. Hinter zersplitterten Fensterscheiben lauerte die dunkle Vergangenheit. Die Natur ließ sich davon nicht beeinflussen. Ranken und Kräuter fanden Nahrung zwischen den Steinen und wuchsen in die Höhe. Sie überwucherten das, was nicht mehr gebraucht wurde und machten es sich zu Nutze. Die Natur war in ständigem Wandel. Leben war Veränderung.

Sophie spürte bei diesen Betrachtungen eine leichte Freude in sich aufsteigen, so etwas wie eine Art Einverständnis mit ihrem Leben. Gott wies ihr immer einen Weg. Sie musste ihn nur erkennen und annehmen. Alles hat seinen Grund, dachte sie, auch wenn ich ihn nicht sehe, weil er überwuchert ist. - Was Manu wohl am Bodensee macht?

Auf einer Stele am Wegrand las sie unter dem blauen Keramikschild mit der gelben Muschel die Kilometerzahl: 120,999.

Ein Storch flog über den Himmel, als sie an einem alten Friedhof Rast machte. Die Sonne schien sanft auf die weiß getünchten Denkmäler neben der kleinen Iglesia, deren Türen wie immer verschlossen waren. Sophie setzte sich auf die Bank daneben, aß eine Banane und trank eine halbe Flasche Wasser, bevor sie sich wieder auf den Weg machte.

Ein matschiger Feldweg führte sie in einen lichten Wald, das Sträßchen dahinter durch eine Ansiedlung kleiner Gehöfte. Ein Storchenpaar beobachtete die Welt aus seinem Nest in luftiger Höhe. Sophie deutete ihr Geklapper als Gelächter. Wahrscheinlich amüsierten die beiden Vögel sich köstlich über ihren Versuch, nicht auf die Kuhfladen zu treten, mit denen die Straße gepflastert war.

Jedes Haus im Dorf hatte seinen eigenen Vorratsspeicher auf dem Grundstück stehen. Einer von ihnen fiel ihr besonders ins Auge. Auf seinem Treppenaufgang blühten prächtige, rote Geranien in alten Kochtöpfen. Über den Blumen war eine straffe Wäscheleine zum Haus gespannt. Jeans und Shirts baumelten im Wind. Dahinter arbeitete eine junge Frau. Sie schrubbte schmutzige Kleidungsstücke auf einem Waschbrett und warf sie anschließend in einen Kübel mit frischem Wasser. Als sie Sophies faszinierten Blick spürte, sah sie auf und grüßte freundlich.

„Buen camino!", hörte Sophie sie rufen und war peinlich berührt.

„Muchas gracias!", bedankte sie sich und ging weiter. Niemals hätte sie vermutet, dass es so etwas in Europa noch gibt.

Wenig später kreuzte eine Autobahnbrücke die Straße und erinnerte sie an die moderne Zivilisation. Das Reklameschild einer Bar ließ ihr Herz höher schlagen, genauso wie der Anblick der vielen Pilger, die hier bereits fröhlich plaudernd saßen. Der kurze, muntere Gesprächsaustausch mit einigen von ihnen tat ihr gut. Gemeinsam mit einer jungen Neuseeländerin verließ sie das Lokal. Die junge Frau war ein Vierteljahr lang durch Europa getingelt und beendete diese Reise mit dem nördlichen Jakobsweg.

Sophies Beine waren immer noch müde und wollten nicht richtig flott werden. Die junge Frau lief ihr viel zu schnell. Deshalb trennten sich ihre Wege bald wieder.

Langsam wanderte sie über einen angenehm weichen Grasweg, der sie durch eine heideähnliche Landschaft führte. Mauern aus Steinplatten grenzten Felder und Gehöfte ab. Noch einmal setzte sie den Rucksack ab und hockte sich auf einen Stein am Wegrand, ließ den Blick über das hügelige Land gleiten und sah die weißen Wolken an der Sonne vorbei ziehen. Die ländliche Ruhe strahlte Frieden aus. Hier war keinerlei Hektik zu spüren. Alles wirkte gleichbleibend ruhig und beschaulich.

Dann raffte sie sich auf, um die letzten Kilometer hinter sich zu bringen. Immer wieder tauchte jetzt die Autobahn auf, die Ansiedlungen häuften sich.

In Baamonde erwartete sie eine wunderschöne Herberge mit großem Garten und schattigen Sitzplätzen. Die würde sie später nutzen. Jetzt brauchte sie erst einmal ein Bett. Sie stellte ihr Gepäck ab, zog ihre Schuhe aus und legte sich hin. Sofort fiel sie in einen tiefen, kurzen Schlaf.

Als sie wieder aufwachte, stand Barbara neben ihr.

„Hey, wo kommst du denn her?" Sophie stand auf, um die Pilgerfreundin zu umarmen. In kurzen Sätzen erzählte Barbara von ihrem Weg, den sie mit Hilfe vieler netter Menschen, einigen Busetappen und langsamen Wanderungen bis hierher geschafft hatte. Heute war sie ebenfalls von Villalba nach Baamonde gelaufen. Morgen wollte sie mit dem Bus zum Kloster Sobrado fahren und von dort aus die letzten sechzig Kilometer in drei Etappen nach Santiago laufen.

„Willst du mit mir kommen?", fragte sie.

Sophie musste nicht lange nachdenken. „Nein!", sagte sie. „Ich will die verbleibenden einhundertdrei Kilometer auch noch zu Fuß gehen. Jetzt möchte ich keinen Bus mehr benutzen. Wir treffen uns sicher in Santiago wieder. Gehen wir später zusammen essen?"

„Klar!"

„Hast du Lust, dir vorher mit mir die alte Kastanie anzusehen, in die ein Künstler eine Marienfigur geschnitzt hat?"

Barbara verzog das Gesicht. „Was soll das sein?"

„Die Attraktion des Dorfes! Es gibt hier einen Maler und Bildhauer. Victor Corral heißt er. Er hat eine uralte Kastanie vor dem Gefälltwerden gerettet, indem er in den Stamm eine Marienfigur geschnitzt hat. Ich würde mir die gerne ansehen."

„Klar, da komme ich mit."

Sophie holte Handtuch und Seife aus ihrem Rucksack. „Ich muss mich nur noch schnell duschen."

Die Sonne schien noch angenehm warm, als sich die beiden Frauen auf den Weg zu dem romantisch verzierten Kirchlein Santiago de Baamonde machten. Neben diesem verwitterten Gebäude, dessen grüne Tür leider verschlossen war, stand die prächtige Edelkastanie. Ihr knorriger, dicker Stamm war aufgebrochen und verwachsen. In die Aushöhlung hatte der Künstler aus dem eigenen Baumholz eine wunderschöne Maria mit Kind geschnitzt, eingerahmt von einem Rosenkranz. An anderer Stelle war die Büste des „Santiago Apostel" zu sehen. Ein Stück weiter schaute ein Kopf mit bemoostem Helm aus der borkigen Rinde. Wie dicke Schlangen umklammerten Auswucherungen den alten Baumstamm. Moose und Flechten zogen sich über seine gefurchte Rinde. Manche von ihnen trugen weiße Blüten. Aus diesem uralten Stamm erhob sich majestätisch die weit ausladende Baumkrone. Ihre Blätter waren jung, gesund und kräftig grün.

Auf dem Vorplatz ragten drei aus Granit gemeißelte Kreuze in den blauweißen Himmel. Tod und Leben gehören zusammen, dachte Sophie.

Dann sah sie ein Hinweisschild: „Casa-Museo de Victor Corral Castro, 50 m".

Das Grundstück des Künstlers war von einer verwitterten Natursteinmauer umgeben, die geschnitzte Holztür nur angelehnt. Schon der erste Blick in den Garten war verzaubernd. Der Spaziergang durch ihn märchenhaft. Schmale Kieswege schlängelten sich durch einen Skulpturengarten der besonderen Art. Aus Stein gehauene Tiere, Mädchen, Elfen und phantasievolle

Wunderwesen versteckten sich zwischen blühenden Stauden, Gräsern, kleinen Sträuchern und exotischen Bäumen. In einem von Rosen umgebenen, steinernen Pavillon umarmte sich ein aus Holz geschnitztes Liebespaar in Lebensgröße. Gartenwerkzeuge und Schubkarren standen wie zufällig herum. Alle umrahmt oder bewachsen mit bunten Blumengebinden.

Ein schmaler Rundbau ragte etwa drei Meter in die Höhe. Seine Fassade war bedeckt mit verschieden farbigen Edelsteinen und Muscheln aller Art. Ein Kreuz zierte sein spitzes Schindeldach. Eine verwitterte Holzbohle war passgenau in die halbrunde Türöffnung eingefügt. Wie ein dicker Reifen umgaben dicht wachsende weiße und blaue Anemonen seinen Sockel.

Der Mittelpunkt des Gartens war ein Teich. Aus dem Wasser ragte eine steinerne Liege, auf der eine aus Stein gemeißelte nackte Schönheit in der Sonne lag. Sie hatte ein Bein angewinkelt, eine Hand ruhte auf ihrem wohlgeformten Schenkel. Ihr langes Haar fiel in zarten Locken vom Kissen hinunter und berührte fast die blühenden Seerosen. Dichte Wasserstauden säumten das Ufer.

Während Sophie und Barbara bewundernd umherschlenderten, hatte sich der Hausherr auf die breite Eingangstreppe zu seinem Haus gestellt und beobachtete sie. Der kleine, alte Mann mit hoher Stirn und weißem Haar stützte sich mit beiden Händen auf einen Holzstock und wartete, bis sie ihn bemerkten. Sein verschmitztes Grinsen ließ ihn jünger erscheinen.

Er lud sie in sein Haus ein und zeigte ihnen seine Werke, alte Familienfotos und Zeitungsausschnitte. Gemälde in verstaubten Rahmen. Seine ersten künstlerischen Werke, die er mit sechzehn angefertigt hatte. Viele biblische Darstellungen, manche düster, andere farbenfroh. Kleine Skulpturen und Schmuck. Häufig waren Christusfiguren und religiöse Symbole sein Thema. Seine ganze Entwicklung und schöpferische Entfaltung war in diesem Casa-Museo zu sehen, und er zeigte ihnen sein Lebenswerk voller Stolz. Einige seiner Arbeiten seien in New York und Chicago in Dauerausstellungen zu bewundern, erzählte er.

Sophie fragte, ob sie ihn mit Barbara fotografieren dürfe.

„Selbstverständlich! Aber bitte draußen", grinste er und begleitete sie zu einem erhöhten, aus Stein gehauenen Thron, der im

Schatten eines alten Baumes stand. Er nannte ihn den „Venus-sessel". Barbara setzte sich kichernd hinein. Der alte Mann stellte sich daneben; eine Hand auf den Stock gestützt, die andere frech auf Barbaras Knie gelegt. Dem alten Charmeur blitzte dabei der Spaß aus den Augen.

Schmunzelnd verabschiedeten sie sich von dem Künstler und freuten sich auf das gemeinsame Pilgermenü mit anderen.

Freunde

Es regnete. Sophies Laune war nicht die beste. Sie verfluchte die Lasterfahrer, die rücksichtslos durch die Pfützen rasten, so dass das Wasser auf den Gehweg und gegen ihre Hosenbeine spritzte. Da nützte auch das Cape nicht viel.

Nach drei Straßenkilometern zeigte die Muschelmarkierung auf einem Pfeiler die Abzweigung in den Wald an. 99,805 km! Die Kilometerangabe war in ein Metallplättchen graviert. Und es hörte auf zu regnen! Na, wenigstens etwas Gutes!

Von Laubbäumen umgeben stand die 600 Jahre alte Kapelle San Alberte mitten im Wald. Als Sophie sich anschickte, die Kirche zu umrunden – deren zwei Türen natürlich verschlossen waren - kamen ihr zwei Männer entgegen.

„Hola, wer kommt denn da?", begrüßte Richard sie fröhlich. „Auf dem Jakobsweg trifft man sich immer mehrmals. Das ist eine alte Pilgerweisheit."

„Ich weiß!", lachte Sophie und freute sich, die beiden Freunde wieder zu sehen. „Allerdings habe ich hier im Wald am wenigsten mit euch gerechnet. Das verschlägt mir glatt die Sprache."

„Dann musst du etwas von dem Quellwasser dort drüben trinken", witzelte Fritz, „das soll Sprachprobleme lösen."

„Das mach ich doch prompt!", lachte Sophie und stieg die wenigen Stufen zur Quelle hinab. Die Mauer dahinter war verwittert und mit Moos bewachsen. Das Wasser aber war frisch. Es schmeckte nach Wald und Erde.

Dann befreite sie sich von ihrem Regenumhang.

„Hast du auch in Baamonde übernachtet?", fragte Richard.

„Ja!" Sophie fuhr sich mit den nassen Händen durch die Haare, um sie ein wenig aufzulockern. Nach dem Absetzen der Kapuze klebten sie am Kopf. „In einer wunderschönen Herberge mit einem herrlichen Garten. Und ihr?"

Richard beobachtete die Prozedur amüsiert. „Wir auch! Aber wir sind uns nicht begegnet!", stellte er fest.

„Ich war in der oberen Etage."

„Und wir in der unteren."

Gemeinsam wanderten sie durch den märchenhaften Laubwald. Das lichte Blattwerk war teils noch frühlingsgrün, teils hatte es sich schon sommerlich kräftig gefärbt. Knorrige Bäume wuchsen neben jungen Schösslingen. Altes Laub lag zwischen bemoosten Steinen.

Die Männer erzählten von ihrer Übernachtung in Villalba. Auch dort hatten sie in der gleichen Herberge wie Sophie geschlafen. Allerdings waren sie bereits am frühen Abend im „Parador" eingekehrt, um im Restaurant des stilvollen Hotels ein exquisites Pilgermenü für fünfzehn Euro zu genießen.

„Ich bin erst ziemlich spät in der Herberge angekommen und war schlagskaputt", erzählte Sophie. „Aber so ein gutes Essen hätte ich mir trotzdem nicht entgehen lassen. Das tut mir im Nachhinein noch leid."

„Das glaub ich dir", meinte Fritz.

„Na ja, man kann nicht alles haben."

„Wie weit willst du heute laufen?", fragte er.

„Tja, das weiß ich noch nicht so genau. Nach meinem Reiseführer gibt es entweder in sechzehn Kilometer Entfernung die nächste Herberge in Miraz oder dann erst wieder die Alberge im Kloster Sobrado. Aber bis dahin sind es vierzig Kilometer. Das eine ist mir zu wenig, das andere zu viel. Vielleicht muss ich dann wieder irgendwo in einen Bus einsteigen oder per Anhalter fahren, obwohl ich das nicht möchte. Mal sehen. Was habt ihr vor?"

„Es gibt dazwischen, nach ungefähr sechsundzwanzig Kilometern, noch eine private Alberge in Roxica. Dort wollen wir hin."

„Das hört sich gut an!" freute sich Sophie. „Sechsundzwanzig Kilometer sind okay. Gut, dass ich euch getroffen habe!" Sie war sichtlich erleichtert.

Während sie auf morastigen und sandigen Waldwegen weiter wanderten und kleine Ortschaften durchschritten, plauderten sie über belanglose Dinge und Erlebnisse. Die Zeit verging dabei wie im Fluge, genauso wie Sophies Wehwehchen. Füße und Beine taten wieder ohne Murren ihren Dienst, und der Rucksack schien angewachsen zu sein.

Über einer schmalen Straße baumelten ein Paar Wanderschuhe an einer Stromleitung. Alle drei zermarterten sich den Kopf, wie die wohl dorthin gekommen sein könnten.

Nach drei Stunden rasteten sie auf einem Picknickplatz und teilten sich die Schätze, die in ihren Rucksäcken lagerten. Justus hatte in Baamonde ein Baguette und Käse gekauft. Sophie schnitt eine Paprika und einen Apfel in mundgerechte Stücke und legte sie dazu. Richard holte Trockenfrüchte und Nüsse hervor.

„Schade, dass Martin nicht dabei ist!", bedauerte Sophie und stellte fest, dass ihre Traurigkeit sanft geworden war. Der Wunsch nach Wärme und Nähe eines geliebten Menschen aber war geblieben.

„Ja, er fehlt uns auch", gestand Richard, und als hätte er ihre Gefühle erraten, legte er einen Arm um ihre Schulter und drückte sie an sich.

Sophie schluckte die aufsteigenden Tränen hinunter und kaute intensiv auf einem Stückchen Brot. Dann hob sie den Kopf. Richard rückte seine Kappe zurecht. Hinter seinen Ohren kringelten sich graumelierte Haare.

Sie sahen sich an. Einen Augenblick nur. Braune Augen.

Er hat braune Augen wie Martin, dachte sie und senkte den Blick.

„Erzählt mir etwas von euren gemeinsamen Touren", forderte sie die Freunde auf.

Dass Martin ein guter Ski- und auch Mountainbike-Fahrer war, wusste sie auch schon vorher. Dass er jedoch so risikobereit war, wie die beiden schilderten, wusste sie nicht. Er wollte immer der Erste und der Beste sein. In ihrer Gegenwart hatte er sich scheinbar zurückgehalten, um sie nicht zu ängstigen. Sie war schließlich auch keine Konkurrenz für ihn. Mit seinen Freunden dagegen war er immer im Wettstreit gewesen.

Männer, dachte Sophie und lächelte.

Auf ihrem weiteren Weg kamen sie an einem blauen Haus vorbei, in dessen Garten viele Steinskulpturen standen. Einige erinnerten Sophie an Götterfiguren der Majas. Der Künstler hatte Tor und Tür geöffnet, um seine Sammlung zu präsentieren. Im Haus waren Tierfelle, Edelsteine und exotische Gerätschaften südamerikanischen Ursprungs ausgestellt. In seiner Werkstatt drückte er jedem, der wollte, ein rotes Wachssiegel in den Pilgerausweis. Sophie reihte sich ein in die kurze Schlange der Wartenden, um sich diese Besonderheit zu holen. Bei dieser Gelegenheit entdeckte sie auch den Wasserhahn, an dem sie ihre Flaschen mit Frischwasser auffüllen konnte.

Hinter dem fast ebenen Gelände, vorbei an der gemütlichen Herberge der britischen Confraternity of St. James und zwei weiteren modernen, neuen Pilgerunterkünften, einigen Gehöften an mit Kuhfladen bedeckten Straßen und einer Bar, in der sie sich mit einem schwarzen Kaffee stärkten, wurde es wieder einsam.

Es folgte der erste längere Anstieg für heute auf einem sandigen Weg. Granitfelsen ragten aus einer Heidelandschaft. Die meisten von ihnen sahen aus, als seien sie geschliffen worden. Gutmütig und rund lagen sie da wie dickbäuchige Riesen. Um sie herum blühten Eriken in tiefem Violett, vereinzelte Ginsterbüsche leuchteten gelb. Ob die kleinen Kiefern wohl auf Weihnachten warteten? Die Sonne blitzte ab und zu durch dicke, weiße Quellwolken.

Sophie war wie verzaubert von der märchenhaften Landschaft. Sie ließ die Männer vorangehen und zückte ihre Kamera. Von Pilgern aufgestapelte Steinmännchen, ein Paar ausrangierte Wanderschuhe, aus denen Blumen wuchsen, winzige Blüten an niedrigen Kriechgewächsen, zarte Gräser, die sich im Wind wiegten. Sie hätte sich nicht gewundert, wenn hinter einem der dicken Steine plötzlich ein Gnom aufgetaucht wäre.

Und dann noch der herrliche Weitblick in die bewaldeten Hügel!

„Mein Gott, wie schön ist Deine Welt!" Wie so oft, fiel ihr auch jetzt dieser Liedtext wieder ein.

An einer Weggabelung, die in einen matschigen Pfad führte, warteten Richard und Fritz auf sie. Es war nicht mehr weit bis Roxica, und Sophie nahm all ihren Mut zusammen.

„Darf ich euch beide etwas fragen?", begann sie vorsichtig.

„Na klar, immer heraus damit!", antwortete Fritz.

„Warum habt ihr in La Caridad die Tür mit Stühlen verbarrikadiert?", fragte sie.

„Oh, jetzt hast du mich auf dem linken Fuß erwischt!" Richard reagierte peinlich überrascht. „Ich dachte, das hätte keiner von euch bemerkt."

„Doch! Sabine musste nachts mal aufs Klo. Da hat sie den Turmbau gesehen."

„Na gut, dann sollst du es wissen", sagte er und erzählte, dass seine Frau ihn vor ungefähr drei Jahren verlassen habe, weil sie sich in einen anderen Mann verliebt hatte. Sie sei Hals über Kopf ausgezogen und habe ihn in dem großen Haus, das vor fünfundzwanzig Jahren für eine vierköpfige Familie gebaut worden war, allein gelassen.

Nur wenige Tage später wurde er eines Nachts von polternden Geräuschen geweckt. Er stand auf und ging ins Wohnzimmer. Die Terrassentür war weit geöffnet. Hatte er sie nicht verschlossen und die Rollläden nicht heruntergelassen? Er war an dem Abend nicht allein gewesen, hatte mit Freunden lange auf der Terrasse gesessen, Karten gespielt und reichlich Wein getrunken. Noch während er darüber nachdachte und die Tür zuschob, hatte er einen Schlag auf den Kopf bekommen und war zusammengebrochen. Als er wieder aufwachte, herrschte im Wohn- und Schlafzimmer absolutes Chaos. Sämtliche Schubladen waren aufgerissen und durchwühlt worden. Papierkram, Tischdecken, Bücher, zerbrochene Vasen und allerlei Krimskrams bedeckten den Teppich im Wohnzimmer. Unterwäsche, Socken und Shirts lagen verstreut im Schlafzimmer. Anscheinend hatten die Diebe Bargeld oder Schmuck gesucht, aber außer seiner Geldbörse mit Ausweisen, Kreditkarten und dreihundert Euro Bargeld nichts gefunden. Ihren Schmuck hatte seine Frau natürlich mitgenommen.

Richard gestand, dass er seitdem nicht ruhig schlafen könne, wenn die Haustür nicht abgeschlossen sei. Und in der Tür zur Turnhalle steckte kein Schlüssel, mit dem man sie hätte abschließen können. Deshalb habe er sie mit Stühlen verbarrikadiert.

Vor wenigen Monaten habe er sein Haus verkauft – da auch die Kinder kein Interesse daran hatten - und sie gegen eine Eigentumswohnung im sechsten Obergeschoß eingetauscht.

„Vielleicht gibt mir der Jakobsweg ja das Vertrauen zurück, das ich verloren habe", beendete er seine Erzählung.

Die Casa Roxica war einfach und sauber, die Küche von Elena und Alberto vorzüglich. Bei Salat, Schweinebäckchen mit Bratkartoffeln, Käse, Tarte Santiago und einem guten Vino tinto saßen zehn peregrinos um den großen Tisch und erzählten aus ihrem Leben oder von ihren Erlebnissen auf dem Camino.

Eine junge Frau berichtete von ihrem Kind, das an einer spasmischen Krankheit leide. Ihr Mann kümmere sich jetzt um das fünfjährige Mädchen, damit sie zwei Wochen auf dem Jakobsweg pilgern könne, um neue Kraft zu tanken.

Ein anderer erzählte von einem stark übergewichtigen Paar, das er unterwegs getroffen habe. Die beiden würden jeden Tag fünfunddreißig bis vierzig Kilometer laufen, um Fett zu verbrennen. Pilgern der Gesundheit wegen. Auch eine Motivation!

„Und warum pilgerst du?", wollte die junge Schwedin wissen, die neben Sophie saß.

Sie überlegte nicht lange. „Um meinen eigenen Weg zu finden", antwortete sie.

Erkenntnisse

Knusprig getoastetes Baguette, Butter, Käsescheiben und Marmelade, dazu heißer Milchkaffee. Sophie langte kräftig zu. Plaudernd saß sie mit den Pilgerfreunden am Tisch, als ihr Handy eine Nachricht signalisierte.

„Komme am Donnerstag nach Santiago. Kannst du bitte irgendwo ein Zweibettzimmer für uns beide reservieren? Danke! GLG Manu."

Sophie schüttelte mit dem Kopf. „Meine Schwester! Immer für eine Überraschung gut!"

Die Vorstellung, dass Manu nach Santiago kam, gefiel ihr. Ob sie ihre Vergangenheitsbewältigung am Bodensee wohl gut abgeschlossen hatte? Sie würde es bald erfahren. Aber erst einmal wollte sie ihre letzten drei Pilgertage genießen. Immerhin musste sie jetzt bereits am Donnerstag in Santiago ankommen.

„Alles okay?", fragte Richard.

„Ja, ja! Meine Schwester kommt am Donnerstag nach Santiago."

„Dann lernen wir sie ja auch noch kennen. Vielleicht könnt ihr beide mit zu Justus kommen."

„Er hat mich schon eingeladen."

„Kennst du eigentlich seine Schwester?"

„Felicitas?"

Richard nickte.

„Nein! Sollte ich?"

„Hätte ja sein können, dass ihr sie mal in der Schweiz besucht habt."

Sophie horchte auf. „Sie hat in der Schweiz gewohnt? Justus hat nur erzählt, dass sie jetzt bei ihm und Pablo wohnt."

„Ja! Nach dem Tod ihres Mannes und ihrer Tochter, wollte sie nicht mehr allein in dem Haus bleiben, in dem beide gestorben sind."

„Das kann ich verstehen!" Sophie leerte ihre Kaffeetasse. „Aber warum hätten wir sie besuchen sollen?"

Richard und Fritz schauten sich kurz an. „Sie ist doch Karstens Patentante", klärte Fritz sie auf.

„Karsten war nur selten bei uns. Seine Mutter hatte das alleinige Sorgerecht und hat seine Besuche verhindert. Einmal war er an Weihnachten bei uns. Da war er ungefähr sechzehn. Anna war noch ein Baby und Heiko ungefähr vier Jahre alt. Er war begeistert von den kleinen Kindern. Aber in Urlaub ist er nie mit uns gefahren. Nachdem er achtzehn war, hat Martin einmal im Jahr ein paar Tage Urlaub mit ihm allein verbracht. Aber ich kann mich nicht erinnern, dass sie da in die Schweiz gefahren sind. Erst viel später waren sie mal zusammen dort. Da war Karsten aber bestimmt schon Ende zwanzig." Sophie schlug sich mit der flachen Hand vor die Stirn. „Stimmt! Jetzt erinnere ich mich! Vor einigen Jahren waren sie noch einmal gemeinsam in der Schweiz zu einem runden Geburtstag seiner Patentante. Tante Fe und Bernhard!"

„Bernhard hieß ihr Mann", sagte Fritz.

„Dann ist Fe also Justus Schwester?"

„Ganz genau!"

Fritz grinste. „Hat Martin dir auch nie erzählt, dass Felicitas seine Jugendliebe war?"

Sophie stutzte einen Moment, bevor sie antwortete. „Nein! Hat er nicht!"

„Als sie dann ihren Bernhard kennengelernt und ihn abserviert hat, war er ganz schön traurig", sagte Fritz und grinste. „Aber das sind uralte Kamellen. Das war ja noch vor seiner ersten Ehe, also lange vor deiner Zeit", winkte er ab.

Sie versuchte zu lächeln. „Da bin ich aber froh! Von Niederlagen sprach Martin nicht so gerne", sagte sie. Sie war verwirrt. Ihre Gedanken summten wie ein Bienenschwarm. Sie musste wieder einen klaren Kopf bekommen. Eilig leerte sie ihre Tasse und stand auf.

„Seid mir nicht böse, aber ich will los", sagte sie und öffnete ihre Geldbörse.

Richard hielt mit seiner Enttäuschung nicht hinterm Berg. „Allein?"

„Ja." Sie legte das abgezählte Geld auf den Tisch. „Ich muss nachdenken."

„Ist etwas nicht in Ordnung?", fragte Fritz. „Habe ich in ein Fettnäpfchen getreten?"

„Nein, nein! Ist schon gut!"

„Sehen wir uns heute Abend in Boimorto?", fragte Richard.

„Ich denke, ja!"

An der Tür drehte sie sich noch einmal um und kam zurück an den Tisch.

„Wisst ihr, wann Matilda geboren ist?", fragte sie.

Justus überlegte. „Sie war dreißig, als sie gestorben ist. Dann muss sie 1984 geboren sein."

„Danke!" Sie winkte mit der Hand und rief ihnen ein „Buen camino!" zu, als sie das Haus verließ.

Dichter Nebel lag noch auf den Feldern. Die Sichtweite betrug nicht mehr als zwanzig Meter. Die schmale Straße war kaum befahren. Sie tappte im Dunkeln. Schritt für Schritt. Atmete die feuchte Morgenluft und den würzigen Eukalyptusgeruch ein, den die hohen Bäume ihr schenkten. Sie ließ ihren Gedanken freien Lauf.

Martin – Felicitas – Matilda – MATI? War sie der Schlüssel zu Martins Geheimnis? War sie vielleicht Martins Tochter? Sie ist ein Jahr vor unserer Hochzeit geboren. Aber da kannten Martin und ich uns ja schon, und Felicitas war schon lange mit Bernhard verheiratet! Das ergibt keinen Sinn! Das kann nicht sein! Sophies Phantasie wühlte in einem Haufen kleiner Puzzleteile. Und wenn doch? Vielleicht hat Bernhard sich umgebracht, weil er davon erfahren hat? – Sophie, jetzt denkst du Schwachsinn! Aber was wäre, wenn…?

Und Matildas Tod? Hatte der vielleicht etwas mit den Zahlungen zu tun?

Sie musste es herausfinden. Spätestens in Santiago. Dort würde sie Felicitas und Justus fragen.

Die Sonne hatte den Nebel zu Boden gedrückt. Sie strahlte wohltuende Wärme aus. Sophie fühlte sich plötzlich leicht. Wie von unsichtbarer Hand geführt. Alle Begegnungen hatten ihren Sinn. Es gab keine Zufälle.

Ein steiler Anstieg forderte ihre Kraft. Mit der Anstrengung stieg ihre Gelassenheit und ließ ihre aufregenden Gedanken im Tal zurück. Wieder träumte sie davon, dass hinter der Bergkuppe das Meer aufleuchtete. Stattdessen tat sich eine grüne Weite in offenes Land auf. Den herrlichen Weitblick trübte allerdings die Realität. Armselige Gehöfte, morastige Kuhwege und ein „Schlammkanal". Verwahrloste Hunde und in einen winzigen Stall gepferchte Hühner. Schmutz und Müll säumten den Weg.

Aber auch, wenn man arm ist, muss man nicht im Dreck hausen, dachte sie und hüpfte über einen Kuhfladen.

Ein gepflegter Bauerngarten versöhnte sie wieder. Zwischen jungen Pflanzen standen zwei Pilgerfiguren als Vogelscheuchen. Belustigt betrachtete sie den Mönch in brauner Kutte und die Wanderin mit Strohhut und Rucksack.

Die Abgeschiedenheit endete in einer breiten Straße mit regem Autoverkehr. Abseits davon wanderte sie über eine alte Brücke in ein Naturreservat. Der Lagoa de Sobrado glitzerte in der Mittagssonne. Seerosen hatten ihre Blütenkelche weit geöffnet. Frösche quakten. Leichter Wind liebkoste Schilf und Gräser.

Reiher suchten Nahrung und flogen wieder davon. Hungrige Enten kamen schnatternd angewatschelt und wollten gefüttert werden. Sie gönnte sich eine Pause und genoss die friedliche Idylle.

Von hier aus konnte es nicht mehr weit zum Monasterio de Santa Maria de Sobrado sein. Einem riesigen Gebäudekomplex, der vor mehr als tausend Jahren als Familienkloster für Mönche und Nonnen errichtet worden war.

Als sie die Anlage erreichte, hatte diese gerade ihre Pforten geschlossen. So blieb ihr nur der einladende Klosterladen, in den ein freundlicher Mönch des Zisterzienserordens ihr noch Einlass gewährte. Sie blätterte in einem Bildband, um sich die Kirche und die drei Kreuzgänge wenigstens auf dem Papier anzusehen. Von außen betrachtete sie die reich verzierte Fassade der Iglesia de la Asunción mit ihren prächtigen Türmen. In den barocken Verzierungen gediehen Moose und Flechten. Vom einst wichtigen geistigen und wirtschaftlichen Zentrum Galiciens bröckelte der Putz.

Sophie gönnte sich noch eine Kaffeepause, bevor sie weiter zog. Sie freute sich an den weißen Wölkchen, die über den blauen Himmel zogen. Am Obststand eines kleinen Ladens kaufte sie drei knackige Äpfel. Zwei wanderten in den Rucksack, in den dritten biss sie herzhaft hinein.

Bis Boimorto waren es noch fünfzehn Kilometer. Bei der heutigen Etappe musste sie nur dreihundert Höhenmeter bewältigen. Sie lächelte. Noch vor vier Wochen hatte sie über solche Angaben anders gedacht. Jetzt war das Wandern über die leichten Hügel für sie ein herrlich entspanntes, gleichmäßiges Laufen.

Hinter der Stadt wechselten sich grüne Wiesen mit weidenden Tieren und lichten Eukalyptuswäldern ab. Ruhig und friedlich war die Welt um sie herum. Sie sah die Blumen am Wegrand, die Schmetterlinge, Käfer und Bienen und fühlte Dankbarkeit in sich aufsteigen. Nichts war selbstverständlich. Weder die friedliche Ruhe, noch die Freiheit. Weder ihre gute Gesundheit, noch das gute Essen und Trinken. Sie war dankbar für diesen wunderbaren Weg, dankbar für die vielen Begegnungen und guten Gespräche, dankbar für die gemeinsame Zeit mit Martin, dankbar für ihre Schwester, ihre Kinder und ihre Enkel. Dankbar für ihr Leben.

Ihre Füße bewegten sich einmal mehr wie von selbst. Am liebsten hätte sie gelacht, ganz laut und aus vollem Herzen. Die Emotionen füllten sie aus und hinterließen ein unbeschreibliches Glücksgefühl.

Die Herberge in Boimorto war neu und modern. Ein Vorzeigemodell für 1,5 Millionen Euro, wie der junge hospitalero stolz erzählte. Der kubische Neubau war hell und geräumig, zweckmäßig eingerichtet und hatte nicht mehr als vier Etagenbetten in einem Zimmer.

Sophie lief über den weiten Flur und blickte in die Räume. Nur vereinzelt standen Rucksäcke vor den Betten. Barbaras Rucksack war auch dabei. Sie teilte sich das Zimmer mit Gerd und Irene. Sophie war dem Ehepaar seit zwei Wochen nicht mehr begegnet.

Wenig später trudelten auch Richard und Fritz in der Herberge ein.

Mit ihnen allen ging Sophie am Abend in ein Dorfrestaurant zum Essen. Ihr Hochgefühl kannte keine Grenzen, und sie steckte die anderen mit ihrer Heiterkeit an.

Sie sprachen miteinander über die Herausforderungen des Weges und über das Gefühl der Freiheit, aus dem Gelassenheit und Gottvertrauen entstehen können. Über das Glücksgefühl, das man sich manchmal hart erarbeiten muss, und die Tiefpunkte, mit denen jeder Pilger auf einer langen Wanderung zu kämpfen hat.

„Macht eigentlich Glück dankbar oder Dankbarkeit glücklich?", fragte Sophie in die Runde und beobachtete die nachdenklichen Gesichter.

Gerd antwortete zuerst: „Ich bezweifle, dass alle Menschen, die einen glücklichen Moment erleben, auch dankbar dafür sind. Aber ich behaupte, dass ein Mensch, der Dankbarkeit empfinden kann, ein glücklicher Mensch ist."

Gerd steckte seinen Tagesplan in die Jackentasche. Sophie und Barbara liefen hinter dem Ehepaar her an der Straße entlang. Alle Cafés und Geschäfte hatten noch geschlossen. Keine Aussicht auf Kaffee. Schade!

Gerd und Irene hatten sich bestimmt schon früh um sieben in der Herbergsküche einen Tee gebraut. Warum nur hatte sie bisher beim Einkaufen immer wieder vergessen, sich Teebeutel zu kaufen? Manchmal war sie so was von schusselig! Na ja, die beiden hätten ihr bestimmt ein Beutelchen abgegeben, wenn sie gefragt hätte. Hatte sie aber nicht! Was Gerd wohl für heute geplant hatte?

„Wie weit lauft ihr heute?", fragte sie.

„Dreißig Kilometer bis Pedrouzo", antwortete Gerd, „dann haben wir morgen nur noch gut zwanzig Kilometer und können mittags in Santiago ankommen."

„Klingt nicht schlecht." Sophie wandte sich an Barbara. „Was meinst du. Schaffst du dreißig Kilometer?"

Barbara guckte entgeistert. „Keine Ahnung. Ich wollte eigentlich nur bis Salceda oder Santa Irene laufen. Es reicht mir, wenn ich am Freitag in Santiago ankomme. Du musst dich nicht nach mir richten. Du läufst sowieso schneller als ich."

Sophie war das recht. Es war nicht ihr Tempo, das die anderen gingen. Schon gar nicht auf ebener Strecke. Wie weit ihre Füße sie heute wohl tragen würden? Sie wollte das unterwegs entscheiden. Herbergen gab es jetzt ja genügend.

„Hat einer von euch Richard und Fritz heute Morgen gesehen?", fragte sie im Vorbeigehen.

„Die sind schon um sieben los", wusste Gerd.

„Aha!" Sophie marschierte vorbei, und ihre Stöcke klapperten auf dem Asphalt. „Buen camino! Wir sehen uns spätestens in Santiago wieder!", rief sie den anderen zu.

Ja, so war es besser. Laufen ohne zu schwätzen. Sie hatte sich daran gewöhnt. Niemals hätte sie gedacht, dass ihr das gefallen könnte. Wie sehr hatte sie Manus Gesellschaft anfangs vermisst! Jetzt gefiel ihr sogar das Alleinsein. Sie konnte ihren Gedanken freien Lauf lassen oder auch gar nichts denken, je nach Gusto. Niemand unterbrach sie. Seit Manu weg war, freute sie sich auf die gemeinsamen Abende mit anderen Pilgern. Die waren ihr vorher weniger wichtig gewesen. Heute Abend würde sie viele unbekannte Gesichter sehen; denn bald würden der Nordweg und der Camino Francés zusammenlaufen. Sie war gespannt, was sie dann erwartete.

Zwei Stunden lang konnte sie noch Einsamkeit und ländliche Ruhe genießen. Ein verwunschener Hohlweg schlängelte sich durch einen Wald aus knorrigen Eichen, uralten Kastanien und Eukalyptusbäumen. Sie hörte dem Gezwitscher der Vögel zu und lief wie auf einem Teppich über den Waldboden, auf dem die Sonne Schattenbilder malte. Noch ein paar Straßen über welliges Gelände, kleine Weiler und schöne Blicke in die Landschaft. Dann war es vorbei mit der Ruhe. Sie hatte Arzúa erreicht. Den Nabel des Caminos, an dem alle Wege zusammenführten.

Ihr Magen knurrte, und das Verlangen nach einer Tasse Kaffee war stark. Sie suchte sich einen Platz im Innern des Cafés, denn draußen war es ihr zu heiß. Durch das Fenster beobachtete sie die vorbeilaufenden Menschen. Es waren mindestens genauso viele mit wie ohne Rucksack unterwegs. Einzeln und in kleinen Gruppen kamen Pilger vorbei.

Nachdem sie sich mit dem üblichen Stück tortilla und einer großen Tasse café con leche gestärkt hatte, reihte sie sich ein in die Schar der peregrinos auf dem Weg nach Santiago.

Waren das wirklich alles Pilger oder doch eher Touristen? Viele von ihnen trugen nur kleine Rucksäcke, an denen zwar eine Muschel baumelte, aber die einfachen Sommersandalen an den Füßen ließen eher auf einen Spaziergang schließen. Eine Gruppe junger Mädchen in Tops und Hotpants wanderte zu lauter Rockmusik. Ein paar junge Männer ließen einen Flachmann umherwandern. Auch an ihm hing eine winzige Muschel.

Die Pilger mit großen Rucksäcken gingen hier in der Menge unter.

O Gott, wenn das jetzt bis Santiago so weitergeht, krieg ich die Krise, dachte sie. Da half es wenig, dass sie sich zu Toleranz und Gelassenheit ermahnte.

Hinter der Stadt verteilten sich die Massen glücklicherweise in der hügeligen Landschaft. Wunderschöne Waldwege schenkten

Schatten und ließen die Pilger vor und hinter ihr sogar streckenweise unsichtbar werden. Ihr Wohlgefühl wurde allerdings bald wieder unterbrochen. Schon von weitem hörte sie die lärmenden Bässe, die die laute Popmusik begleiteten. Auf großen Plakaten kündigte sich eine Bar an. Die Party fand in einem Biergarten statt, in dem Peregrino-Cerveza ausgeschenkt wurde. Die leeren Flaschen stapelten sich zu hunderten auf der breiten Mauer um das Terrain. Fassungslos starrte sie die Partymeile an und beeilte sich, an ihr vorbeizukommen.

Ich glaub, ich bin im falschen Film! Sie schüttelte ihren Kopf.

Nur wenig später waren an einer langen Mauer zwanzig leuchtend gelbe Blätter befestigt. In englischer und spanischer Sprache standen auf jedem von ihnen dunkle Verschwörungstheorien, die offensichtlich Weltuntergangsstimmung verbreiten sollten. Sophie las einige davon. Ihr lief ein Schauer über den Rücken. Wollte da jemand das Mittelalter wieder beleben? Sie wandte sich hastig ab und ging schnell weiter.

Sie wanderte über schattige Waldwege und durch hübsche Dörfer. In einigen Vorgärten wuchsen Bananenstauden und riesige Kakteen. Auf dem parkähnlichen Grundstück eines großen Hauses boten die Besitzer den Pilgern Wasser und Äpfel an. Vier Hängematten zum Ausruhen spannten sich von Baum zu Baum. Leider waren alle besetzt.

An der nächsten Bar machte sie Halt. Sie suchte nach einem leeren Stuhl, und entdeckte Richard und Fritz, die bereits an einem Tisch saßen.

„Bin ich froh, dass ich euch treffe!", sagte sie und setzte sich. „Hier ist ja mordsmäßig was los!"

„Das kann man wohl sagen!" Richard lachte.

„So habe ich mir das nicht vorgestellt!", legte sie gleich los. „Hoffentlich wird das nicht noch schlimmer bis wir in Santiago ankommen."

„Morgen ist Donnerstag. Da werden sicher noch ein paar Wochenendausflügler dazukommen", vermutete Fritz. „Bei dem schönen Wetter!"

„Ich glaube, dann laufe ich heute auch bis Pedrouzo; dann kann ich am Donnerstag schon mittags in Santiago sein", überlegte Sophie.

„Da wollen wir auch übernachten." Richard nahm einen großen Schluck aus seinem Bierglas. „Hier ist übrigens Selbstbedienung", klärte er Sophie auf.

Als Sophie mit einem großen Glas Cola an den Tisch zurückkam, klingelte ihr Handy. Es war Manu. Sie wollte wissen, wo Sophie jetzt sei, und ob sie es schaffen könne, bereits am Donnerstag in Santiago anzukommen.

Sie verabredeten sich für den nächsten Tag um 14.00 Uhr am Haupteingang der Kathedrale.

Sophie konnte gut mit den Männern Schritt halten. Der Weg neben der Landstraße lag im Schatten. Seltsamerweise waren jetzt nur noch wenige Pilger mit ihnen unterwegs. Das Laufen machte wieder Spaß, und die Aussicht, morgen in Santiago de Compostela anzukommen, beflügelte ihre Schritte.

„24,999 km" war auf einem schmalen Metallplättchen unter dem blau-gelben Muschelzeichen zu lesen. Es war seit langem das erste Schildchen, das noch nicht abgerissen worden war. Die Andenkensammler hatten unterwegs fast alle von den niedrigen Betonpfeilern geklaut.

Vielleicht waren sie es auch, die ein Straßenschild nach Santiago mit ihren Unterschriften beschmiert und mit Aufklebern zugepappt hatten.

Am Ortseingang von Pedrouzo wimmelte es von Wegweisern, die Herbergen und Pensionen anboten.

Sophie, Richard und Fritz meldeten sich gleich im ersten Refugio an. Hier konnten auf zwei Etagen in vier Räumen einhundertzwanzig Pilger unterkommen. Es war wahrscheinlich der Vorsaison zu verdanken, dass nur etwa die Hälfte aller Betten belegt war.

Beim Bummel durch den Ort wurde Sophie vom Angebot an Restaurants, Cafés, Bars und Andenkenläden erschlagen. Nach dem fast menschenleeren Nordweg und der friedlichen Stille der vergangenen Wochen fühlte sie sich hier wie ein Dino: Uralt und aus der Zeit gefallen. Dieser lärmende Tourismusboom passte überhaupt nicht zum Pilgern. Da waren sich alle drei einig.

Sophie schreckte hoch. Eine Tür knallte laut ins Schloss.

„Scheiß Raucher!", schimpfte jemand. Tatsächlich, der Zigarettengeruch von draußen drang bis in den Schlafsaal. Ein Blick auf das Handy. 5.00 Uhr!!!

Sie zog ihren Schlafsack über die Ohren. Es nützte nicht viel.

Betten wurden abgezogen, Pilger flüsterten und kramten in ihren Rucksäcken, Plastiktüten raschelten, etwas fiel klirrend zu Boden, Menschen liefen hin und her, Türen gingen auf und zu.

Sie stopfte sich Ohrstöpsel in die Gehörgänge und hoffte, noch einmal einschlafen zu können. Um 6.00 Uhr gab sie es auf.

Auf dem Weg zum Bad kam Richard ihr entgegen.

„Einen schönen guten Morgen!", flüsterte er ihr zu. „Kannst du auch nicht mehr schlafen?"

„Nee! Bei dem Krach ist das unmöglich", sagte sie genervt.

„Wir wollen gleich los. Sollen wir auf dich warten?" Richard sah sie erwartungsvoll an.

Sie begegnete seinem Blick. „Ja, gerne. Aber zwanzig Minuten brauche ich schon noch." Eilig griff sie nach dem Handtuch, das über ihrer Schulter baumelte.

„Ist okay. Wir haben doch Zeit!" Sein Lächeln beruhigte sie.

Sie lächelte zurück. „Schön! Ich beeil mich."

„Magst du auch noch einen Kaffee trinken?" Er lächelte immer noch.

„O ja, gerne!" Sie freute sich.

„Ich besorge dir einen."

„Danke!"

Beim Zähneputzen lächelte sie weiter.

In der Morgendämmerung wanderten sie durch das Zentrum von Pedrouzo. Einige Cafés hatten bereits geöffnet und bewirteten die peregrinos mit einem desayuno. Andere Pilger liefen mit ihnen aus der Stadt hinaus.

Hinter der Stadt ging es steil bergauf durch einen Eukalyptuswald.

„Mit so einem steilen Aufstieg habe ich gar nicht mehr gerechnet", gestand Sophie.

„Ich glaube, ungefähr dreihundertfünfzig Meter im Auf- und dreihundertsechzig im Abstieg haben wir heute noch einmal vor uns", klärte Fritz sie auf.

Sophie sog den Eukalyptusduft tief ein und freute sich über den guten Wanderweg. Aber sie staunte wieder über die Schläppchen an manchen Füßen und die Beutelchen auf manchen Rücken.

Jede der Bars am Wegrand war gut besucht. Auch Sophie und die Freunde machten eine Frühstückspause, bevor sie die ruhige Gegend verließen und in das Einzugsgebiet Santiagos kamen. Das Rollfeld des Flughafens kündigte die Großstadtnähe an.

Noch einmal ging es an einem beschaulich plätschernden Bach entlang, dem Lavacolla. Hier haben sich im Mittelalter angeblich die Pilger gewaschen, um sauber am Grab des Apostels zu erscheinen, erzählte Richard.

Sophie dachte an Martin. Er hatte diesen alten Brauch bestimmt auch in seinen Unterlagen beschrieben. Als sie ihre Gedanken aussprach, lachte Richard.

„Ja, ja, Martin war schon ein ganz Gründlicher. Er interessierte sich für viele Dinge. Ich hatte manchmal den Eindruck, dass er in seinem Leben nichts dem Zufall überlassen wollte." Fragend sah er sie von der Seite an. „Er hat doch eure Pilgerreise bestimmt auch bis in Detail vorbereitet, oder?"

„Ja, das hat er." Sie machte eine Gedankenpause. „Aber ich habe seine Planung irgendwann nicht mehr gebraucht. Sie passte nicht zu mir. Ich habe sie unten im Rucksack liegen." Ein wenig Stolz schwang in ihrer Stimme mit.

„Wirklich?", mischte Fritz sich zweifelnd ein.

„Ja! Wieso fragst du? Glaubst du mir nicht?", entrüstete sie sich.

„Weil mich das überrascht", sagte Fritz. „Entschuldige, dass ich das jetzt so offen sage. Aber, ehrlich gesagt, habe ich mir dich immer ganz anders vorgestellt."

Das wiederum wunderte Sophie nicht. „Hat Martin mich anders beschrieben?", fragte sie.

„Allerdings!" Richard rückte seine Schirmmütze zurecht. Sophie wertete das als Verlegenheitsgeste.

„Er trug wahrscheinlich auch ein anderes Bild von mir mit sich herum", sagte sie nachdenklich. „Ich bin in den letzten Wochen oft selbst von mir überrascht worden. Nie hätte ich gedacht, dass ich allein so gut zurechtkomme. Ich bin hier auf dem Weg manchmal über mich hinausgewachsen." Ihre Augen strahlten. „Der Weg hat mich so vieles gelehrt! Und ich bin froh, dass ich euch beide getroffen habe."

„Wir auch!", sagte Richard und schenkte ihr einen liebevollen Blick. Sophie spürte ein warmes Gefühl in sich aufsteigen und sah leicht verwirrt in eine andere Richtung.

„Sind wir eigentlich heute oder morgen Abend bei Justus eingeladen?", fragte sie ausweichend.

„Heute Abend. Am Samstag will er mit uns nach Finisterre fahren. Vielleicht haben wir Glück und sehen einen schönen Sonnenuntergang."

„Oh, da würde ich gerne mitkommen", sagte sie.

„Das klappt schon!"

Inzwischen waren sie auf einer Hochebene angelangt, auf der die Sendemasten des spanischen Fernsehens standen. Die Zivilisation hinterließ ihre Spuren. Weiter ging es auf gut markierten Wegen durch einen lichten Wald.

Die hübsche, kleine Kirche San Marcos war verschlossen. Sophie hätte sich gerne einen Moment hinein gesetzt, um ihre Gedanken zu ordnen. Doch damit musste sie warten.

Am Mittag erreichten sie den Monte do Gozo. Dies ist der geschichtsträchtige Hügel vor Santiago, von dem aus man vor etlichen Jahren noch die Türme der Kathedrale sehen konnte. Millionen von Freudenseufzern sollen im Laufe der tausendjährigen Pilgergeschichte dort ausgestoßen worden sein. Heute steht auf dieser Anhöhe ein eindrucksvolles Denkmal, das an alle Papstbesuche seit 1993 erinnert.

Sophies Blick heftete sich auf die Kapelle unterhalb des Monumentes.

„Ich möchte erst dort hineingehen, bevor ich mir das Papstdenkmal anschaue", sagte sie und drängte sich durch eine Menschentraube, die einen roten Kiosk und einen Andenkenstand umlagerte.

Das weiß getünchte Gewölbe im Innern der Kapelle war mit grauem Sandstein umrandet. Durch die hellen Fenster fiel Sonnenschein in den Raum. Sophie betrachtete die Marienstatue und den holzgeschnitzten Jakobus, die einzigen Figuren neben dem Altar aus grauem Stein. Weiße Blumensträuße und Kerzen waren der einzige Schmuck. Es gab keinen Kitsch. Sophie war angenehm überrascht. Sie setzte sich in eine Bankreihe und schloss ihre Augen.

Ein Hüsteln unterbrach ihre Andacht. Vor der Jakobusstatue saß eine Pilgerin. Es dauerte eine Weile, bis sie sie erkannte. Manu!

Sophie stand auf und setzte sich wortlos neben ihre Schwester. Manu schenkte ihr ein triumphierendes Lächeln. „Ich habe hier auf dich gewartet. Dachte mir doch, dass du in die Kapelle gehen würdest", sagte sie, bevor sie sie in die Arme schloss.

Sophie blickte auf Manus Rucksack. „Bist du hierher gelaufen?"

„Ja, vom Flughafen. Ich will mit dir in Santiago einziehen", verkündete Manu, „mit Rucksack und Pilgerstab!" Demonstrativ hob sie ihre Wanderstöcke auf.

Sophie war beeindruckt. „Komm, wir gehen nach draußen. Da kannst du mir alles genau erzählen."

Manu war gegen sieben Uhr in Santiago gelandet, hatte ihren Rucksack vom Laufband in Empfang genommen, sich einen Kaffee aus dem Automaten geholt und dazu das zu Hause geschmierte Brot gegessen. Der Mitarbeiter am Informationsstand hatte ihr genau erklärt, wie sie vom Flughafen auf den Camino kam.

„Ich hätte ja einfach über das Rollfeld laufen können", lachte sie, „aber da ist der hohe Zaun im Weg. Auf jeden Fall war ich mir sicher, dass ich früher als du am Monte do Gozo sein würde."

„Da hast du eine richtig gute Idee gehabt!", lobte Sophie ihre Schwester. „Aber sag mal, wieso bist du überhaupt hierhin gekommen?"

„Ich habe dich so beneidet, als du in Gijón weiter gewandert bist. Meine Pilgerreise war so abgebrochen. Ich hatte das Gefühl, sie ist unvollständig. Den Rucksack habe ich zu Hause in eine Ecke gestellt und jeden Tag angeschaut. Ich habe die Sachen gewaschen, und sie sofort wieder eingepackt." Dass sie ihn sogar mit an den Bodensee genommen hatte, würde sie ihrer Schwester später erzählen, und auch, dass all dies für sie ein Teil ihres Pilgerweges war.

„Und jetzt?", fragte Sophie.

„Habe ich ein gutes Gefühl."

„Richard und Fritz sind übrigens auch hier. Sie freuen sich schon, dich kennenzulernen."

Die beiden Männer standen vor dem Papstdenkmal inmitten einer Gruppe außergewöhnlicher Motorbiker in schwarzer Lederkleidung und roten Warnwesten. Jeder von ihnen hatte ein Handikap. Die Fahrzeuge waren alle behindertengerecht gefertigt und boten die unterschiedlichsten Möglichkeiten der Fortbewegung. Die ersten Motoren knatterten bereits. Nacheinander rollten zwanzig Prototypen bergab auf Santiago zu. Ein medizinisches Begleitfahrzeug fuhr hinter ihnen her.

„Finde ich toll", sagte Fritz, „dass so etwas heute möglich ist."

„Ja, das ist wirklich beeindruckend", meinte auch Richard.

Sophie und Manu gingen langsam auf die Männer zu, während der außergewöhnliche Konvoi an ihnen vorbeirauschte.

„Das ist meine Schwester Manu", stellte Sophie sie wenig später vor.

Richard streckte ihr seine Hand entgegen.

„Du bist also Sophies große kleine Schwester!", spielte Fritz lachend auf den Größenunterschied an.

Sophie erzählte in wenigen Sätzen von Manus spontanem Entschluss, mit ihr in Santiago de Compostela anzukommen, um ihre Pilgerreise „richtig" abzuschließen. Ein Gruppenfoto vor dem Denkmal gehörte unbedingt dazu.

Dann schlossen sie sich den vielen Pilgern an, die alle das gleiche Ziel hatten. Gemeinsam wanderten sie über eine große Umgehungsstraße, überquerten eine Autobahn und eine Vielzahl von Bahngleisen.

Sophie fühlte sich einmal mehr wie ein Dino. Sie war dem Lärm und der Hektik der Großstadt fünf Wochen lang aus dem Weg gegangen. Jetzt stürmte das alles umso intensiver auf sie ein. Nur die Freude über die Gesellschaft ihrer drei Begleiter und die Vorfreude auf das Ankommen ließen das alles in den

Hintergrund treten. Gemeinsam folgten sie den zahlreichen Muscheln, die auf dem Gehweg eingelassen waren.

„Da ist sie!" Sophie blieb stehen und zeigte mit dem Finger auf die Turmspitze der Kathedrale. Die Müdigkeit wich urplötzlich aus ihren Füßen. Sie waren in der Altstadt von Santiago de Compostela angekommen! Nur wenige hundert Meter trennten sie noch von ihrem Ziel. Sie lüpfte ihr Handy und fotografierte den Anblick der alten Häuser, über die der Kirchturm ragte. Dann hakte sie sich bei Manu ein. Arm in Arm gingen sie weiter. Die beiden Männer liefen mit kurzem Abstand vor den Frauen her.

„Es ist ganz komisch", sagte Sophie. „Einerseits freue ich mich, dass ich angekommen bin, andererseits bin ich traurig, dass diese wunderbaren Wochen zu Ende gehen."

Lautes Rufen unterbrach ihre Gedanken und Gefühle.

„Hallo Sophie!", schallte es ihr aus den weit geöffneten Glastüren einer Bar entgegen.

Vier junge Leute, unter ihnen Nadine, die Mutter des kranken Kindes, die sie in Roxica kennengelernt hatte, winkten ihr zu. Verschwitzt und übernächtigt saßen sie vor großen Kaffeetassen. Sophie ging zu ihnen.

Sie überschlugen sich gegenseitig mit ihren Erzählungen. In der Herberge in Arzúa waren sie mit Event-Touristen zusammen gekommen, die sich etwa so geäußert hätten: „Ja, wir machen hier in der Nähe Urlaub, und da haben wir uns gedacht, wir wandern mal zehn Kilometer auf dem Jakobsweg. Wenn man schon hier ist, muss man das ja auch mal mitgemacht haben!"

Die Unruhe in der Herberge sei schrecklich gewesen, weil eben diese Leute offensichtlich keinen Schlaf brauchten. Um nicht mit den Touristen wandern zu müssen, seien sie dort sehr früh morgens wieder aufgebrochen.

„Trotzdem sind uns tagsüber ja noch genügend von ihnen begegnet." Nadine meinte, auf dem letzten Stück des Caminos seien mehr Touristen als Pilger unterwegs gewesen. „Das war einfach nicht mehr unser Jakobsweg!"

Um dem Rummel zu entfliehen, seien sie die ganzen sechzig Kilometer in einem Rutsch durchgelaufen, hätten nur kurz auf den Bänken eines Picknickplatzes ein wenig geschlummert.

Nadine zeigte ihre schmutzigen Füße. Die Zehen schauten blutig aus den Sandalen heraus. „Ich bin sooo stolz, meinen Weg geschafft zu haben", sagte sie, „und werde gleich ganz glücklich und dankbar in der Kathedrale zu Jakobus beten."

„Treffen wir uns morgen zum Pilgergottesdienst in der Kathedrale?", fragte Sophie.

„Ja, wir sehen uns!"

Sophie ging zu ihrer Schwester zurück. Sie erzählte ihr, was sie gerade gehört hatte. „Ich kann die vier gut verstehen. Pilgern ist eine spirituelle und ganz persönliche Angelegenheit. Seine Vermarktung als Event und Party geht eigentlich gar nicht. Trotzdem wird es versucht und scheint sogar zu funktionieren. Du kannst dir nicht vorstellen, was sich auf den letzten Kilometern alles so tummelt!" Sie hing sich wieder bei Manu ein. „Wir müssen damit zurechtkommen. Es ist unsere Zeit. Umso größer ist die Herausforderung, trotzdem den eigenen Weg zu finden."

Manu seufzte. „Ja, so ist es wohl."

Am Pilgertor warteten Richard und Fritz auf die Schwestern.

„Man darf die Rucksäcke nicht mehr mit in die Kathedrale nehmen", wusste Fritz.

„Dann fragen wir, ob wir sie in der Hospedería abstellen können", schlug Sophie vor. „Die ist gleich neben der Kathedrale. Dort habe ich für uns ein Zimmer gebucht."

„Aber bitte noch nicht sofort!", bat Manu. „Ohne das Ungetüm auf dem Rücken bin ich nur eine halbe peregrina. Ich bin zwar auch nur die halbe Strecke gelaufen, möchte aber meinen Rucksack noch nicht hergeben."

„Ehrlich gesagt, ich auch nicht. Das geht mir plötzlich alles viel zu schnell!", sagte Sophie.

Auf dem Praza do Obradoiro blieben sie stehen und schauten hoch zum eingerüsteten Hauptportal der Kathedrale. Kleine Pilgergruppen lagerten neben ihrem Gepäck auf dem großen Platz.

„Ich möchte mich auch einen Moment setzen", sagte Sophie und ließ sich auf den von der Sonne gewärmten Pflastersteinen nieder.

„Was ist mit euch?", fragte sie und lehnte ihren Rücken gegen den Rucksack. Die Männer zögerten.

„Wir bummeln einmal um die Kathedrale und suchen den Eingang, weil die Hauptpforte ja geschlossen ist", sagte Fritz und gähnte: „Wenn ich mich jetzt auf den Boden setze, komme ich nicht mehr hoch."

„Männer!" Manu lachte und streckte sich lang aus. „Herrlich!"

Sophie war mit sich beschäftigt, hatte die Augen geschlossen und spürte die Sonnenstrahlen in ihrem Gesicht. Ihre Pilgerreise neigte sich dem Ende zu. Sie konnte es noch gar nicht glauben. Mehr als achthundert Kilometer war sie zu Fuß unterwegs gewesen. Jetzt musste sie im Hier und Jetzt ankommen.

Die Männer kamen von ihrem Rundgang zurück. Gemeinsam gingen sie zum Seminario Mayor. Sophie und Manu meldeten sich an der Rezeption der Herberge an. Alle konnten ihre Rucksäcke unterstellen.

Papst Franziskus hatte für dieses Jahr das Heilige Jahr der Barmherzigkeit ausgerufen. Aus diesem Anlass war die Seitenpforte am Praza da Quintana geöffnet worden. Durch die Heilige Pforte gelangten Sophie, Manu, Richard und Fritz in das Querschiff der Grabeskirche des heiligen Apostels.

Sophie und Manu setzten sich vor den üppig vergoldeten Hauptaltar, hinter dem eine mit Edelsteinen verzierte Jakobusstatue von Pilgern umarmt wurde. Unter ihr ruhten die Gebeine des Heiligen in der Krypta.

„Erst mit dieser Umarmung ist die Pilgerreise beendet", flüsterte Sophie ihrer Schwester zu.

„Na, dann komm!", forderte Manu sie auf.

Sie reihten sich ein in die Schlange, die hinter dem Altar darauf wartete, die schmale Treppe hinaufzusteigen. Sophie dachte an Martin, mit dem sie bereits einmal hier gestanden hatte. Er war bei ihr, als sie ihre Hände auf die abgewetzten Schultern der goldenen Figur legte. Es war ein etwas vertrauter und doch einmaliger Augenblick. Wieder ging etwas zu Ende, damit etwas Neues beginnen konnte.

Manu hielt sich dicht an ihre Schwester. Sie war verunsichert, wollte aber ausprobieren, ob solch ein Kult etwas in ihr auslösen würde. Behutsam ließ sie ihre Hände über das Gold und Silber der Statue gleiten. Es war ein symbolträchtiger Moment, den sie nicht einordnen konnte.

Dagegen war sie fasziniert von der Größe der Kathedrale und seiner tausendjährigen Geschichte, die sich in gotischer, romanischer und barocker Baukunst widerspiegelte. Die Fülle ausdrucksstarker Skulpturen, die filigranen Steinmetzarbeiten und prächtigen Seitenkapellen begeisterten sie.

Sophie fühlte sich von all der Pracht fast erschlagen. In der schlichten Marienkapelle setzte sie sich in die erste Reihe. Sie suchte in ihrem Innern nach einem Gefühl des Angekommenseins. Aber da war viel zu viel Unruhe und Aufregung. Der Gedanke an den heutigen Abend bei Justus und Felicitas ließ sie nicht ruhig werden.

Draußen warteten Richard und Fritz. Gemeinsam gingen sie zum Seminario Mayor. Die Männer nahmen ihre Rucksäcke wieder in Empfang, Sophie und Manu bekamen den Zimmerschlüssel.

„Wir gehen jetzt zum Pilgerbüro, um unsere Pilgerurkunden zu holen", sagte Fritz. „Kommt ihr mit?"

Manu sah Sophie fragend an. „Manu bekommt ja keine. Ihr fehlen die letzten einhundert Kilometer bis Santiago", antwortete Sophie, „und ich gehe morgen früh, wenn nicht so viel Betrieb ist."

„Okay. Dann sehen wir uns um 18.00 Uhr bei Justus in der Fuente de San Antonio, gegenüber der Bushaltestelle."

Das Leben der anderen

Sophie legte ihre Arme auf den schmalen Sims und schaute über die Dächer von Santiago. In der Ferne zogen weiße Wolken über grünes Hügelland. Sie zog das Badetuch fester um ihren Körper und legte sich auf das Bett neben dem Fenster. Sie hörte, wie Manu unter der Dusche ein Lied trällerte.

Dabei fiel ihr ein, dass sie ihr noch gar nichts von dem morgigen Ausflug nach Finisterre erzählt hatte. Schön wäre es schon, wenn sie beide mitfahren könnten. Aber erst einmal musste sie sehen, was der heutige Abend bringen würde.

Sie räkelte sich und streckte sich lang aus, bevor sie die Augen schloss.

Manu kam aus dem Bad und ließ sich auf das andere Bett fallen. „Schläfst du schon?", flüsterte sie.

„Fast!", schwindelte Sophie.

„Ich würde dir gerne noch etwas erzählen, bevor wir zu Justus gehen", sagte Manu.

„Schieß los, ich hör dir zu", sagte Sophie ohne die Augen zu öffnen.

„Ich war doch am Bodensee", begann Manu.

„Und hast Tim getroffen", vollendete Sophie den Satz.

„Ja! Und das war sehr schön. Aber das erzähle ich dir ein anderes Mal. Zuerst will ich dir von meinem Besuch bei Karsten und seinem Lebensgefährten berichten."

Sophie schnellte in die Höhe. „Warst du auch in Lindau?"

„Ja!"

„Und warum?"

„Ich wollte mehr über Martin und seine Geldgeschäfte herausfinden." Manu wartete gespannt auf die Reaktion ihrer Schwester. Aber die fragte nur: „Und, hast du?", und legte sich wieder hin.

„Also", begann Manu, „dass Martin nicht bisexuell war, hat auch Karsten bestätigt. Aber wusstest du, dass Justus´ Schwester Felicitas und deinen Mann ein Geheimnis verband? Und dass er sie und ihren Mann in den letzten Jahren immer wieder in der Schweiz besucht hat?"

„Ich weiß, dass Felicitas Martins Jugendliebe war", sagte Sophie und stützte ihren Oberkörper mit den Ellbogen ab. „Fritz hat es erzählt."

„Na, das passt ja", kombinierte Manu. „Weißt du, dass ihr Mann Selbstmord begangen hat?"

„Nein!"

„Ich frage mich, warum Martin in den letzten Jahren so oft in die Schweiz gefahren ist."

„Er hatte beruflich dort zu tun." In Sophies Gesicht zuckte es. „Ich weiß genau, was du jetzt denkst. Aber das stimmt nicht. Felicitas war glücklich verheiratet und Martin auch!"

Manu runzelte die Stirn, sagte aber nichts.

„Hat Karsten gesagt, warum Bernhard sich umgebracht hat?", fragte Sophie.

„Er ist angeblich nicht damit klar gekommen, dass er seiner geliebten Tochter nicht helfen konnte, nachdem sie einen schweren Motorradunfall hatte. Das hat ihm seine Tante Fe erzählt."

„Hat er auch ‚angeblich' gesagt?"

„Ich glaub nicht."

„Dann wird das auch so sein!", sagte Sophie und sank zurück auf die Matratze. „Ich werde heute Abend Felicitas fragen, und will jetzt keine Hirngespinste mehr spinnen. Trotzdem danke!"

Sophie drehte sich auf die Seite und schloss die Augen. Egal, was sie heute Abend noch erfahren würde, sie wollte versuchen, es mit der Gelassenheit anzunehmen, die ihr der Weg geschenkt hatte.

Die Klingel an der Wohnungstür schrillte laut durch das alte Treppenhaus. Sophie und Manu hörten feste Schritte über einen Steinfußboden laufen. Eine rundliche Frau mit freundlichen Augen öffnete ihnen die Tür. Ihre grauen Haare waren raspelkurz geschnitten, über die weiße Bluse hatte sie eine grau-weiß gemusterte Schürze gebunden.

„Ihr müsst Sophie und Manu sein! Herzlich willkommen!" Ihr Händedruck war fest. „Ich bin Felicitas."

Richard und Fritz saßen bereits mit Justus und Pablo im Wohnzimmer. Das Mobiliar war aus den Siebzigern, der braun-grün gestreifte Stoff auf den Sesseln verschlissen. Der in die Jahre gekommene Parkettboden glänzte, der silberne Kerzenleuchter auf dem großen Esstisch auch. Die weiße Tischdecke war frisch durch die Mangel gezogen.

Justus begrüßte sie mit einem Glas Sekt.

Felicitas band ihre Schürze ab und stellte den mitgebrachten Blumenstrauß in eine Vase.

„Ich freu mich sehr, dich endlich kennenzulernen", prostete sie Sophie zu. „Oh, Entschuldigung. Du bist doch damit einverstanden, dass wir uns duzen?"

„Ja, natürlich!"

Sophie empfand Sympathie für Felicitas, deren unkomplizierte Art ihre Aufregung schnell zunichte machte. Sie aßen Tapas zum Sekt und tranken Rotwein zur Paella, erzählten Geschichten über das Pilgern und das Leben in Deutschland, der Schweiz und Spanien. Nur über Martin sprachen sie nicht.

Sophie wurde immer schweigsamer. Sie suchte nach dem richtigen Moment, um ihre Fragen stellen zu können. Sie half Felicitas beim Abräumen des Essgeschirrs und verteilte Espresso und Tarta de Santiago auf dem Tisch. Manu flüsterte ihr im Vorbeigehen „Nun frag schon!" zu.

Als sie Richard die kleine Tasse reichte, sah er sie fragend an: „Alles in Ordnung, Sophie?"

„Ja und Nein", erwiderte sie und freute sich über sein feines Gespür. Sie wartete, bis auch Felicitas sich wieder hingesetzt hatte.

„Ich würde euch gerne etwas fragen", begann sie. „Es gibt da etwas in Martins Nachlass, das ich nicht verstehe. Es wäre möglich, dass ihr die Sache aufklären könnt." Sie sah zu Felicitas, die sie aufmunternd anlächelte.

„Nur zu", forderte sie Sophie auf. „Es gibt keine Geheimnisse!"

Sophies Nervosität wich. Sie erzählte von den Überweisungsbelegen an MATI, die sie in Martins Unterlagen gefunden hatte, und fragte in die Runde, ob jemand wüsste, warum und an wen Martin fünf Jahre lang so viel Geld gezahlt habe.

Sie registrierte die fragenden Blicke zwischen Justus und Felicitas.

„Das weißt du nicht?", fragte Justus ungläubig.

Felicitas war genauso erstaunt. „Hat dir Martin nie von Matilda erzählt?"

Sophie fühlte sich schlecht. „Nein! Ich wusste bis vor kurzem noch nicht einmal, dass es sie gibt, beziehungsweise gab", erwiderte sie.

„Ich fass es nicht!" Felicitas war entrüstet. „Das ist einfach unglaublich! Dieser Feigling!" Fassungslos schüttelte sie mit dem Kopf.

Justus stand auf und holte eine Flasche Grappa aus dem Schrank. Kommentarlos stellte er ein Glas vor Sophie auf den Tisch.

Felicitas räusperte sich. „Ich werde dir alles erzählen. Von Anfang an. Du darfst mich ruhig unterbrechen, wenn du Fragen hast."

Sie sprach von ihrer Jugendliebe zu Martin und ihrer Hochzeit mit Bernhard. Von ihrer langen Kinderlosigkeit und Matildas glücklicher Geburt nach acht Ehejahren. Immer wieder betonte sie ihre große Liebe zu Bernhard und ihrer Tochter. Doch dann geschah der schreckliche Unfall.

Im Sommer 2009 hatten die vier Freunde eine Mountainbike-Tour in der Schweiz gemacht und den letzten Tag in Sankt Gallen verbracht. Justus hatte sich bereits am Spätnachmittag verabschiedet und seine Heimreise nach Spanien angetreten. Deshalb fehlte den anderen für die abendliche Doppelkopfrunde der vierte Mann. Matilda war gerade bei ihren Eltern zu Besuch. Sie mochte dieses Kartenspiel und freute sich, als Spielerin einspringen zu können.

Matilda war eine lebensfrohe, junge Frau und Studentin der Tiermedizin. Sie genoss das Spiel in der Männerrunde. Sie zockte und pokerte und trank mehrere Gläser Bier. Eigentlich war das kein Problem, denn sie hatte bis zum Haus ihrer Eltern nur ein paar Minuten zu gehen.

Dann klingelte jedoch ihr Handy. Ein verzweifelter Bauer bat um ihre Hilfe. Er konnte den tierärztlichen Notdienst nicht erreichen. Es gab Probleme mit einer kalbenden Kuh. Das Kälbchen lag offensichtlich verkehrt im Bauch seiner Mutter und konnte den Ausgang nicht finden. Ein Martyrium für Kuh und Kalb.

Matilda wollte sofort mit ihrem Motorrad losfahren, doch die Männer hinderten sie daran. Stattdessen versuchten sie telefonisch, einen Tierarzt zu erreichen. Leider vergeblich. Sie brachen die laufende Doppelkopfrunde ab, und Matilda verabschiedete sich. Martin begleitete sie nach draußen. Sie versuchte noch einmal, den Notdienst zu erreichen. Wieder meldete sich niemand.

„Ich werde fahren. Ich habe doch nur drei Gläser Bier getrunken!", beschloss sie und lief im Dauerlauf nach Hause, um ihr Motorrad zu holen.

Martin hatte resignierend die Schultern gezuckt und war zu seinen Freunden zurückgekehrt.

Felicitas fuhr fort: „Matilda war eine erwachsene junge Frau, die er kaum kannte. Warum sollte er sich für sie verantwortlich fühlen?" Sie schaute Sophie fragend an. „Ich glaube, dass seine

Selbstvorwürfe erst viel später kamen. Nämlich als feststand, dass Matilda nie mehr ganz gesund werden würde und den Rest ihres Lebens im Rollstuhl verbringen müsste. Sie war auf dem Weg zum Bauernhof von der Straße abgekommen und schwer verunglückt. Vier Jahre später ist sie an den Spätfolgen des Unfalles gestorben."

Felicitas schnäuzte sich, ansonsten war es still.

Sophie dachte nach. „Ich weiß, dass er vor einigen Jahren einen Tag später als geplant von seiner Männertour zurückgekommen ist", sagte sie. „Er hat damals auch von einem Unfall erzählt. Aber nicht, dass er das Unfallopfer oder seine Familie persönlich kannte. Oder dass er sich Vorwürfe macht, weil er die junge Frau nicht vom Fahren abgehalten hatte. An so etwas erinnere ich mich nicht." Dann sah sie Felicitas an. „Ich meine, er hat erzählt, dass er Blut für das Unfallopfer gespendet hat. Kann das sein?"

„Ja, das hat er. Am nächsten Tag. Noch bevor er nach Hause gefahren ist. Die Reserven im Krankenhaus waren nicht ausreichend, und er hatte die gleiche Blutgruppe wie Matilda. Meine Venen sind zu schlecht und Bernhard hat eine andere Blutgruppe."

Sophies Herz hämmerte aufgeregt. „Ist sie seine Tochter?"

„Nein", antwortete Felicitas ruhig, „aber ich habe auf diese Frage gewartet." Sie richtete ihren Blick fest auf Sophies Augen und griff nach ihrer Hand. „Nein! Bernhard war Matildas Vater." Sie machte eine Atempause. „Martin war nur der Samenspender."

„Was?" Sophie erstarrte. Einen Moment herrschte Totenstille.

Sophie löste ihre Hand aus der von Felicitas und griff zum Glas. Sie schluckte den Grappa auf einmal hinunter. Dann blickte sie zu Manu, die schweigend vor sich hin stierte.

„Warum?", fragte sie in die Stille.

„Wir hätten ohne seine Hilfe kein Kind bekommen können", antwortete Felicitas.

Sophies Gedanken und Gefühle fuhren Achterbahn. Erleichterung kämpfte gegen Misstrauen. Verständnis gegen Unwissenheit. Fragen türmten sich auf Fragen.

Sie hörte Felicitas' Stimme: „Wir waren ihm damals sehr dankbar, dass er uns geholfen hat. Auch für ihn war Bernhard

Matildas Vater. Er hatte keinerlei Beziehung zu ihr. Das musst du mir glauben."

„Ich kann das bestätigen", mischte sich Justus ein.

„Hast du ihn um das Geld gebeten?", fragte Sophie Felicitas.

„Nein! Er hat es uns angeboten", antwortete Felicitas. Ihr war diese Frage unangenehm. „Ich kann nicht verstehen, dass er nicht mit dir darüber gesprochen hat!" Sie machte sich keine Mühe, den vorwurfsvollen Unterton in ihrer Stimme zu verbergen. „Bei so viel Geld!"

Sophie vergrub ihr Gesicht in den Händen. Langsam streichelten ihre Finger über die Schläfen und an den Wangenknochen entlang. Dann hob sie den Kopf und ließ ihre Hände mit einem Seufzer in den Schoß sinken.

„Ich verstehe es auch nicht!", sagte sie ratlos.

Felicitas redete weiter. „Die Arzt- und Arzneimittelkosten für Matilda waren sehr hoch. Wir hätten die zusätzlichen Therapien und Medikamente für sie nicht bezahlen können. Nach Bernhards Tod war für mich die finanzielle Situation noch prekärer. Martin hat gesagt, er habe Geld von seinen Eltern geerbt, das ihr momentan nicht brauchen würdet. Er könnte uns damit aushelfen. Wir waren ihm sehr dankbar dafür und haben sein Angebot angenommen. Eigentlich sollte es bei den ersten zehntausend bleiben. Aber als ich nur noch die Witwenrente hatte…" Felicitas schwieg. Sie machte ein bedauernswertes Gesicht.

Sophie kniff die Lippen zusammen. Sie musste nachdenken. Angespannte Stille schwebte durch das Zimmer.

Sophie räusperte sich. „Ist schon in Ordnung", sagte sie entschlossen.

„Ich werde es dir zurückzahlen", versprach Felicitas und zögerte einen Moment, bevor sie den Satz beendete, „allerdings in kleinen Raten."

Sophie überlegte nicht mehr lange. „Es war Martins Geld, und er hat es für seine Tochter ausgegeben", sagte sie mit fester Stimme. „Das war sein Wille, und ich werde ihn nicht anfechten."

Felicitas kämpfte mit den Tränen. Sie erhob sich vom Stuhl und umarmte Sophie. „Danke!", flüsterte sie.

Als sie sich wieder hingesetzt hatte, schaute Sophie zu den Männern. „Kann mir vielleicht einer von euch erklären, warum mir Martin das alles nicht selbst erzählt hat?"

Justus antwortete: „Weil er Angst hatte, dass du ihn verlassen könntest, so wie seine erste Frau. Sie hat ihm nicht geglaubt, dass ich ‚nur' sein Freund war und nicht mehr. Er befürchtete, dass du die Richtigkeit seiner Entscheidung zur Samenspende nicht teilen würdest, wenn er dir erzählen würde, dass Felicitas ihm einmal nahe gestanden hatte. Ihr hattet euch damals doch gerade erst kennengelernt! Er fand, dass das mit eurer Beziehung nichts zu tun hatte, da er für das Kind anonym bleiben würde. Er hatte danach ja auch jahrelang keinen Kontakt mehr zu Felicitas und Bernhard." Justus hob beide Arme. „Also, was sollte er sich Probleme schaffen, die nicht sein mussten."

„Ich verstehe", nickte Sophie. Doch dann wandte sie ein: „Aber später, nach dem Unfall, als er den Kontakt wieder aufgenommen hatte, da hätte er doch mit mir reden können!"

Felicitas übernahm wieder das Wort. „Ja, das hätte er. Aber scheinbar war es ihm wichtig, dass niemand außer ihm und mir von seiner biologischen Vaterschaft wusste. Dazu erzähle ich dir noch etwas. Bernhard und ich hatten uns überlegt, Matilda an ihrem achtzehnten Geburtstag zu erzählen, dass sie noch einen genetischen Vater hat. Deshalb hatten wir Karsten mit seinem Vater eingeladen. Es war die einzige Möglichkeit, mit Martin darüber zu sprechen und ihn um sein Einverständnis zu bitten. Wir haben uns die Entscheidung nicht leicht gemacht, das kannst du mir glauben. Gemeinsam haben wir dann allerdings beschlossen, es ihr doch nicht zu sagen. Deshalb hielt Martin es wohl für besser, dir auch später nichts davon zu erzählen."

Sophie verstand. Und doch betrübte sie die Einsamkeit von Martins Entschlüssen.

Sie hatte plötzlich das Bedürfnis, allein zu sein. Ihre Gefühle waren wie ein vom Sturm aufgewühltes Meer, das beruhigt werden wollte.

Mitten in dieser Unruhe fiel ihr ein Gebet ein: „Gott, gib mir die Gelassenheit, die Dinge hinzunehmen, die ich nicht ändern kann, …"

Sie hob die Augen und begegnete Felicitas' dankbarem Blick.

„… den Mut, die Dinge zu ändern, die ich ändern kann…"
Sie spürte Martins Geist und wusste, dass sie in seinem Sinne entschieden hatte.
„… und die Weisheit, das eine vom anderen zu unterscheiden."
Felicitas reichte ihr wortlos ein Taschentuch. Sophie wischte sich die Tränen aus dem Gesicht und sah sie an. „Darf ich dich noch etwas fragen?"
„Natürlich."
„Warum hat dein Mann sich umgebracht?"
„Er litt unter Depressionen. Nach Matildas Unfall wurden sie besonders schlimm. Er ist nicht damit fertiggeworden, dass sie nie mehr gesund werden würde."
Als Sophie kurze Zeit später mit ihrer Schwester durch die belebte Altstadt zur Herberge ging, sagte Manu: „Ich bewundere dich. Ich glaube nicht, dass ich an deiner Stelle genauso gehandelt hätte."

Am Ende der Welt

Manu stand am Frühstücksbuffet und wartete darauf, dass ihr Brot geröstet wurde. Ein Mann betrat den großen Raum, sah sich um, lächelte und stellte sich hinter sie. Er tippte ihr auf die Schulter, so dass sie sich umdrehte.
Sophie beobachtete das von ihrem Platz aus und sah, wie Manu und Simon sich umarmten.
„Da, sieh mal einer an", dachte sie, „ob er wohl auch ein Grund für ihren Kurztrip nach Santiago war?"
Manu stand die Überraschung noch ins Gesicht geschrieben, als sie sich an den Tisch setzte. Nein, sie hatte nicht gewusst, dass Simon auch hier sein würde, erklärte sie.
„Es ist wirklich reiner Zufall, dass wir uns jetzt hier treffen", bestätigte Simon. „Ich wusste zwar, dass Manu an diesem Wochenende kommen wollte, aber ich wusste noch nicht genau, an welchem Tag ich in Santiago ankommen würde. Wir wollten uns kurzfristig verabreden."
„Es gibt keine Zufälle!", sagte Sophie. „Das ist die Kraft des Caminos."

Um 12.00 Uhr begann der Pilgergottesdienst. Eine halbe Stunde vorher war die Kathedrale bereits bis auf den letzten Platz besetzt. Viele Besucher standen in den Seitenschiffen. Pilger und Touristen mit unterschiedlichen Hautfarben und verschiedenen Nationalitäten hatten sich versammelt, um gemeinsam den Gottesdienst zu feiern. Die Anzahl der registrierten Pilger und ihre Herkunftsländer wurden vorgelesen. Es waren fast eintausend Menschen aus mehr als dreißig Ländern am vergangenen Tag in Santiago de Compostela angekommen.

Felicitas, Justus und Paolo hatten es sich nicht nehmen lassen, ebenfalls am Pilgergottesdienst teilzunehmen. Manu, Sophie und Felicitas saßen nebeneinander. Die Männer hatten in der Reihe hinter ihnen Platz gefunden. Sophie fühlte sich wie in eine neue, große Familie eingebunden.

Eine Nonne mit einer engelsgleichen Stimme trat vor das Mikrophon und begann zu singen. Sie forderte alle auf, den Lobgesang in lateinischer Sprache mitzusingen „Laudate omnes gentes, laudate dominum".

Der feierliche Gottesdienst, die Orgelmusik und das gemeinsame Singen zum Lobe Gottes bereiteten Sophie wohlige Schauer. Sie hörte Manu und Felicitas mit kräftiger Stimme mitsingen.

Sie konnte nicht verhindern, dass ihre Gedanken immer wieder beim gestrigen Abend landeten. Beide Frauen neben ihr hatten Martin eine Zeit lang mit ihrer Liebe begleitet. Er war für jede von ihnen ein wichtiger Mensch in ihrem Leben gewesen. Sie fühlte, dass beide auch ihre Trauer teilten.

Martin hatte sie weder belogen noch betrogen. Ihre schlimmsten Befürchtungen hatten sich nicht bewahrheitet. Trotzdem nagte sein Alleingang an ihr. Er hatte sie von diesem Teil seines Lebens ausgeschlossen.

Wir können einen Menschen noch so sehr lieben und glauben, ihn zu kennen, dachte sie, auf den Grund der Seele eines anderen kann jedoch niemand schauen. Jeder von uns hat sein eigenes Ich und sein eigenes Leben. Jeder trifft seine eigenen Entscheidungen. Und jeder hat Gründe dafür, die ihm wichtig sind. Ich muss Martins Beweggründe und Entscheidungen akzeptieren. Auch, wenn ich seine Verschwiegenheit nicht nachempfinden kann und mich gekränkt fühle. Arbeiten kann ich nur an mir selbst, und verändern kann ich nur mein eigenes Tun. Gott, Du führst mich auf verschlungenen Pfaden. Es fällt mir nicht immer leicht, Dir zu vertrauen. Aber ich bitte Dich, schaffe Frieden in meinem Herzen!

Am Ende des Gottesdienstes wurde der Botafumeiro, das große Weihrauchfass, von sechs Männern durch das vierundneunzig Meter lange Querschiff geschwenkt. Früher sollte dieses Spektakel den Schweißgeruch der Pilger vertreiben. Heute war dieser Brauch, gemeinsam mit der feierlichen Orgelmusik, ein grandioser Abschluss der Feierlichkeiten.

Sophie wischte ihre Tränen ab und umarmte Manu und die anderen Freunde, die hinter ihr standen.

Die kleine Koreanerin, die vor ihnen saß, wollte ebenfalls alle umarmen. Sie küsste Sophie auf die Wange und flüsterte ihr „Thank you, I am so happy" ins Ohr. Sophie war tief berührt von der überschwänglichen Geste der Frau.

„I am so happy, too", antwortete sie und hielt die fremde peregrina in ihren Armen.

Auf dem Praza do Obradoiro überragte ein großer Afrikaner die Menschen, die in kleinen Gruppen beisammen standen. An seiner Seite blinzelte eine schlanke Wanderin gegen die Sonne zur Kathedrale hoch. Zwei Wanderrucksäcke lagen neben ihr auf dem Boden. Sophie erkannte Barbara und rief ihren Namen. Humpelnd kam sie ihr entgegen gelaufen und streckte beide Arme nach ihr aus, um sie stürmisch zu begrüßen.

„Wie schön, dass du es bis hier geschafft hast!", freute sich Sophie.

„Ja, ich bin auch sehr glücklich darüber", gestand Barbara.

„Was ist mit deinem Bein passiert?", wollte Sophie wissen.

Barbara erzählte, dass sie ungefähr zehn Kilometer vor Santiago über eine Baumwurzel gestürzt sei. Der junge Afrikaner habe ihr aufgeholfen und darauf bestanden, ihren Rucksack zu tragen. So war er, bepackt mit einem Rucksack auf dem Bauch und einem auf dem Rücken, in Santiago angekommen. Barbara reckte sich und klopfte ihm anerkennend auf die Schulter. Seine weißen Zähne strahlten beim Lachen mit seinen Augen um die Wette.

Sie beschlossen, am Abend alle gemeinsam essen zu gehen. Sophie und Manu wollten jetzt zu den Markthallen. Richard, Fritz und Simon waren bereits ein Stück auf der Rùa vorausgegangen. Viele Menschen waren hier unterwegs oder saßen gemütlich vor einer der zahlreichen Bars in der Sonne, um zu essen oder zu trinken. Die Schwestern beobachteten, dass die Männer an einem Tisch stehen blieben und zwei Gäste umarmten.

„Wie war das?", fragte Manu. „Auf dem Camino…"

„… trifft man sich immer mehrmals", vollendete Sophie den Satz und begrüßte Gerd und Irene.

„Es ist so schön, euch alle hier in Santiago wiederzusehen!" Gerds Augen leuchteten. Auch er und seine Frau versprachen, heute Abend dabei zu sein.

„Ich reserviere am besten einen Tisch für zehn Personen", sagte Richard und tippte die Telefonnummer des Restaurants ein.

Die gute Laune, die Herzlichkeit, das Miteinander, das Wohlwollen und das Vertrauen, das sich die peregrinos entgegenbrachten, strömten durch die Gassen der alten Pilgerstadt. Die Freude der vielen hundert Pilger, ihr Ziel erreicht und die körperlichen Strapazen überstanden zu haben, sprang über auf alle Menschen. Überall hörte man ihr heiteres Lachen.

Manu spürte die positiven Energien, die hier freigesetzt wurden. Sie konnte verstehen, dass Simon einige Menschen fragte, ob er sie fotografieren dürfe. Immer waren es Pilger, die schwer bepackt gerade in Santiago ankamen. Sie hatten das Ziel vor Augen und trugen die Fülle der vergangenen Wochen in ihren Gesichtszügen.

„Die Atmosphäre in Santiago ist eine ganz besondere", sagte Richard in diesem Moment. „Ich bin immer glücklich, wenn ich hier durch die herrlichen alten Straßen laufe und in die vielen fröhlichen Gesichter schaue."

„Selbst die Marktverkäufer strahlen auf mich diese herrliche Gelassenheit aus. Hektik scheint ihnen unbekannt zu sein", meinte Sophie.

„Schade, dass meine Frau nicht dabei ist", bedauerte Fritz. „Ich werde ihr später ein paar Fotos schicken."

Als er das sagte, spürte Sophie den Stein in ihrer Brust. Allerdings fühlte er sich anders an. So, als sei über Nacht eine weitere, große Zacke von ihm abgefallen. Die Zacke ihrer Verdächtigungen und Phantasien. Irgendwo hatte sie einmal gelesen, dass Trauer wie ein dicker Felsbrocken ist, unter dem man begraben wird. Um nicht zu ersticken, fängt man an, ihn zu zerhacken, immer weiter und weiter. Das letzte Stückchen allerdings trägt man stets mit sich herum. Aber dieses Stückchen Trauer in ihr war jetzt rund und klar geworden. Die schmerzenden Spitzen waren verschwunden.

„Hast du Lust, heute Abend vor unserem Treffen mit mir in ein Konzert zu gehen?", durchbrach Richard ihre Gedanken. „Um 18.00 Uhr singen die Domchorknaben in der Kathedrale."

„Oh ja, das würde ich gerne", erwiderte Sophie. „Will von den anderen niemand mit?"

„Nein! Fritz macht sich nichts aus Kirchenmusik, Manu und Simon wollen ins Pilgermuseum. Wir treffen uns dann zum Essen mit ihnen."

Es gab noch freie Plätze in der ersten Reihe des Seitenschiffes. Sophie musste an Richard vorbeigucken, wenn sie die Chorknaben und den Dirigenten sehen wollte. Verstohlen musterte sie sein braun gebranntes Profil. Den in fünf Wochen gewachsenen grauen Bart, in dem die Lachfalten verschwanden, die knorrige Nase, seine hohe Stirn und die dunklen Löckchen im Nacken. Sie fühlte sich wohl neben ihm.

Er bemerkte ihren Blick und lächelte sie an.

Sophie schloss die Augen und ließ den A-cappella-Gesang der jungen Stimmen in sich hineinfließen. Sie spürte das Auf- und Abschwingen der Töne und die Schönheit des Klanges. Dabei bemerkte sie nicht, wie sie sich immer mehr an Richard anlehnte. Als das Stück verklungen war, setzte sie sich wieder gerade hin und begann wie wild zu klatschen.

„Das war schön!", flüsterte Richard ihr zu.

Sophie sagte nichts. Sie spürte eine tiefe Verbundenheit mit dem Freund ihres Mannes. Da war etwas Gemeinsames. Etwas, das Freundschaft ausmacht.

Draußen auf dem Praza de Obradoiro spielten Musikanten flotte spanische Rhythmen. Richard und Sophie suchten sich einen Platz zwischen den Zuhörern. Sie ließen sich mitreißen, klatschten in die Hände und bewegten sich im Takt. Richard nahm Sophie wortlos an die Hand und tanzte mit ihr aus der Menge heraus über den Platz. Sie tanzten und lachten bis die Musik verstummte. Arm in Arm gingen sie zum Restaurant.

Barbara hatte Jamaal, ihren Helfer aus Burkina Faso mitgebracht. Er erzählte von seiner Wanderung auf dem Camino francés, die er zum Abschluss seines Aufenthaltes in Europa gemacht hatte. Er hatte in Mainz sein Medizinstudium abgeschlossen und würde in einer Woche zurück nach Hause fliegen, um in der Hauptstadt Ougadougou in einem Krankenhaus zu arbeiten.

Sophie hörte ‚Mainz' und meldete sich gleich zu Wort. „Ich wohne ganz in der Nähe von Mainz", freute sie sich. „Es ist schon erstaunlich, dass wir uns ausgerechnet jetzt in Santiago de Compostela treffen und uns in Mainz nicht einmal über den Weg gelaufen sind."

„Vielleicht hat es einen Sinn", überlegte Jamaal. „Alles hat einen Sinn!" Er lachte und schnippte mit den Fingern. „Vielleicht kannst du helfen, in Mainz ein Zimmer für meine Schwester zu finden."

„Wieso? Was macht deine Schwester in Mainz?", fragte Sophie interessiert.

„Sie hat auch in Deutschland Medizin studiert. Ist dann wieder nach Hause. Facharztausbildung ist aber besser in Deutschland als bei uns. Deshalb kommt sie im September wieder und macht an der Uniklinik Mainz ihre Ausbildung zur Gynäkologin", klärte Jamaal sie auf.

Sophie dachte nach.

„Ich muss überlegen", sagte sie. „Lass mir ein bisschen Zeit, und gib mir auf alle Fälle deine Telefonnummer oder E-Mail. Vielleicht weiß ich ja etwas." Sie holte ihr Handy aus der Tasche und trug seine Kontaktdaten ein. „Wie heißt deine Schwester?", fragte sie dann.

„Nahla", antwortete er.

„Nahla", wiederholte Sophie, während sie ihn notierte.

Dann wandte sie sich Barbara zu, die wie verwandelt war. Alle Hektik und Zweifel waren von ihr abgefallen. Sie hatte ihr Versprechen eingelöst, war glücklich und stolz. Bevor Sophie ihr das sagen konnte, knuffte sie die Pilgerfreundin und meinte: „Du hast aber auch ein paar Kilos verloren!"

Sophie zog an ihrem Hosenbund. „Ja, das kann man so sagen", bestätigte sie freudig. „Der Kummerspeck ist weg! Ich hoffe, er bleibt es auch."

„Ich habe so viel gelernt auf diesem Weg", gestand Barbara. „Das Pilgern hat mir einfach nur gut getan. Mein Vertrauen ist gewachsen, und anstatt mir unnötige Sorgen zu machen, übe ich mich in Gelassenheit. Ich freue mich jetzt auf mein erstes Enkelkind."

Sophie streichelte ihren Arm und sagte: „Ja! Alles ist gut!"

Alle, die um den Tisch saßen, hatten wertvolle Erfahrungen gesammelt, von denen sie erzählten. Das Hochgefühl, es geschafft zu haben, konnte an diesem letzten gemeinsamen Abend nichts schmälern.

Am nächsten Vormittag lenkten Justus und Pablo zwei voll besetzte Autos nach Finisterre. Auch Felicitas war mit dabei. Die Fahrt an den Atlantik war für Sophie und Manu genauso wie für Simon, Richard und Fritz, der krönende Abschluss ihrer langen Reise.

Bereits die Kelten hatten auf dem Gipfel des Monte del Facho Sonnen- und Fruchtbarkeitsriten gefeiert. Für die Römer war das Finis Terrae das Ende der Welt, an dem das Meer der Finsternis begann. Nach der Entdeckung des Apostelgrabes vermischten sich mit der Zeit heidnische und christliche Bräuche an diesem mystischen Ort, an dem sich eine Felsspitze weit ins Meer streckt.

Für die fünf Pilger war es der Ort, an dem sie ihren Pilgerweg so beenden wollten, wie sie ihn begonnen hatten: am Meer.

Bevor sie sich auf den Weg zum Kap machten, bummelten alle gemeinsam durch die Stadt und kehrten in einem Hafenrestaurant ein. Die Fischsuppe schmeckte vorzüglich! Während Felicitas, Justus und Pablo sich wieder zu ihren Autos bewegten, wanderten die anderen ein letztes Mal nach Muschelmarkierungen und gelben Pfeilen ihrem Ziel entgegen.

Ein Fußweg führte sie von der Ortsmitte aus eine Stunde dicht an der Straße entlang bergauf. Das Meer neben ihnen sank mit jedem Schritt ein Stückchen tiefer. Von oben sah es aus wie ein riesiges Waschbrett mit gleichmäßigen Wellenlinien. Noch strahlten Himmel und Meer in dunklem Blau. Die grellen Sonnenstrahlen blitzten und spiegelten sich in der Wasseroberfläche wider.

Ein Pilgerdenkmal, dessen Figur gegen den Wind anzukämpfen schien, ein verwittertes Pilgerkreuz und dann der Kilometerstein 0.000.

Manu und Sophie waren mit ihren Freunden am Kap Finisterre angekommen. Sie ließen sich von Simon fotografieren.

Währenddessen hatten Felicitas, Justus und Pablo die Autos abgestellt und stiegen aus. Den Korb mit Brot, geräuchertem Fisch, Käse und Wein drückte Felicitas ihrem Bruder in die Hand.

„Schau mal, ob du ein schönes Plätzchen für uns findest, an dem wir den Sonnenuntergang feiern können", forderte sie ihn auf.

Sophie und Manu kraxelten über dicke Felsbrocken. Zarte Gräser und winzige Blüten reckten sich zwischen den Steinen empor. Auf manchen hatten Pilger Steinpyramiden errichtet. Unter einem Kreuz hatten andere ihren Ballast in Form von Kieselsteinen und Muscheln abgelegt. Etwas unterhalb davon stieg Rauch auf. Ein Pilger entledigte sich seiner Kleidung oder eines Teiles davon, indem er sie verbrannte.

„Diesen alten Brauch müssen wir aber nicht einhalten, oder?", sah Manu ihre Schwester fragend an.

„Nein, das geht sowieso nicht. Als erstes musst du nämlich im Meer baden", wusste Sophie, „und das geht von hier oben wohl nicht so gut. Dann deine Sachen verbrennen und zum Schluss den Sonnenuntergang gucken. Nur dann erwachst du morgen als neuer Mensch."

„Das will ich doch gar nicht!", protestierte Manu lachend.

„Ja, als neuer Mensch vielleicht nicht", entgegnete Sophie. „Aber als einer, der neue Erfahrungen gemacht und eine Menge gelernt hat."

„Da ist was dran", stimmte Manu zu. „Weißt du, dass ich mich noch nie in meinem Leben so verbunden und gleichzeitig so frei gefühlt habe, wie auf dieser Pilgerreise? Wir hatten die schönste Zeit miteinander, die man sich vorstellen kann."

„Hatten wir", bestätigte Sophie, „und es ist einfach grandios gelaufen." Nachdenklich fuhr sie fort: „Die Dinge, die wir mit uns geschleppt haben, hatten genug Zeit, um sich zu entwickeln und aufzulösen. Ich bin total erleichtert, weil ich jetzt weiß, wie alles zusammenhängt."

„Vielleicht brauchen alle Dinge und Menschen einfach immer nur genügend Zeit, um sich zu finden", sinnierte Manu. „Ich bin oft so ungeduldig, und dann fasse ich ganz schnell einen Entschluss oder eine Meinung."

„Und wenn die dann falsch ist, torkelt man im Kreis herum und findet nicht mehr raus aus seinen Vermutungen und Phantasien", ergänzte Sophie.

„Genauso ist es", bestätigte Manu. Ja, vielleicht hatten ja all die Dinge, die sie nicht hätte tun dürfen, sie hierher auf den Pilgerweg getrieben. Das, vor dem sie weglief und das, nach dem sie sich sehnte. Beides war in ihr und wollte in Einklang gebracht werden. Manche ihrer Träume waren zerplatzt wie Seifenblasen. Andere dagegen hatten sie mit der Sehnsucht erfüllt, die zu ihrem Ansporn wurde.

Sie lächelte, als sie sah, dass Simon ihnen zuwinkte.

„Die anderen warten auf uns. Komm, wir gehen zurück", sagte sie.

„Wenn die Sonne untergeht, möchte ich gerne ganz vorne am Kap mit dir sitzen", wünschte sich Sophie, „aber allein!"

„Ja, ich komme mit dir."

Noch stand die Sonne über dem Meer. Ein paar weiße Wolken scharten sich um sie, als wollten sie sie in Watte packen. Ein Schwarm Möwen ließ sich vom leichten Wind tragen und schwebte mit weit ausgebreiteten Schwingen sanft dahin.

Felicitas hatte das Picknick ausgebreitet. Die Freunde platzierten sich darum herum auf den noch warmen Steinen. Während des Essens wurde nicht viel geredet. Feierliche Erwartungshaltung lag in der Luft. Der Sonnenuntergang am Kap war ein besonderes Ereignis.

Sophie beobachtete, wie der Wind die Wolken auseinanderriss und sich eine leichte Röte hinter ihnen ausbreitete. Sie nahm ihren Becher und stand auf.

„Ich möchte gerne mit meiner Schwester ganz nach vorne an die Spitze gehen", sagte sie und reichte Manu die Hand.

Richard und Simon standen ebenfalls auf.

„Lasst sie gehen", hielt Fritz sie zurück. „Ich glaube, die beiden wollen jetzt allein sein."

Richard und Simon sahen sich fragend an und hoben mit fügsamer Gebärde ihre Schultern.

„Vielleicht hat er ja Recht", gab Richard zu bedenken und setzte sich wieder hin. Simon nahm seine Kamera und verschwand hinter einem Felsen.

Sophie und Manu stiegen leicht abwärts. Etliche Zuschauer hatten es sich bereits auf den Felsbrocken bequem gemacht. Der Stein, auf den die Schwestern sich setzten, war schmal. Sie saßen eng nebeneinander und umarmten sich gegenseitig, um besseren Halt zu haben.

Vor ihnen breitete sich das Meer in seiner ganzen unermesslichen Weite aus. Gischt spritzte gegen die Felswand und schickte unzählige Tröpfchen in die Luft. Einige von ihnen landeten bei den Schwestern.

Zwischen zarten Wolkenfetzen schickte die Sonne ihre Strahlkraft noch einmal über das Meer. Seine Oberfläche glitzerte in ihrem gleißenden Licht.

Nach kurzer Zeit zog sich die Abendröte über den ganzen Horizont und spiegelte sich im Meer wider. Sie verwischte die Grenze zwischen Himmel und Erde, verbreiterte und veränderte sich. Ihre Farben wurden von Minute zu Minute intensiver. Nach und nach entstand eine Komposition aus gelben und roten Tönen, die miteinander improvisierten und neue Variationen schufen. Die Sonne berührte scheinbar die Wasseroberfläche, während ihr Licht sich wie ein Fächer ausbreitete. Der leichte Wind bewegte die himmlischen Wolkenbilder, die darin schwebten.

Über der Landzunge lag andächtige Stille. Nur das Meer sang unermüdlich seine ewig rauschende Melodie. Es ruhte niemals, war immer in Bewegung. Heute sanft, morgen wild. Es hütete den Lebenskern, der in ihm steckte. Niemand wusste, was die Zeit ihm bringen würde.

Die Sonne ging unter, wie an jedem Tag. Ihre goldene Kugel versank mehr und mehr im glühenden Abendrot.

Sophie und Manu spürten Wärme und Vertrautheit.

„Wenn es einen Gott gibt", sagte Manu, und ihre Stimme wurde leise, „dann ist er jetzt hier."

„Er ist immer und überall", erwiderte Sophie, „und er lässt die Sonne jeden Morgen neu aufgehen."

Im Herbst nahm Sophie die Studentin Nahla aus Burkina Faso bei sich auf. Sie richtete ihr Martins Arbeitszimmer ein.

Durch Nahla kam sie mit der Palliativmedizin in Berührung und engagierte sich ehrenamtlich. Sie leistete Sterbehilfe im Hospiz und half Angehörigen bei der Trauerbewältigung.

Von Nahla und Jamaal erfuhr sie viel über das arme, westafrikanische Land, in dem seit vielen Jahren 75 % Moslems und 25 % Christen friedlich miteinander leben.

Sophie übernahm die Plan-Patenschaft für ein kleines Mädchen.

Sie wünschte sich, irgendwann mit Richard nach Afrika zu reisen.

Manu machte eine Ausbildung zur Yogalehrerin und erweiterte ihre Physiotherapie-Praxis, um in einem besonderen Raum mit ihren Schülern die Lehre der Achtsamkeit von Körper und Geist zu praktizieren.

Mit Simon traf sie sich, so oft es möglich war. Gemeinsam veröffentlichten sie einen Bildband mit Simons Fotografien vom Meer und Manus gedanklichen Impulsen dazu.

Vielen Dank an

alle, die mich auf dem langen Weg bis zum fertigen Buch begleitet und unterstützt haben.

meine Pilgerfreundin Silvia Schrade, die mit mir im Mai/Juni 2016 von Donostia-San Sebastián nach Santiago de Compostela gepilgert ist.

meinen lieben Ehemann Wolfgang für die Zeit, die er ohne mich auskommen musste, und für seine immerwährende Unterstützung und Hilfe, nicht nur in computertechnischen Fragen.

meine Tochter Susanne Pister und meine Freundinnen Eveline Rösch, Marita Seidel und Hanne Gertz für das erste Lesen des Manuskriptes, die Fragen und guten Tipps.

Doris Lütyens und Manfred Zentgraf für das aufmerksame Korrigieren.

Ulrike Unger und Hildegard Becker-Janson für die wertvollen Hinweise.

Birgitta und Manfred aus Cuerres für das Lesen des entsprechenden Kapitels und den liebevollen Aufenthalt in ihrer Herberge Casa Belén.

alle Leserinnen und Leser meines ersten Buches, die bereits auf das zweite warten. Ihr habt mein Schreiben beflügelt.

Literaturhinweise

Cordula Rabe
Camino del Norte Jakobsweg
Küstenweg von Irún bis Santiago de Compostela
2. Auflage 2012, Bergverlag Rother GmbH, München

Yoga Vidya Verlag
Kirtan – Mantra-Singen
17. Auflage

Udo Schroeter
Kalender 2017 „Bin am Meer"

Monika Beer

Eine Socke voller Liebe

Ein Roman über das Unterwegssein und das Ankommen

Jetzt reicht's! Sabine will sich endlich von ihrem alkoholabhängigen Mann trennen. Ihre Freundin Andrea kämpft nach dem Auszug ihrer Tochter mit dem Alleinsein. Beide hoffen, durch eine Pilgerreise den Mut für notwendige Veränderungen zu finden und machen sich zu Fuß auf den fast achthundert Kilometer langen Jakobsweg von Saint-Jean-Pied-de-Port in den Pyrenäen bis Santiago de Compostela.

Während jeder Tag neue Ereignisse bereithält, lösen Begegnungen und Gespräche spannungsvolle Rückblicke auf die bewegte Vergangenheit der Pilgerinnen aus.

Der Weg stellt ihnen die Fragen: „Wer bin ich?", „Was will ich?" und „Was hat Gott damit zu tun?" So wird das Unterwegssein nicht nur zu einer körperlichen Herausforderung.

Dieser Pilgerbericht in Form eines Romans nimmt den Leser gefangen.
UNTERWEGS, Fränkische Jakobusgesellschaft

Ich konnte das Buch nicht aus der Hand legen bis ich es ausgelesen hatte.
Leserstimme aus dem Gästebuch der Autorin

BoD - Books on Demand, Norderstedt
Paperback: ISBN 978-3-7347-3897-5, 260 Seiten, 10,99 €
E-Book: ISBN 978-3-7392-7262-7,   4,99 €

Texte von *Monika Beer* und anderen Autoren

Leuchtfeuer und Glückskekse

Literatur aus dem Landkreis Mainz-Bingen

Die 17 anspruchsvollen Prosa- und Lyriktexte der Anthologie „Leuchtfeuer und Glückskekse" – es sind die Texte der Preisträgerinnen und Preisträger des Kulturpreises Literatur zwischen 2009 und 2015 zusammen mit den von der Jury besonders gewürdigten Beiträgen – spiegeln Niveau und Vielfalt der literarischen Produktion im Landkreis Mainz-Bingen.

Die Geschichte „Tante Klara" gehört zu den besonders gewürdigten Texten.

Leinpfad-Verlag Ingelheim, 100 Seiten, 11 €
Hardcover: ISBN 978-3-945782-19-4